播音与主持艺术（第三版）

睢凌　黄碧云　编著

图书在版编目(CIP)数据

播音与主持艺术 / 睢凌，黄碧云编著 .—3 版 .—北京：北京大学出版社，2022.7
21 世纪高校广播电视专业系列教材
ISBN 978-7-301-33085-2

Ⅰ.①播… Ⅱ.①睢… ②黄… Ⅲ.①播音－语言艺术－高等学校－教材 ②主持人－语言艺术－高等学校－教材 Ⅳ.① G222.2

中国版本图书馆 CIP 数据核字 (2022) 第 096189 号

书　　　名	播音与主持艺术（第三版）
	BOYIN YU ZHUCHI YISHU（DI-SAN BAN）
著作责任者	睢　凌　黄碧云　编著
责任编辑	郭　莉
标准书号	ISBN 978-7-301-33085-2
出版发行	北京大学出版社
地　　　址	北京市海淀区成府路 205 号　100871
网　　　址	http://www.pup.cn　　新浪微博：@ 北京大学出版社
微信公众号	通识书苑（微信号：sartspku）
电子邮箱	编辑部 jyzx@pup.cn　　总编室 zpup@pup.cn
电　　　话	邮购部 010-62752015　发行部 010-62750672　编辑部 010-62707542
印　刷　者	大厂回族自治县彩虹印刷有限公司
经　销　者	新华书店
	787 毫米 ×1092 毫米　16 开本　14.75 印张　368 千字
	2009 年 11 月第 1 版　2014 年 2 月第 2 版
	2022 年 7 月第 3 版　2024 年 7 月第 3 次印刷
定　　　价	48.00 元

未经许可，不得以任何方式复制或抄袭本书之部分或全部内容。
版权所有，侵权必究
举报电话：010-62752024　电子邮箱：fd@pup.pku.edu.cn
图书如有印装质量问题，请与出版部联系，电话：010-62756370

内 容 简 介

本教材通过设置阶段式的专题教学训练和反复的实践,致力于改善学生普通话语音面貌,提高学生口语表达能力,培养学生的思维能力和现场节目主持能力,使学生初步具备播音主持的工作能力。附有发音示范音频在线资源,方便师生使用。

本教材共分两个篇章。第一篇为"普通话播音基本知识与训练",包括"普通话语音基本知识""普通话语音规范与训练""播音发声与语言表达基本知识""播音发声与语言表达能力训练"四个单元,通过阶段式的教学训练,改善学生普通话语音面貌,锻炼学生口语表达能力。训练中设置了阶段性语音测试实验,以检验学生不同阶段的学习效果。第二篇为"主持人能力训练与实验",包括"主持人思维训练与实验""节目主持能力训练与实验"两个单元,设计了大量操作性强的训练和实验,让学生在不断实践中锻炼思维能力和节目主持能力。

本教材可作为广播电视与信息传播相关专业的教材,亦可作为传媒从业人员和教育技术工作者的参考用书。

作 者 简 介

睢凌,国家级普通话水平测试员,文化和旅游部语言艺术(朗诵)专业考级高级辅导教师,中国语文现代化学会语言艺术专业委员会理事,广东省教育厅语言文字工作指导服务组专家。任教于华南师范大学新闻传播系,主要讲授课程有:普通话语音、播音与主持艺术、中华经典诵读艺术等。

黄碧云,国家级普通话水平测试员,曾任教于华南师范大学新闻传播系,主要讲授课程有:普通话语音、播音与主持艺术等。

本 书 资 源

扫描右侧二维码,关注"博雅学与练"微信公众号,获得本书专属的在线学习资源。

一书一码,相关资源仅供一人使用。

读者在使用过程中如遇到技术问题,可发邮件至 guoli@pup.cn。

任课教师可根据书后的"教辅申请说明"反馈信息,获取教辅资源。

《播音与主持艺术(第三版)》
一书一码
请刮开后扫码获取数字资源

本码2029年12月31日前有效

第三版前言

"播音与主持艺术"课程的教学目的是培养广播电视传播中有声语言的创作者,通过阶段式专题教学训练和反复的实践,改善学生普通话语音面貌,提高学生口语表达能力,培养学生的思维能力和现场节目主持能力,使学生初步具备播音主持的工作能力。

本教材分两部分,分别是播音教学部分和主持人能力教学部分。

在播音教学部分,考虑到学习本课程的大部分学生在此前没有接受过较为严格、系统的普通话语音与播音表达训练,相当部分学生在日常口语表达和交流时,程度不同地表现出受到不同方言语音、词汇和语法表达习惯的影响,所以,教学重点之一便是改善学生普通话语音面貌,并在此基础上提高学生普通话语言表达与交流能力。要求学生通过理论学习,了解普通话语音基本理论知识,掌握汉语拼音的规则,熟悉汉语拼音的声母、韵母、声调和整体认读音节,记住拼音方法,能够准确无误地拼读,反复练习、经常运用,通过听音、辨音、发音、正音、记音,逐渐消除方言语音的影响。

本教材播音教学部分的特色之一是在课程教学环节的设计上先后安排了两次语音测试,分别安排在学期初和教学活动中期进行,采用微格教学的方法,通过学生自我评估、学习小组评估和教师评估的方式,对学生在上课初期和完成相应阶段教学训练之后的普通话水平、语音特点和口语表达能力等各方面的状况进行专业评估,判断学生从事专业播音工作的能力。要求学生在教师指导下较真实、客观地认识自己的普通话面貌,明确自身发音和表达中的问题,在学习训练中逐步改善。不同阶段的测试,也能在一定程度上检验教学与训练效果。在播音表达教学训练方面,要求学生有意识地培养良好的备稿习惯与认真的工作态度,通过学习训练,改善备稿能力,在此基础上,逐步提高在播音与主持工作中的口语表达能力。

播音教学部分的教学设计框架如下:

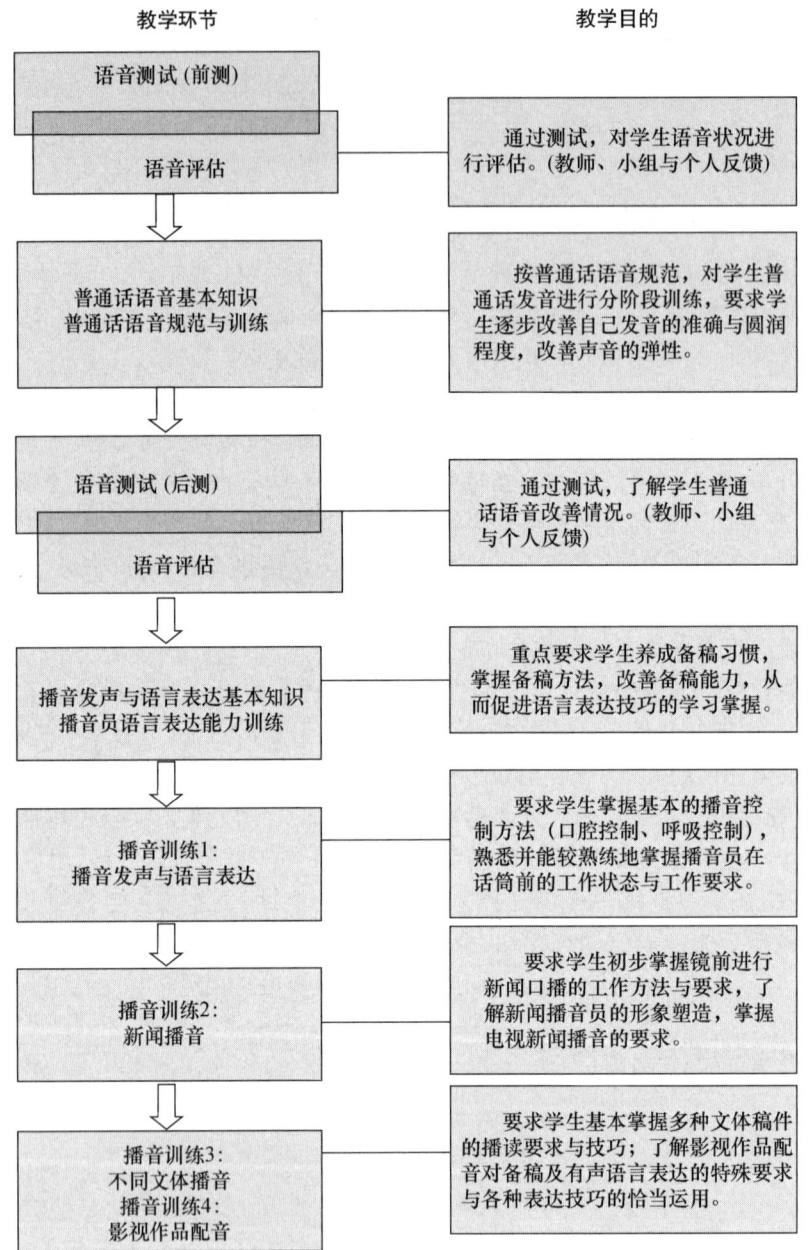

主持人能力教学部分主要包括两部分内容：主持人思维能力和节目主持能力。主持人思维能力一直是主持人教学和训练的重要内容。其中，主持人的发散和聚敛思维是最基础的，也是其他思维能力的前提。另外，主持人经常会遇到一些突发情况，因此应变思维的能力至关重要。所以，主持人思维能力部分设置了发散思维、聚敛思维和应变思维三个章节。节目主持能力部分设置了新闻评论节目、访谈节目和综艺节目三个章节。这三种节目是最常见，也最能体现主持人综合能力的节目类型。

主持人能力教学部分在实验设计上安排了训练和实验。前者主要是针对相关内容的一些基础练习，每个基础练习都着眼于提高某个方面的能力来设计。后者是针对相关内容的综合实验,这也是本教材的特色之一。目前,对于主持人的培养,多以训练为主,综合实验比较少,而身临其境的节目现场体验对于主持人各方面能力的培养、心理素质的提升等,具有十分重要的作用。所以,本教材在每个章节都设计了一个以上的综合实验。实验的设计思路是:在专业的演播室或演播厅,模拟主持某种类型的节目,学生按照给定的内容和要求或者自己设计的节目内容,以播出状态进行实验,从而提升学生主持节目的心理素质等。

主持人能力教学部分的教学设计框架如下:

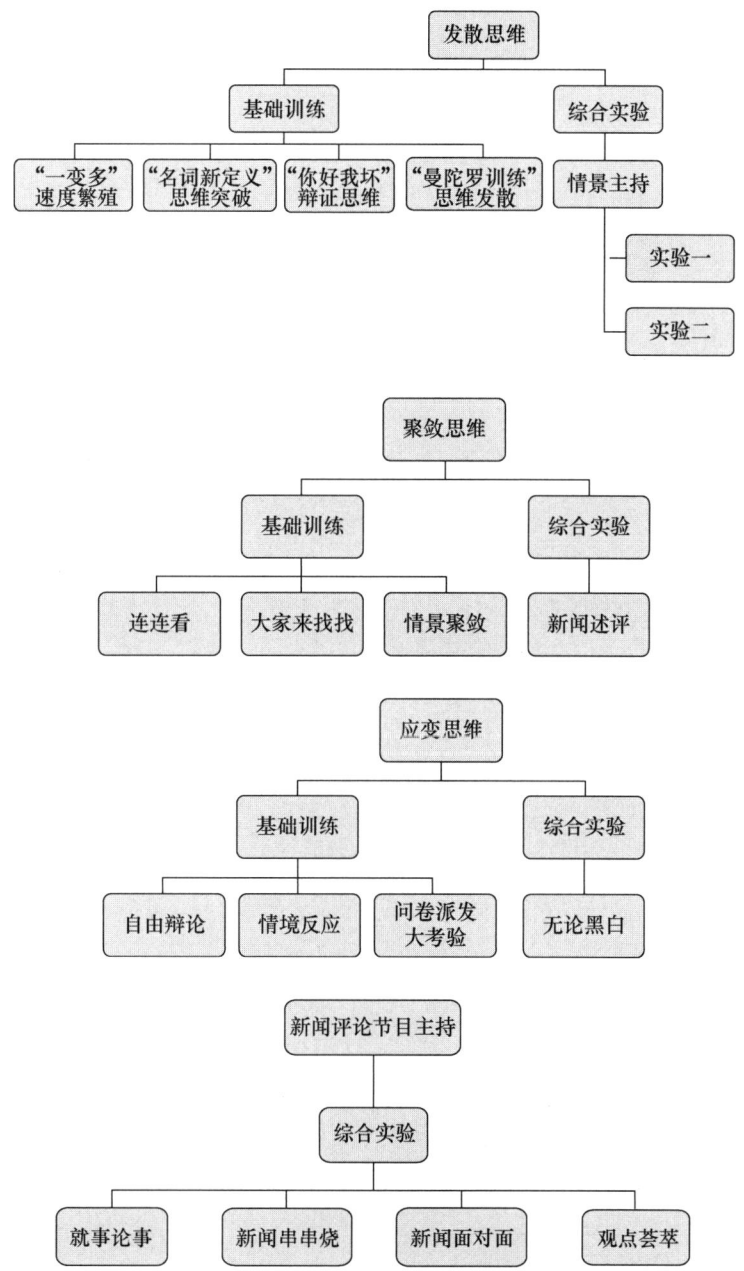

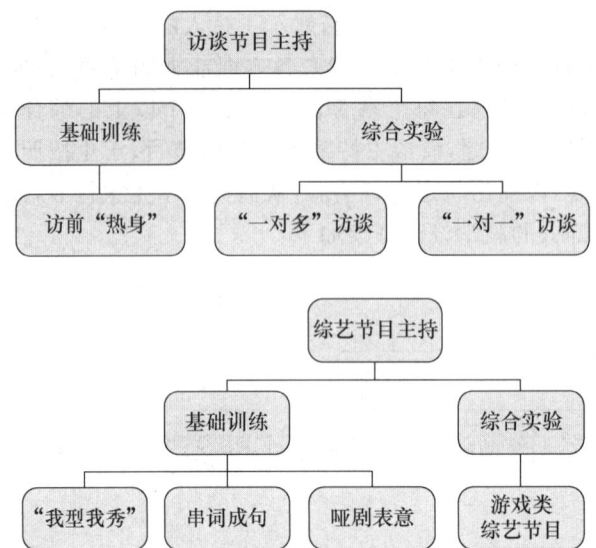

目 录

第一篇 普通话播音基本知识与训练

语音测试（前测） ……………………………………………………………… 3
第一单元　普通话语音基本知识 …………………………………………… 7
第二单元　普通话语音规范与训练 ………………………………………… 11
　训练一：普通话声母训练 …………………………………………………… 11
　训练二：普通话韵母训练 …………………………………………………… 27
　训练三：普通话声调训练 …………………………………………………… 55
　训练四：普通话语流音变训练 ……………………………………………… 62
语音测试（后测） ……………………………………………………………… 78
第三单元　播音发声与语言表达基本知识 ………………………………… 79
第四单元　播音发声与语言表达能力训练 ………………………………… 94
　训练一：播音发声与语言表达 ……………………………………………… 94
　训练二：新闻播音 …………………………………………………………… 121
　训练三：不同文体播音 ……………………………………………………… 128
　训练四：影视作品配音 ……………………………………………………… 146

第二篇 主持人能力训练与实验

第五单元　主持人思维训练与实验 ………………………………………… 157
　实验一：发散思维 …………………………………………………………… 157
　实验二：聚敛思维 …………………………………………………………… 170
　实验三：应变思维 …………………………………………………………… 180
第六单元　节目主持能力训练与实验 ……………………………………… 187
　实验四：新闻评论节目主持 ………………………………………………… 187
　实验五：访谈节目主持 ……………………………………………………… 198
　实验六：综艺节目主持 ……………………………………………………… 204

附录1　口部操练习 …………………………………………………………… 211
附录2　合理选择与使用话筒 ………………………………………………… 212
附录3　播音员、主持人如何保养嗓子 ……………………………………… 215

附录 4　电视新闻播音中无提示口播的抬头 …………………………………… 216

附录 5　播音员的形象塑造 …………………………………………………… 218

附录 6　实验报告格式 ………………………………………………………… 221

参考文献 …………………………………………………………………………… 222

后　　记 …………………………………………………………………………… 223

第一篇

普通话播音基本知识与训练

语音测试(前测)

一、语音评估的目的

对播音发声的要求可以归纳为:准确规范、完整清晰、润泽饱满、富于变化。

"天赋 + 正确的、长期的训练"能帮助你塑造一个清晰有力和专业化的说话声音,也许还能使你获得职业工作资格。先天的生理基础固然重要,但不可否认的是,大多数人良好的专业能力与素养是通过后天正确、勤奋的学习和训练习得的。顶级播音员也一直通过有意识的尝试与实践,在长达数年甚至数十年的职业生涯里对他们的语言进行精雕细琢,使他们的语音悦耳、动听。

要培养自己成为一名播音主持专业工作者,在学习训练中进行语音评估是很重要的,它是评价学习者(从业者)专业能力的重要环节。真实的语音评估结果能在一定程度上帮助学习者发现自己的语音问题,进而通过有针对性的学习训练加以改善,从而避免这些语音问题限制自己的工作机会或造成职业生涯的终止。语音评估也可以在一定程度上为学习者选择将来的职业方向、规划其职业发展提供必要的参考。

二、语音评估的实施

按照《普通话水平测试大纲实施纲要》(下称《纲要》)中对普通话水平测试的相关规定,我们可以参照《纲要》中给定的测试内容对学习者语音面貌作出初步评估。

测试内容(参考样卷):

1. 读单音节字词

昼	八	迷	先	毡	皮	幕	美	彻	飞
鸣	破	捶	风	豆	蹲	霞	掉	桃	定
宫	铁	翁	念	劳	天	旬	沟	狼	口
靴	娘	嫩	机	蕊	家	跪	绝	趣	全
瓜	穷	屡	知	狂	正	裘	中	恒	社
槐	事	轰	竹	掠	茶	肩	常	概	虫
皇	水	君	人	伙	自	滑	早	绢	足
炒	次	渴	酸	勤	鱼	筛	院	腔	爱
鳖	袖	滨	竖	搏	刷	瞭	帆	彩	愤
司	滕	村	峦	岸	勒	歪	尔	熊	妥

2. 读多音节词语

取得	阳台	儿童	夹缝儿	混淆	衰落	分析	防御
沙丘	管理	此外	便宜	光环	塑料	扭转	加油
队伍	挖潜	女士	科学	手指	策略	抢劫	森林
侨眷	模特儿	港口	没准儿	干净	日用	紧张	炽热
群众	名牌儿	沉醉	快乐	窗户	财富	应当	生字
奔跑	晚上	卑劣	包装	洒脱	现代化	委员会	轻描淡写

3. 朗读短文

作品12号

夕阳落山不久,西方的天空,还燃烧着一片橘红色的晚霞。大海,也被这霞光染成了红色,而且比天空的景色更要壮观。因为它是活动的,每当一排排波浪涌起的时候,那映照在浪峰上的霞光,又红又亮,简直就像一片片霍霍燃烧着的火焰,闪烁着,消失了。而后面的一排,又闪烁着,滚动着,涌了过来。

天空的霞光渐渐地淡下去了,深红的颜色变成了绯红,绯红又变为浅红。最后,当这一切红光都消失了的时候,那突然显得高而远了的天空,则呈现出一片肃穆的神色。最早出现的启明星,在这蓝色的天幕上闪烁起来了。它是那么大,那么亮,整个广漠的天幕上只有它在那里放射着令人注目的光辉,活像一盏悬挂在高空的明灯。

夜色加浓,苍穹中的"明灯"越来越多了。而城市各处的真的灯火也次第亮了起来,尤其是围绕在海港周围山坡上的那一片灯光,从半空倒映在乌蓝的海面上,随着波浪,晃动着,闪烁着,像一串流动着的珍珠,和那一片片密布在苍穹里的星斗互相辉映,煞是好看。

在这幽美的夜色中,我踏着软绵绵的沙滩,沿着海边,慢慢地向前走去。海水,轻轻地抚摸着细软的沙滩,发出温柔的刷刷声。晚来的海风,清新而又凉爽。我的心里,有着说不出的兴奋和愉快。

夜风轻飘飘地吹拂着,空气中飘荡着一种大海和田禾相混合的香味儿,柔软的沙滩上还残留着白天太阳炙晒的余温。那些在各个工作岗位上劳动了一天的人们,三三两两地来到这软绵绵的沙滩上,他们浴着凉爽的海风,望着那缀满了星星的夜空,尽情地说笑,尽情地休憩。

——峻青《海滨仲夏夜》

4. 命题说话

请根据话题"我的业余生活"或"我熟悉的地方"说一段话(3分钟)。

三、建立评估指标项并进行语音评估

(一) 通过建立评估指标项,评判学习者的语音问题

1. 发音问题

(1) 发声器官是否存在较明显的生理缺陷;

(2) 发音是否模糊,分析造成语音模糊不清的主要原因;

(3) 语音错误与缺陷:声母及韵母发音中的舌位、唇形、气流控制等的问题;

(4) 是否存在由于方音的影响而导致的系统性的语音错误与缺陷问题,是否存在明显的使用方言词汇和方言语法的情况。

2. 嗓音问题

了解学习者音色基本状况,判断是否存在嗓音问题,如声音嘶哑、过于"纤细"、粗哑等,但对于音色的判断常受到诸多主观因素的影响。

3. 呼吸控制

呼吸是否存在漏气、冒调、带有喉音、鼻音、气息僵化等问题,是否明显地影响了对语句内容的强调(重音)、停连、发声力度与声音的弹性等的处理。

4. 语音表现力

从传播者与受传者的双重角度,判断语音表达是否清晰、流畅,声调是否自然,以及是否正确理解文稿内容和意义,从而运用相关语言表达处理技巧。

(二) 测试并录音

1. 正确操作设备,熟悉常用功能键的使用与调整。

2. 避免录音音量存在明显差异。

选择录音室等安静的录音环境,避免噪音的影响。

录音前,应根据自己正常说话时音量的大小,正确利用有关电声设备调整录音音量,尽量不作声音音质的调整。

录音时,说话音量不要忽大忽小。录音音量大小和播音员播读文稿时的身体姿态、发音强度与习惯、生理与心理状态、录音话筒的摆放与设置、对播读内容的注意力等也有关系。在录音过程中,一般不要随意调整录音设备的音量旋钮,以免造成声音忽大忽小。

3. 调节身体生理与心理状态,在录音时既要使自己处于积极的、充满交流欲望的工作情绪中,也要让自己保持平稳的、松弛的心理状态,不致由于精神紧张造成呼吸不畅、声带肌肉紧张,从而影响播音效果。注意少量饮水,尽量保持口腔及咽喉部的湿润。

4. 必须按学习训练要求进行语音评估,尤其是认真完成自我评估部分,这是学习者获得积极的自我反馈信息、主动改善语音问题的重要前提。

5. 一般人对录音后播放出的自己的声音是比较陌生的,在播音学习中,学习者要逐渐熟悉自己的声音(音准和音色),然后对其作出真实的语音评估。

(三)形成书面评估报告

依据上述评估指标项,综合运用自我评价、小组评价和教师评价(或专业人士评价)等评价方式,对学习者语音状况进行基本评估,要求学习者针对自身的语音问题写出书面评估报告。

在学习训练中,学习者应该认真参考专家或专业教师的评价意见,在专业人士的正确指导下反复训练,判断自己的发声是否正确,是否符合发声器官运动的基本规律。在语音改善过程中,学习者一定要重视自我反馈环节,切实认识自身的明显语音问题,通过反复聆听自己的录音资料来尝试评判自己的声音,并逐渐发展自我评判能力。

学习者应参考各方面评价意见,反复播放录音材料,分析自己的语音问题,在与"模式"(规范)对比的学习训练中,注意语音标准、语速控制、句子轻重层次处理,通过韵律化的朗读改善播读节奏处理。

第一单元　普通话语音基本知识

一、语言与人类交流活动

语言是人们交际时进行表情达意所运用的工具。从传播学理论来看,语言是人类在进行交流活动时所运用的符号系统,它是信息的载体。

根据传播学的相关知识,我们知道,人类信息交流的过程可用图1-1来进行描述。

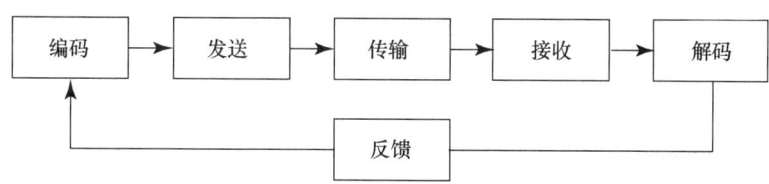

图1-1　人类信息交流过程

人们在交流活动中具有传者与受者双重身份,同时担负编码和解码双重任务。人们在具体的交流活动中如何选择与运用符号并理解符号的意义,取决于具体的传播环境,并与人的心理活动有着密切的关系。

人们利用有声语言传递信息、表达感情时离不开语音。人们自己说出话来,还要听懂对方的话,这就是言语的发声和言语的辨知。在言语发声的过程中,要及时检验发声的效果,获得反馈,并依此不断调节发声器官的运动。人对语音的知觉识别是有声语言交际的重要过程,它是主观听觉的心埋现象对客观物理现象声音的反应。人对语音的分辨能力先于发音能力,所以发音的准确与否常依赖于听觉辨音的准确与否。

二、普通话与普通话语音学习

1. 普通话

普通话是以北京语音为标准音,以北方话为基础方言,以典范的现代白话文著作为语法规范的现代汉民族的共同语。

1982年12月,第五届全国人民代表大会第五次会议通过《中华人民共和国宪法》,其中明确规定:"国家推广全国通用的普通话"。1997年颁布的《广播电视管理条例》第36条规定:"广播电台、电视台应该使用规范的语言文字。广播电台、电视台应当推广全国通用的普通话。"2000年10月31日,第九届全国人民代表大会常务委员会第十八次会议通过《中华人民共和国国家通用语言文字法》,这是我国第一部语言文字方面的专项法律,第一次以法律形式明确了普通话和规范汉字作为国家通用语言文字的地位。国家语言文字工作委员会、国家教育委员会、广播电影电视部在1994年10月30日联合发布的《关于开展普通话水平测试工作的决定》规定"县级以上（含县级）广播电台和电视台的播音员、节目主持人应达到一级水平(此要求列入广播电影电视部部颁岗位规范,逐步实行持普通话等级合格证书上岗）"。

2. 普通话规范与普通话语音学习

普通话规范指的是现代汉语在语音、词汇、语法各方面的规范。"准确、熟练"是普通话水平测试的基本要求,也是普通话语音学习的基本要求。

我国幅员辽阔,七大方言的区别明显表现在语音系统上。学习普通话必须兼顾语音、词汇、语法三个方面,其中,语法、词汇的学习和规范可以通过书面进行,而语音的学习和规范必须通过口耳的训练才能实现。

对于生活在方言区的同学而言,普通话语音的学习需要从发音及辨正两个方面去努力。需要学习掌握一定的语音学理论知识,按正确的部位、方法,发准每一个音素、每一个音节,系统地纠正受方言影响的语音习惯；需要动脑、动口,通过反复、有效的训练实践加深记忆,逐渐改善自己的普通话语音面貌。

3. 普通话语音的特点

普通话语音的特点是简单、清楚、表现力强,主要体现在以下几个方面：

(1) 音系比较简单,音节结构形式较少。

(2) 音节中元音占优势,清声母多,听起来感觉清脆、响亮。

(3) 声调系统比较简单但变化鲜明。四个声调的调值高音成分多,低音成分少,使语音清亮、高扬,且具有高低抑扬的音乐色彩。

(4) 音节之间区分鲜明,使语音具有节奏感。

(5) 词汇的双音节化、词的轻重格式区分以及轻声、儿化的使用,使语言表达更加准确、丰富。

三、发声的物理基础、生理基础与心理基础

1. 发声的物理基础

语音既然是一种声音,它就同自然界里的其他声音一样是由物体的振动引起的,具有物理特性。要分析语音的物理特性,可以从音高、音强、音长、音色这四个方面来考虑。

(1) 音高,指声音的高低,它与声波频率高低有关。语音的音高取决于发声器官的生理差异(声带的长短、松紧、厚薄等),也可受到情绪的影响,人们可以通过调节声带的松紧来控制声音的高低。从听觉的角度说,人们一般注意的是声音的相对音高,通过声音的比较判断形成音高的层次感。同时,对音高的感觉也存在明显的主观评价差异。

(2) 音强,指声音的强弱,也有人称之为"音量",它与声波振幅大小成正比。计算音强的单位是分贝(dB),人们在各种交流状态下运用语音,有较大的强度变化：

耳语	平常谈话	高声说话	大声吵架
12 dB	40 dB	60 dB	85 dB

人耳对音强有一定的适应范围。音强太小时,会觉得听不清；当音强超过 70 dB 时,听者会觉得不适应；当音强高达 120 dB 时,人耳会感到疼痛。

从发声的角度考虑,随音强增大,发声体的耗能加大,呼出气流增强。

(3) 音长,指声波振动持续时间的长短,计算音长通常以毫秒(ms)为单位。从播音发声的角度看,音长在语流中与音高、音强及音色一起,对区分词义、明确语义目的或表现情感的分寸起着重要作用。没有一定的音长,在语流中就无法展现音高、音强及音色的变化。在话语中音长较长的音节,往往是被强调的音节;音高较高、音强较强的音节,往往也表现为音长较长;而轻声音节的主要特征就是音长较短;各音节间音长的不均等变化还可以体现出语言的节奏感。

练习发音时应注意控制语速,一般来说,人的听觉难以对过快的语音节奏作出反应,所以,当播音员播读语速过快时,听众会感到特别疲倦、难以适应,难以形成进一步的分析判断和理解。

(4) 音色,也叫音质,是指声音的特色和质地。音色的差别取决于声波振动形式的不同。语音的音色反映了每个人不同的声音品质,是一种声音区别于另一种声音的基本特征。形成不同音色的原因有三个:① 发音体不同;② 发音方法不同;③ 发音时共鸣腔的形状不同。

在复杂的语音生成过程中,影响因素涉及发声的动力器官、振动器官、共鸣器官及咬字器官。但音色的不同主要是由于发音时声腔形状的不同造成的。在学习语音发声的过程中,首先要能够对音色作出判断,才能作出进一步的控制与调整。毫无疑问,拥有优质的声音对于从事播音工作的人来说几乎是必需的资格,因为,声音就是你给予听众(观众)的东西。人们对音色的感觉包含复杂的心理成分,从而会形成千差万别的"主观评价"。人们的年龄差异、文化素质差异、情绪因素、生理因素等也都会影响人们对音色的判断。

声音的表现力是极为丰富的,辨别不同音色的能力也因人而异。由于传播环境和感知经验的积累,不同的音色往往会使人们产生不同的心理联想和视觉联想,如:"天籁"般的嗓音、"银铃"似的嗓音等文学描述往往让人联想到纯净、可爱;沙哑的声音易让人联想到苍老、怪异;高嗓门儿易让人联想到烦躁、教养差、神经质;鼻音易让人想到不诚实、阴阳怪气;低音易让人觉得不自信、不可信、不精神;等等。影视配音演员往往利用自己高超的声音处理技巧来塑造不同的银幕形象。

音高、音强、音长、音色是语音物理属性中不可缺少的四个要素,任何一种声音都是这四个要素的组合。在普通话中,声调主要由音高决定;音强和音长对语调和轻声起作用;从声音特性的角度看,音色无疑是用来区别意义的最重要的因素。这四个要素的相互作用,影响了语音的变化,从听觉上形成了语义、语气和节奏。

2. 发声的生理基础

要训练好声音,首先要了解发声器官的构造和作用。

人的发声器官是指在言语活动中参与发音动作的人体器官。呼吸运动使呼出气流从肺通过支气管、气管到喉,在喉部引起声带振动,产生基音,同时也使呼出的空气产生同步振动。气流经过咽腔、口腔或鼻腔的过程中,基音进一步引起各共鸣腔的共鸣,使声音得到扩大和美化。气流在口腔中受到了唇、齿、舌、腭等的节制。在对呼出气流构成阻碍和克服阻碍,同时对共鸣腔进行调节的过程中,语音就形成了。

在语音形成的过程中,人体头、颈、胸、腹等部位一百多块肌肉控制着不同的器官协同产生发音动作。发声器官的有序排列,使其在兼顾原有生理功能的基础上完成发音,构成了能够产生语音的特殊结构——声道。按呼出气流的运动方向,这些在发音中起着不同作用的器官可自下而上分为三部分:动力系统、声源系统和成音系统。

(1) 动力系统

由肺呼出的气流是发声的动力。动力系统指的是为人体发音提供动力的系统,主要由肺、气管、胸廓以及膈肌、腹肌等器官的相关肌肉组成。胸廓和膈肌的运动能改变胸腔的容积,引起空气压力的变化,使处于胸腔中的肺吸进或呼出空气。胸廓的运动可改变胸腔的周围径,主要是通过肋间肌的运动实现的。而膈肌的运动主要是改变胸腔的上下径。由于膈肌不是随意肌,所以膈肌的运动主要是通过腹肌的运动改变腹腔压力而间接实现的。

(2) 声源系统

声源系统主要指喉和声带。由肺呼出的气流经过气管通过喉部时,处于喉部的声带可在气流的作用下产生振动,发出声音。喉由多块起支架作用的软骨和调整其运动的肌肉构成。喉部肌肉的运动使喉部的状态发生变化,从而使声带的长短、薄厚发生改变,带来声音的音高、音色变化。

(3) 成音系统

声带振动发出的声音叫喉原音,喉原音很微弱,但经过共鸣后会得到扩大和美化,形成不同的语言音色。声道是人类发声的共鸣器官,声道在喉以上主要有喉腔、咽腔、口腔与鼻腔,喉以下的胸腔也起着重要的共鸣作用。

发声器官的结构与功能研究的成果有助于探索播音发声的奥秘,但却不能直接指导发声实践。发声器官是人体的有机组成部分,人们只能凭自己的感觉进行发声练习及调整,学习成效最终要以实际发声能力与质量来检验。

3. 发声的心理基础

语言是人类社会特有的信息符号。语言的产生和接收、理解过程是人的心理活动的过程。人在言语发声的过程中还要及时检验发声的效果,进行反馈,并依此来不断调节发声器官的运动。对语言的知觉和识别也是有声语言交际的重要过程。人的神经系统精密控制和调节着发声活动的进行,在发音控制中,主要通过动觉反馈和听觉反馈来达到监督、控制和调整的目的。

人对语音的分辨能力先于发音能力,所以发音的准确与否常依赖于听音辨音的准确与否。

人体任何器官的运动都是在神经系统的调节与支配下完成的,身体的任何运动都受到心理的指挥或暗示。有时候,心理因素的制约甚至比发声技术更重要地影响着播音训练,所以,训练时我们需要将注意力集中在文稿的内容与情感表达上,而不应把注意力分散在具体器官的位置及活动状态上,否则会影响积极的思维活动的进行与语音的表达。

播音员、主持人的个人发声条件不同,个性与特点也不尽相同。只有在充分认识自身发声条件的基础上,才能发挥优势,克服缺点,逐步增强自己的发音能力。

第二单元 普通话语音规范与训练

训练一：普通话声母训练

基本知识

声母是汉语音节的开头部分,共 21 个。普通话声母除零声母外,都由辅音充当。辅音是音素的一类,发辅音时气流在口腔中明显受到阻碍,呼出气流较强,发音器官对气流构成阻碍的部分肌肉紧张。普通话声母中大部分辅音发音时声带不振动。

发辅音时,从准备发音到发音结束的过程一般可分为成阻、持阻和除阻三个阶段。不同的发音方法,三个阶段的状态各有不同。

声母发音有不同的发音部位和发音方法,要发好声母就必须掌握好每一个声母的发音部位和发音方法。

1. 声母分类与发音

(1) 按发音部位分类

发辅音时,口腔对呼出气流构成阻碍的部位称为发音部位。按发音部位分类,声母共有七种,即:双唇音、唇齿音、舌尖前音、舌尖中音、舌尖后音、舌面音和舌根音。(表2-1)

表 2-1 声母按发音部位分类

类型	成阻方法		声母
双唇音	上唇与下唇成阻	下唇向上运动与上唇接触,双唇闭拢成阻	b p m
唇齿音	上门齿与下唇成阻	上唇稍抬,露出上齿,下唇向上,唇缘线与上门齿靠拢、接触成阻	f
舌尖前音	舌尖与上门齿成阻	舌尖平伸,与上门齿背接触或接近成阻	z c s
舌尖中音	舌尖与上门齿龈成阻	舌尖向前上方抬起与上门齿龈接触、抵住成阻	d t n l
舌尖后音	舌尖与前硬腭成阻	舌体稍向后缩,舌尖向上方翘起,与硬腭前部接触或接近成阻	zh ch sh r
舌面音	舌面前部与硬腭前部成阻	舌尖向下伸抵住下齿背,舌面向上抬起,接触或接近硬腭前部成阻	j q x
舌根音	舌根与硬腭软腭交界处成阻	舌体后缩,舌根隆起与硬腭和软腭交界处接触或接近成阻	g k h

(2) 按发音方法分类

声母发音方法是指调整发音气流的方法,可以从呼出气流的方式、气流的强弱、声带振动与否来分析。(表2-2)

表 2-2　声母按发音方法分类

类型	发音方法	声母
塞音	成阻：发音部位两点紧闭； 持阻：保持阻碍，呼出气流蓄在成阻部位之后，引而待发； 除阻：成阻部位突然打开，气流呼出因爆发、破裂而成声。	b p d t g k
擦音	成阻：发音部位两点相接近，但不接触，中间留有狭窄缝隙； 持阻：呼出气流由发音部位两点间的缝隙间挤过，摩擦成声； 除阻时擦音已结束。	f h x s sh r
塞擦音	是塞音与擦音两种发音方法的结合。 成阻至持阻阶段，状态与塞音相同； 持阻后段即变为擦音的成阻，发音部位两点接近，留有缝隙，使呼出气流挤过，摩擦发出擦音，至除阻时发音已结束。	j q zh ch z c
鼻音	成阻：发音部位两点紧闭，关闭口腔气流通路； 持阻：声带振动，软腭下垂，鼻腔通路打开，声波与呼出气流经口腔转入鼻腔，经口腔与鼻腔双重共鸣作用，气流由鼻孔透出，形成鼻音； 除阻：打开口腔通路，发音结束。	m n
边音	成阻：发音部位两点即舌尖抬起与上门齿齿龈后部接触，舌头的两边留有空隙； 持阻：声带振动，呼出气流与声波由舌前部两边通过后，由口透出，发出边音； 除阻：发音部位两点分开，发音结束。	l

（3）按送气与否分类

普通话声母中的塞音与塞擦音声母发音时气流强弱差异明显，分为送气音与不送气音两类。（表 2-3）

表 2-3　声母按送气与否分类

类型	发音方法	声母
送气音	发音时呼出气流较强，有喷发出口的感觉	p t k q ch c
不送气音	发音时呼出气流微弱	b d g j zh z

（4）按声带振动与否分类

可分为清音与浊音。（表 2-4）

表 2-4　声母按声带振动与否分类

类型	发音方法	声母
清音	发音时声带不振动	b p f d t g k h j q x z c s zh ch sh
浊音	发音时声带振动	m n l r

2．声母发音特点与要求

辅音的特点是音程短（除擦音外），音势弱，发音时很容易受到干扰。一般而言，发音的准确性体现在声母上，语音含混不清与声母发音不准确常有直接的关系。所以，读好声母是吐字准确、清晰的基础。发好声母的最基本要求是：咬得准，发得清。

发音训练

● ● ● ● 一、训练目的 ● ● ● ●

1. 明确声母的发音过程：成阻—持阻—除阻。发音时，气流在发声器官的某一部分受到一定阻碍，造成阻碍部分的肌肉特别紧张。声母发音时气流比元音强。
2. 注意不同声母发音部位的差异，尤其要与方音进行比较，通过听辨，逐步达到正音的目的。

● ● ● ● 二、训练要求 ● ● ● ●

1. 找准发音位置，主动练习，认真、反复体会唇、舌等发音器官在发不同声母时的着力点。发准几组难点音：(1) 平翘舌音；(2) 鼻边音；(3) 舌面音；(4) 唇齿音；(5) 舌根音。
2. 注意发音要领：咬住、弹出、不拖音。

● ● ● ● 三、训练方法与步骤 ● ● ● ●

1. 可结合听音、辨音和录音练习进行反复训练，以逐渐达到消除方音影响（尤其是成系统问题的影响）的教学训练目的。指导教师应及时指出学生存在的语音问题，帮助学生找到准确的发音部位，体会正确的声母发音。
2. 练习顺序：字—词—绕口令—句段。首先发准单音节与多音节，然后注意在读句子和段落时的语音标准训练。

● ● ● ● 四、训练内容 ● ● ● ●

(一) 双唇音练习：b p m

[发音要领] 发音时上下唇闭合，唇部收紧。
注意：力量应集中在双唇中央，不要咧嘴角，也不要抿起双唇，送气时气流不要太强。
字词练习：
第一组：b（双唇不送气清塞音）

| 班 | 崩 | 帮 | 布 | 巴 | 别 |
| 保 | 宾 | 贝 | 标 | 包 | 泵 |

| 包办 | 奔波 | 标兵 | 辨别 | 遍布 | 颁布 |
| 摆布 | 背包 | 蚌埠 | 兵变 | 表白 | 褒贬 |

| 百发百中 | 包罗万象 | 暴跳如雷 | 闭关自守 | 杯水车薪 | 百年不遇 |
| 跋山涉水 | 半路出家 | 博采众长 | 不谋而合 | 不远千里 | 拔地而起 |

扫码听示范·1

第二组：p（双唇送气清塞音）

| 批 | 盆 | 碰 | 平 | 盘 | 胖 |
| 排 | 炮 | 漂 | 坡 | 砰 | 拍 |

| 澎湃 | 偏僻 | 爬坡 | 乒乓 | 偏旁 | 婆婆 |
| 瓢泼 | 品牌 | 拼盘 | 批判 | 琵琶 | 匹配 |

| 旁观者清 | 披星戴月 | 抛砖引玉 | 平心静气 | 破釜沉舟 | 排除万难 |
| 跑马观花 | 匹夫有责 | 萍水相逢 | 评头品足 | 拍案叫绝 | 判明是非 |

第三组：m（双唇浊鼻音）

| 妈 | 明 | 幕 | 慢 | 门 | 米 |
| 谬 | 满 | 美 | 抹 | 帽 | 眸 |

| 明媚 | 美妙 | 卖命 | 美满 | 弥漫 | 麦苗 |
| 牧民 | 茂密 | 埋没 | 面貌 | 盲目 | 门面 |

| 满面春风 | 莫名其妙 | 默默无闻 | 埋头苦干 | 民富国强 | 美观大方 |
| 弥天大谎 | 茅塞顿开 | 美不胜收 | 毛遂自荐 | 面目全非 | 勉为其难 |

双唇音混合练习：

| 奔跑 | 评比 | 拼命 | 闭幕 | 民兵 | 罢免 |
| 半岛 | 报答 | 麻痹 | 派别 | 面包 | 排版 |

绕口令与句段练习：

（1）八百标兵奔北坡,炮兵并排北边跑。炮兵怕把标兵碰,标兵怕碰炮兵炮。

（2）吃葡萄不吐葡萄皮儿,不吃葡萄倒吐葡萄皮儿。

（3）白猫手里有一顶白帽,白兔手中有一把白毛,白猫想拿手里的白帽,去换白兔手中的白毛,白兔不愿拿手中的白毛,去换白猫手里的白帽。

（4）扁担长,板凳宽,板凳没有扁担长,扁担没有板凳宽。扁担绑在板凳上,板凳不让扁担绑在板凳上,扁担偏要绑在板凳上。

（5）巴老爷有八十八棵芭蕉树,来了八十八个把式要在巴老爷八十八棵芭蕉树下住。巴老爷拔了八十八棵芭蕉树,不让八十八个把式在八十八棵芭蕉树下住。八十八个把式烧了八十八棵芭蕉树,巴老爷在八十八棵树边哭。

（6）爸爸抱宝宝,跑到布铺买布做长袍。宝宝穿了长袍不会跑,跑了八步就拉破了布长袍。布长袍破了还要用布补,再跑到布铺买布做长袍。

（二）唇齿音练习：f

[发音要领]下唇与上齿自然接触。

注意：上齿不要紧紧咬住下唇,唇齿接触面积不要太大,否则容易产生杂音;节制气流。

字词练习：f（唇齿清擦音）

| 房 | 法 | 翻 | 发 | 奋 | 佛 |
| 风 | 分 | 否 | 冯 | 匪 | 富 |

| 丰富 | 奋发 | 方法 | 芬芳 | 非凡 | 纷繁 |

扫码听示范·2

吩咐	发放	反复	仿佛	夫妇	放飞
发扬光大	风平浪静	风吹草动	翻来覆去	防患未然	繁荣富强
飞扬跋扈	分秒必争	风花雪月	法定程序	发号施令	反败为胜

绕口令与句段练习：

（1）粉红墙上画凤凰，凤凰画在粉红墙。红凤凰，粉凤凰，红粉凤凰，花凤凰。

（2）峰上有蜂，峰上凤飞蜂蜇凤。风中有凤，风中蜂飞凤斗蜂。不知到底是峰上蜂蜇凤，还是风中凤斗蜂。

（三）舌尖音练习

1. 舌尖前音（平舌音）：z c s

[发音要领] 舌尖平伸抵住或接近上门齿背，气流在这一部位受到阻碍后发出声音。

注意：舌尖与上门齿背成阻，而不是舌前部整个贴在上门齿背或齿龈上，否则舌中部无力。成阻面要小，力量要集中。避免舌尖伸到上下齿中间形成齿间音。

字词练习：

第一组：z（舌尖前不送气清塞擦音）

舌尖轻抵上门齿背，软腭上升，堵塞鼻腔通路，声带不振动，较弱的气流把舌尖的阻碍冲开一道窄缝，并从中挤出，摩擦成声。

咱	最	在	滋	尊	贼
脏	宗	坐	责	组	作
总则	自尊	自在	藏族	宗族	在座
醉枣	祖宗	自足	造作	做作	栽赃
自得其乐	再接再厉	责无旁贷	纵横交错	座无虚席	字里行间
孜孜不倦	左右为难	足智多谋	杂乱无章	载歌载舞	在所难免

第二组：c（舌尖前送气清塞擦音）

发音类似z，只是呼出气流强。

醋	层	村	擦	辞	苍
催	操	蚕	匆	策	采
猜测	苍翠	从此	措辞	层次	粗糙
摧残	草丛	参差	璀璨	残存	仓促
沧海桑田	草草了事	寸步难行	草木皆兵	侧目而视	此起彼伏
才疏学浅	蚕食鲸吞	藏龙卧虎	才华横溢	财务管理	彩色照片

第三组：s（舌尖前清擦音）

舌尖接近上门齿背，形成窄缝，堵塞鼻腔通道，声带不振动，气流从舌尖和上门齿背的窄缝中擦出成声。

思	色	随	洒	酥	孙
塞	嗓	唆	三	松	笋

| 琐碎 | 松散 | 思索 | 色素 | 洒扫 | 三思 |
| 四散 | 搜索 | 诉讼 | 速算 | 嫂嫂 | 僧俗 |

| 司空见惯 | 丝丝入扣 | 四面八方 | 素昧平生 | 俗不可耐 | 所向无敌 |
| 随机应变 | 缩衣节食 | 损人利己 | 三长两短 | 丧权辱国 | 撒手不管 |

舌尖前音混合练习：

总裁	素材	早操	彩色	参赞	蚕丝
草酸	随从	嘈杂	醋酸	私自	死罪
塑造	所在	再次	杂草	在此	色泽
在座	词组	色彩	再三	参赛	紫菜

绕口令与句段练习：

(1) 早晨早早起，早起做早操，人人做早操，做操身体好。

(2) 三哥三嫂子，借我三斗三升酸枣子，等我明年收了酸枣子，就如数还给三哥三嫂这三斗三升酸枣子。

(3) 操场前面有三十三棵桑树，操场后面有四十四棵枣树，张三把三十三棵桑树认作枣树，赵四把四十四棵枣树认作桑树。

(4) 紫紫茄子，紫茄子紫。紫茄子结籽，紫茄子皮紫肉不紫。紫紫茄子结紫籽，紫紫茄子皮紫籽也紫。你喜欢吃皮紫肉不紫的紫茄子，还是喜欢吃紫皮紫籽的紫紫茄子？

(5) 桑蚕吐丝丝缠蚕，蚕丝缠蚕蚕吐丝。

(6) 山前有个崔粗腿，山后有个崔腿粗，二人山前来比腿。不知是崔腿粗比崔粗腿的腿粗，还是崔粗腿比崔腿粗的腿粗。

2. 舌尖中音：d t n l

[发音要领] 舌尖抵住上门齿龈，调整好气息，使受腹部控制的气流，不断地冲击成阻部位，让舌尖灵活有力地弹击上齿龈。

注意：发音时，着力点放在舌尖上的部位要准确，舌尖要有力度。舌尖阻被突然冲开，不要拖泥带水。

扫码听示范·4

字词练习：

第一组：d（舌尖中不送气清塞音）

| 到 | 东 | 电 | 搭 | 担 | 得 |
| 灯 | 丢 | 调 | 斗 | 多 | 肚 |

| 等待 | 到达 | 大地 | 单调 | 断定 | 大胆 |
| 抵挡 | 当代 | 道德 | 顶端 | 大队 | 打点 |

| 调虎离山 | 顶天立地 | 德高望重 | 大刀阔斧 | 待人接物 | 弹道导弹 |
| 大书特书 | 咄咄逼人 | 多多益善 | 单刀直入 | 动人心弦 | 端正党风 |

第二组：t（舌尖中送气清塞音）

| 推 | 台 | 团 | 吞 | 坛 | 淌 |
| 逃 | 铁 | 图 | 同 | 特 | 停 |

| 跳台 | 团体 | 天坛 | 探听 | 天堂 | 淘汰 |
| 吞吐 | 梯田 | 体贴 | 推托 | 探讨 | 抬头 |

| 谈虎色变 | 铁证如山 | 脱颖而出 | 通宵达旦 | 投笔从戎 | 他山之石 |
| 同舟共济 | 推波助澜 | 土崩瓦解 | 突如其来 | 踏踏实实 | 太平盛世 |

第三组：n（舌尖中浊鼻音）

| 能 | 牛 | 您 | 哪 | 奴 | 奶 |
| 闹 | 难 | 农 | 娘 | 女 | 宁 |

| 南宁 | 恼怒 | 奶牛 | 泥泞 | 能耐 | 奶奶 |
| 呢喃 | 扭捏 | 奶娘 | 农奴 | 袅娜 | 女奴 |

| 南腔北调 | 难分难解 | 弄假成真 | 浓墨重彩 | 能说会道 | 内部刊物 |
| 凝眸远望 | 怒发冲冠 | 蹑手蹑脚 | 年深日久 | 纳税大户 | 耐人寻味 |

第四组：l（舌尖中浊边音）

| 来 | 楼 | 刘 | 拉 | 铃 | 列 |
| 驴 | 罗 | 老 | 恋 | 领 | 吕 |

| 理论 | 流利 | 留恋 | 嘹亮 | 玲珑 | 褴褛 |
| 冷落 | 劳力 | 老龄 | 利落 | 勒令 | 联络 |

| 来者不拒 | 立体交叉 | 离题万里 | 落花流水 | 劳苦功高 | 乱砍滥伐 |
| 两全其美 | 炉火纯青 | 老当益壮 | 老少皆宜 | 络绎不绝 | 流连忘返 |

舌尖中音混合练习：

打退	坦荡	调料	锻炼	电流	电脑
电能	努力	南岭	带来	态度	来年
年龄	哪里	朗读	连队	脑袋	道埋

绕口令与句段练习：

（1）调到敌岛打特盗,特盗太刁投短刀,挡推顶打短刀掉,踏盗得刀盗打倒。

（2）白石塔,白石搭,白石搭白塔,白塔白石搭,搭好白石塔,白塔白又大。

（3）东洞庭,西洞庭,洞庭山上一条藤,藤条顶上挂铜铃,风吹藤动铜铃响,风停藤定铜铃静。

（4）谭家谭老汉,挑担到蛋摊。买了半担蛋,挑蛋到炭摊。买了半担炭,满担是蛋炭。老汉忙回赶,回家炒蛋饭。进门跨门槛,脚下绊一绊。跌了谭老汉,破了半担蛋。翻了半担炭,脏了木门槛。老汉看一看,急得满头汗。连说怎么办,老汉怎吃蛋炒饭。

（5）小良放羊遇见狼,狼想吃羊怕小良。小良打狼救小羊,狼死羊活靠小良。

3. **舌尖后音（翘舌音）：zh ch sh r**

[发音要领] 舌尖与硬腭前部接触或接近构成阻碍。发音时注意使下巴松弛,牙关打开,气息通畅。

注意：翘舌音容易与舌尖前音（平舌音）相混,要注意舌尖的位置。

字词练习：

第一组：zh（舌尖后不送气清塞擦音）

扫码听示范·5

| 中 | 周 | 抓 | 赵 | 者 | 郑 |
| 知 | 朱 | 庄 | 重 | 追 | 扎 |

| 庄重 | 转折 | 指针 | 主张 | 支柱 | 制止 |
| 战争 | 政治 | 招展 | 债主 | 辗转 | 症状 |

| 掌上明珠 | 郑重其事 | 珠圆玉润 | 争先恐后 | 知己知彼 | 煮豆燃萁 |
| 咫尺天涯 | 捉襟见肘 | 至理名言 | 治病救人 | 战略部署 | 正本清源 |

第二组：ch（舌尖后送气清塞擦音）

| 车 | 陈 | 程 | 插 | 颤 | 吃 |
| 除 | 冲 | 春 | 窗 | 戳 | 抽 |

| 长城 | 穿插 | 乘车 | 成虫 | 驰骋 | 拆穿 |
| 车床 | 出产 | 车船 | 长处 | 初春 | 出厂 |

| 触类旁通 | 畅所欲言 | 沉默寡言 | 长篇大论 | 吃苦耐劳 | 成竹在胸 |
| 承上启下 | 叱咤风云 | 赤胆忠心 | 吃饱穿暖 | 长足进展 | 成才之路 |

第三组：sh（舌尖后清擦音）

| 顺 | 闪 | 说 | 沙 | 舒 | 狮 |
| 栓 | 双 | 水 | 帅 | 生 | 赏 |

| 山水 | 闪烁 | 神圣 | 双手 | 设施 | 首饰 |
| 沙石 | 身世 | 赏识 | 舒适 | 上升 | 尚属 |

| 深入人心 | 神采奕奕 | 双管齐下 | 身价百倍 | 实事求是 | 顺理成章 |
| 水泄不通 | 杀鸡取卵 | 善罢甘休 | 说三道四 | 少男少女 | 身负重任 |

第四组：r（舌尖后浊擦音）

| 然 | 如 | 容 | 日 | 让 | 仍 |
| 柔 | 闰 | 人 | 瑞 | 软 | 忍 |

| 仍然 | 容忍 | 软弱 | 柔韧 | 闰日 | 荣辱 |
| 扰攘 | 如若 | 荏苒 | 忍让 | 柔软 | 热容 |

| 入情入理 | 热血沸腾 | 燃眉之急 | 若无其事 | 如愿以偿 | 仁至义尽 |
| 日臻成熟 | 戎马生涯 | 融会贯通 | 饶有风趣 | 惹火烧身 | 人赃俱获 |

舌尖后音混合练习：

支持	专长	征程	车站	沉重	执掌
专程	善战	山楂	证实	常识	时政
擅长	商船	上涨	展翅	掌声	摄制

绕口令与句段练习：

（1）史老师，讲时事，常学时事长知识。时事学习看报纸，报纸登的是时事。常看报纸要多思，心里装着天下事。

（2）连读五遍：我吃瓜我也请你吃瓜，你喝茶你也请我喝茶。

(3) 认识从实践始,实践出真知。知道就是知道,不知道就是不知道。不要知道说不知道,也不要不知道说知道。老老实实,实事求是,一定要做到不折不扣的真知道。

(4) 竹外桃花三两枝,春江水暖鸭先知。蒌蒿满地芦芽短,正是河豚欲上时。

——(北宋)苏轼《惠崇〈春江晓景〉》

(四)舌根音练习:g k h

[发音要领]舌根和硬腭软腭交界处相接,气流在这一部位受到阻碍后发出声音。

注意:它们是21个声母中发音最靠后的三个音,音色也属于最暗的一组。发音时注意舌位要有意识地前移,也就是"后音前发"。

扫码听示范·6

字词练习:

第一组:g(舌根不送气清塞音)

| 钢 | 公 | 高 | 哥 | 耕 | 姑 |
| 干 | 改 | 古 | 关 | 光 | 广 |

| 高贵 | 光顾 | 规格 | 灌溉 | 巩固 | 改观 |
| 公共 | 感官 | 公告 | 骨骼 | 梗概 | 改过 |

| 广开言路 | 高谈阔论 | 纲举目张 | 甘心情愿 | 感性认识 | 各自为政 |
| 冠冕堂皇 | 公而忘私 | 光彩夺目 | 改朝换代 | 盖世无双 | 干净利落 |

第二组:k(舌根送气清塞音)

| 课 | 看 | 哭 | 考 | 坑 | 口 |
| 枯 | 坎 | 扣 | 宽 | 卡 | 框 |

| 宽阔 | 刻苦 | 慷慨 | 开垦 | 可靠 | 空旷 |
| 坎坷 | 亏空 | 苛刻 | 开阔 | 开口 | 可口 |

| 康庄大道 | 可歌可泣 | 空前绝后 | 开卷有益 | 口若悬河 | 侃侃而谈 |
| 刻骨铭心 | 扣人心弦 | 苦尽甘来 | 开阔眼界 | 堪称一绝 | 科班出身 |

第三组:h(舌根清擦音)

| 海 | 河 | 欢 | 杭 | 好 | 湖 |
| 画 | 吼 | 很 | 缓 | 灰 | 怀 |

| 欢呼 | 和缓 | 荷花 | 混合 | 浑厚 | 花卉 |
| 悔恨 | 红火 | 挥霍 | 黄昏 | 浩瀚 | 后悔 |

| 海阔天空 | 华灯初上 | 豪情壮志 | 好为人师 | 和平共处 | 狐假虎威 |
| 湖光山色 | 豁然开朗 | 海滨浴场 | 含苞欲放 | 好景不长 | 和风细雨 |

舌根音混合练习:

| 狂欢 | 搞好 | 观看 | 航空 | 好感 | 好客 |
| 开关 | 抗旱 | 改换 | 刚好 | 更换 | 更快 |

绕口令与句段练习:

(1) 哥㧟瓜筐过宽沟,赶快过沟看怪狗;光看怪狗瓜筐扣,瓜滚筐空哥怪狗。

（2）画上盛开一朵花，花朵开花花非花，花非花朵花，花是画上花，画上花开花，画花也是花。

（3）小花和小华，一同种庄稼，小华种棉花，小花种西瓜。小华的棉花开了花，小花的西瓜结了瓜。小花找小华，商量瓜换花。小花用瓜换了花，小华用花换了瓜。

（4）老爷堂上一面鼓，鼓上一只皮老虎。皮老虎抓破了鼓，就拿块破布往上补。只见过破布补破裤，哪见过破布补破鼓。

（五）舌面音练习：j q x

[发音要领]舌面前部抵住或接近硬腭前部，气流在这一部位受到阻碍后发出声音。

注意：这组音最容易出现尖音（舌尖化）的问题，注意不要让舌尖碰到牙齿或放到上下齿之间，发音时也不要把舌尖下垂至下齿龈。

扫码听示范·7

字词练习：
第一组：j（舌面不送气清塞擦音）

| 江 | 金 | 决 | 机 | 家 | 街 |
| 景 | 居 | 捐 | 叫 | 俊 | 俭 |

| 交际 | 境界 | 建交 | 加紧 | 家境 | 简洁 |
| 矫健 | 积极 | 艰巨 | 借鉴 | 嘉奖 | 捷径 |

| 皆大欢喜 | 惊天动地 | 解放思想 | 箭在弦上 | 兢兢业业 | 炯炯有神 |
| 精益求精 | 经营管理 | 集思广益 | 家常便饭 | 将计就计 | 井井有条 |

第二组：q（舌面送气清塞擦音）

| 情 | 球 | 前 | 青 | 亲 | 欺 |
| 桥 | 枪 | 去 | 全 | 缺 | 窃 |

| 亲切 | 气球 | 齐全 | 请求 | 轻巧 | 情趣 |
| 秋千 | 崎岖 | 弃权 | 铅球 | 强求 | 欠缺 |

| 千载难逢 | 求同存异 | 恰如其分 | 取之不尽 | 奇珍异宝 | 旗鼓相当 |
| 前车之鉴 | 强词夺理 | 前赴后继 | 强手如林 | 浅显易懂 | 情不自禁 |

第三组：x（舌面清擦音）

| 新 | 小 | 西 | 先 | 香 | 校 |
| 兴 | 修 | 选 | 许 | 雪 | 闲 |

| 喜讯 | 现象 | 选修 | 学习 | 心胸 | 行星 |
| 新鲜 | 信箱 | 遐想 | 闲暇 | 纤细 | 想象 |

| 喜出望外 | 细水长流 | 心怀叵测 | 熙熙攘攘 | 逍遥自在 | 弦外之音 |
| 现身说法 | 相敬如宾 | 笑容可掬 | 销声匿迹 | 狭路相逢 | 显而易见 |

舌面音混合练习：

| 坚强 | 郊区 | 解劝 | 清洁 | 器具 | 镶嵌 |
| 细节 | 敲击 | 契机 | 墙脚 | 抢救 | 奇景 |

绕口令与句段练习：

（1）七加一，七减一，加完减完等于几？七加一，七减一，加完减完还是七。

（2）京剧叫京剧，警句叫警句，京剧不能叫警句，警句不能叫京剧。

（3）小金到北京看风景，小京到天津买纱巾。看风景，用眼睛，还带一个望远镜。买纱巾，带现金，到了天津把商店进。买纱巾，用现金，看风景，用眼睛，巾、金、京、津、睛、景都要读标准。

（4）墙头高，墙头低，墙旮旯有对蛐蛐在那儿吹大气。大蛐蛐说："昨天我吃了两只花不楞登的大老虎。"小蛐蛐说："今儿个我吃了那只灰不溜秋的大毛驴。"大蛐蛐说："我在南山爪子一抬，踢倒十棵大柳树。"小蛐蛐说："我在北海大嘴一张，吞了十条大鲸鱼。"这两个蛐蛐正在吹大气，扑棱棱打东边飞来一只芦花大公鸡。你看这只公鸡有多愣，它"哆"的一声吃了那只小蛐蛐。大蛐蛐一看生了气，它龇牙捋须一伸腿，唉！它也喂了鸡！哈哈！看它还吹大气不吹大气。

（5）尖塔尖，尖杆尖，杆尖尖似塔尖尖，塔尖尖似杆尖尖。有人说杆尖比塔尖尖，有人说塔尖比杆尖尖。不知到底是杆尖比塔尖尖，还是塔尖比杆尖尖。

（6）七巷一个漆匠，西巷一个锡匠。七巷漆匠用了西巷锡匠的锡，西巷锡匠拿了七巷漆匠的漆，七巷漆匠气西巷锡匠用了漆，西巷锡匠讥七巷漆匠拿了锡。

（六）零声母练习

普通话中，没有辅音声母的音节称为零声母音节。零声母也是一种声母。

普通话零声母分为两类：

1. 开口呼零声母：以 a、o、e 开头的音节是开口呼零声母音节。开口呼零声母不用拼音字母表示。

2. 非开口呼零声母：以 i、u、ü 开头的音节是非开口呼零声母音节。在汉语拼音表示中，齐齿呼零声母音节以隔音字母 y 开头，合口呼零声母音节以隔音字母 w 开头，撮口呼零声母音节以隔音字母 y(yu) 开头。在这些音节中，i、u、ü 是半元音，发音时有轻微的摩擦，但不能摩擦过重。

字词练习：

恩	安	昂	爱	偶	额
蚜	椰	怡	伟	萦	卧
苑	粤	蕴	勿	蛙	歪
有	洋	摇	忘	微	完

恩爱	偶尔	额外	友谊	委婉	优越
阿姨	熬夜	恶意	扼要	耳闻	哀怨
沿岸	阴暗	幼儿	谣言	厌恶	仰望
夜晚	营业	因而	摇曳	要闻	业务

扫码听示范·8

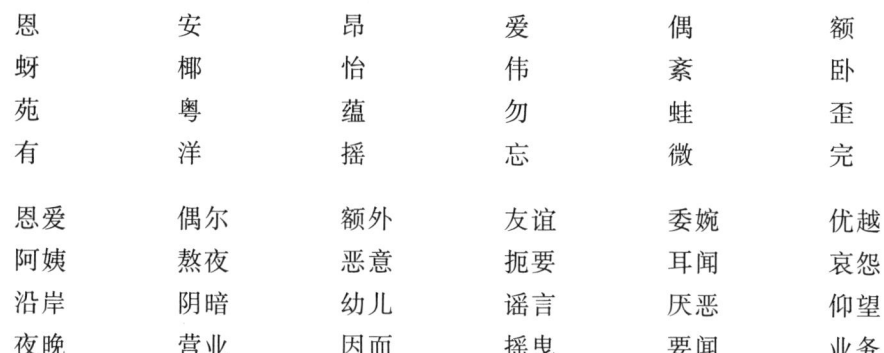

五、声母方音辨正

在广东地区生活的学习者主要受粤方言、闽南方言和客家方言的影响，常出现以下语音问题，应注意听说辨正。

（一）发音部位问题

1. 平舌音—翘舌音混淆：z、c、s—zh、ch、sh

对比发音练习：

扫码听示范·9

z—zh：	杂—闸	责—辙	资—知	宰—窄	造—照	自—制
zh—z：	站—赞	诊—怎	张—脏	争—增	专—钻	坠—最

z—zh：	自立—智力	栽花—摘花	钻营—专营	资源—支援
zh—z：	知识—姿势	仿照—仿造	制动—自动	主力—阻力

zh—z：	振作	正宗	赈灾	职责	沼泽	制作
z—zh：	杂志	栽种	自主	资助	自治	自重
c—ch：	擦—插	测—撤	词—池	才—柴	草—吵	凑—臭
ch—c：	春—村	冲—葱	出—粗	吹—催	虫—从	产—惨

c—ch：	粗布—初步	新村—新春	鱼刺—鱼翅	木材—木柴
ch—c：	重来—从来	八成—八层	乱吵—乱草	蝉联—蚕桑

ch—c：	成材	除草	陈醋	出操	差错	储藏
c—ch：	财产	采茶	残喘	操场	磁场	促成
s—sh：	洒—傻	色—社	四—是	搜—收	三—山	桑—伤
sh—s：	生—僧	身—森	睡—岁	树—速	晒—赛	闩—酸

s—sh：	肃立—树立	五岁—午睡	申诉—申述	四十—事实
sh—s：	诗人—私人	收集—搜集	近视—近似	商业—桑叶

sh—s：	上司	哨所	深思	生死	绳索	石笋
s—sh：	散失	扫射	宿舍	所属	随时	四十

绕口令与句段练习：

（1）四是四，十是十，十四是十四，四十是四十，要想说对四和十，得靠舌头和牙齿。谁说四十是戏习，谁的舌头没用力，谁说四十是事实，谁的舌头没伸直。要想说对常练习，十四、四十、四十四。

（2）红砖堆、青砖堆，砖堆旁边蝴蝶追，蝴蝶绕着砖堆飞，飞来飞去蝴蝶钻砖堆。

（3）紫瓷盘，盛鱼翅。一盘熟鱼翅，一盘生鱼翅。迟小池拿了一把瓷汤匙，要吃清蒸美鱼翅。一口鱼翅刚到嘴，鱼刺刺进齿缝里，疼得小迟拍腿挠牙齿。

（4）三山撑四水，四水绕三山。三山四水春常在，四水三山四时春。

（5）镇江路，镇江醋，镇江名醋出此处。此处卖错镇江醋，老崔买醋不疏忽。匆匆促促买错醋，这次醋味不够足。

（6）石狮寺前有四十四个石狮子，寺前树上结了四十四个涩柿子，四十四个石狮子不吃四十四个涩柿子，四十四个涩柿子倒吃四十四个石狮子。

2. 平翘舌音与舌面音混淆：zh、ch、sh—z、c、s—j、q、x

对比发音练习：

zh—j：	战舰	章节	真假	折旧	之间
j—zh：	价值	急诊	加重	记者	兼职
	标记—标志	娇气—朝气	杂技—杂志	短剑—短站	
ch—q：	插曲	初期	唱腔	常情	春秋
q—ch：	起程	球场	汽车	清澈	驱车
	强身—长生	旗子—池子	全身—船身	奇人—痴人	
sh—x：	水仙	顺心	升学	瘦小	伤心
x—sh：	协商	显示	欣赏	兴盛	形势
	昔人—诗人	吸气—湿气	希望—失望	香液—商业	
j—z：	集资	积攒	节奏	竞走	救灾
z—j：	租金	自己	资金	总结	自觉
j—c：	家财	剪彩	教材	基层	精彩
c—j：	参加	刺激	促进	采集	苍劲
j—s：	缉私	江苏	减速	检索	教唆
s—j：	私交	司机	四季	死寂	死角
q—z：	妻子	谴责	潜在	前奏	抢走
z—q：	灾区	暂且	暂缺	早期	增强
q—c：	其次	切磋	取材	钱财	其次
c—q：	瓷器	采取	残缺	篡权	凑巧
q—s：	琴瑟	遣散	球赛	清扫	倾诉
s—q：	私情	丧气	四起	送气	索取
x—z：	习字	袖子	向左	销赃	下载
z—x：	仔细	自信	在校	贼心	赞许
x—c：	戏词	下策	瑕疵	献策	乡村
c—x：	采写	操心	慈祥	从小	促销
x—s：	潇洒	选送	迅速	徇私	心酸
s—x：	思绪	私心	丝线	思想	搜寻
j—zh：	交织	兼职	价值	急诊	加重
zh—j：	直径	湛江	章节	真假	涨价
j—ch：	家产	甲虫	僵持	轿车	接触
ch—j：	沉寂	拆借	厂家	常见	成绩
j—sh：	技术	坚守	讲述	降水	将士
sh—j：	实际	守旧	商界	身价	疏解
q—zh：	曲直	求知	气质	敲诈	抢占
zh—q：	展期	战前	朝气	争取	真情
q—ch：	汽车	起程	情场	切除	清楚

扫码听示范·10

ch—q:	传奇	澄清	成群	重庆	超前
q—sh:	抢收	签收	潜水	清爽	亲手
sh—q:	深浅	深切	尚且	升旗	神奇
x—zh:	限制	乡镇	闲置	校长	协助
zh—x:	秩序	战线	找寻	征询	整修
x—ch:	消除	下场	献出	相称	卸车
ch—x:	持续	唱戏	畅销	巢穴	城乡
x—sh:	消失	小时	现实	先生	销售
sh—x:	失效	筛选	上学	盛夏	审讯

墨汁—墨迹　交际—交织　密集—密植　边际—编制　就业—昼夜　浅明—阐明
砖墙—专长　洗礼—失礼　详细—翔实　缺席—确实　获悉—获释　修饰—收拾
艰辛—艰深　逍遥—烧窑　电线—电扇　姓名—盛名

绕口令与句段练习：

(1) 长虫围着砖堆转,转完了砖堆钻砖堆。

(2) 开电视,看电视,莫把电视说"电戏"。若把电视说"电戏",是你不分"视"和"戏"。

(3) 报纸是报纸,抱子是抱子,报纸抱子两件事,抱子不是报纸,看报纸不是看抱子,只能抱子看报纸。

(4) 一株松树上有一只松鼠,一株棕树下有一只棕兔,棕兔想跳上松树捉松鼠,松鼠想跳过棕树避棕兔。

(5) 刚往窗上糊字纸,你就隔着窗户撕字纸,一次撕下横字纸,一次撕下竖字纸,横竖两次撕了四十四张湿字纸,是字纸你就撕字纸,不是字纸你就不要胡乱撕一地纸。

(6) 试将四十三支极细极细的紫丝线,试织四十四只极细极细的紫狮子,细紫丝线试织细紫狮子,细紫丝线却织成了死紫狮子,细紫狮子织不成,扯断了细紫丝线四十三支。

(7) 这是蚕,那是蝉,蚕常在叶里藏,蝉藏在树里唱。

(8) 张仁升和江银星,二人上场说相声。先说一个《招厂长》,再说一个《绕口令》："真珠,珍珠,真珍珠,出城,出征,出入证。"

(9) 这活我自己干就行了,你不用插手了,去擦擦手吧!

(10) 他是我国一位著名诗人的私人秘书。

(11) 在我的后园,可以看见墙外有两株树,一株是枣树,还有一株也是枣树。

——鲁迅《秋夜》

(12) 人间四月芳菲尽,山寺桃花始盛开。长恨春归无觅处,不知转入此中来。

——(唐)白居易《大林寺桃花》

(13) 荷尽已无擎雨盖,菊残犹有傲霜枝。一年好景君须记,最是橙黄橘绿时。

——(北宋)苏轼《冬景》

3. 舌面音

受粤方言发音影响,舌面音在发音时的主要问题是常常表现出较为明显的舌尖化倾向。

对比发音练习：

j:	嘉奖	健将	讲解	简洁	坚决

扫码听示范・11

q：	亲切	轻巧	气球	崎岖	强求
x：	新鲜	雄心	相信	闲暇	心细
j—q：	坚强	技巧	进去	价钱	汲取
j—x：	焦心	酒席	俊秀	迹象	简讯
q—j：	清洁	契机	勤俭	情景	墙脚
q—x：	抢险	前线	亲信	取消	抢修
x—j：	消极	细节	先进	夏季	详尽
x—q：	稀奇	戏曲	向前	小巧	镶嵌

绕口令与句段练习：

（1）知识的问题是一个科学的问题，来不得半点的虚假和骄傲，知识需要的是诚实和谦逊的态度。

（2）循序渐进，循序渐进，再循序渐进。你们从一开始工作起，就要在积累知识方面养成严格的循序渐进的习惯。

4．f—h 混淆

客家方言及闽南方言容易出现唇齿音与舌根音混淆的问题。

对比发音练习：

f—h：	开发—开花	幅度—弧度	公费—工会	防空—航空
	斧头—虎头	飞机—灰鸡	飞尘—灰尘	复员—互援
h—f：	救护—舅父	蝗虫—防虫	荒地—方地	互助—附注
	黄纸—防止	花展—发展	黄蜂—防风	绘画—废话
ff—hh：	仿佛—恍惚	非凡—辉煌		

扫码听示范·12

发挥	凤凰	繁华	负荷	发话	奋战	反悔	发慌
防护	访华	符号	复合	腐化	分化	放火	焚毁
恢复	横幅	回访	豪放	化肥	洪峰	后方	混纺
画符	花粉	荒废	混战	寒风	耗费	合法	挥发

绕口令与句段练习：

（1）门外一堆粪，门里一堆灰，灰拌粪，粪拌灰，是灰肥似粪，还是粪肥似灰。

（2）我们要学理化，他们要学理发。理化不是理发，理发也不是理化。理化理发要分清，学会理化却不会理发，学会理发却不会理化。

（3）丰丰和芳芳，上街买混纺。红混纺，粉混纺，黄混纺，灰混纺。红花混纺做裙子，粉花混纺做衣裳。红、粉、黄、灰花样多，五颜六色好混纺。

（4）会糊我的粉红活佛花，就糊我的粉红活佛花；不会糊我的粉红活佛花，可别糊坏了我的粉红活佛花。

（5）黑化肥发灰，灰化肥发黑。黑化肥发灰会挥发，灰化肥挥发会发黑。

(二) 发音方法问题

1．鼻音—边音

对比发音练习：

n—l：	女客—旅客	男子—篮子	难住—拦住	留念—留恋
	南天—蓝天	浓重—隆重	泥巴—篱笆	年夜—连夜
	男女—褴褛	牛年—流连	大娘—大梁	南宁—兰陵
	南麓—拦路			

n—l：	尼龙	脑力	能量	暖流	纳凉	耐劳	农林	逆流
	年龄	南岭	农历	奶酪	努力	凝练	能力	内陆
l—n：	烂泥	辽宁	老年	岭南	来年	老农	冷暖	连年
	历年	两难	留念	老衲	理念	落难	利尿	列宁

绕口令与句段练习：

（1）念一念，练一练，n、l 的发音要分辨。l 是边音软腭升，n 是鼻音舌靠前。你来练，我来念。不怕累，不怕难。齐努力，攻难关。

（2）新脑筋，老脑筋，老脑筋可以学成新脑筋，新脑筋不学习就要变成老脑筋。

（3）河边有棵柳，柳下一头牛，牛要去顶柳，柳枝缠住了牛的头。

（4）小玲拦住小龙说："昨天有道算术题把我难住了，你给我讲讲好吗？"

（5）这条小河不宽，水很浅，水流也不急，他赶着水牛从这条河趟了过去。

（6）男旅客穿着蓝上装，女旅客穿着呢大衣。男旅客扶着拎篮子的老大娘，女旅客搀着拿笼子的小男孩儿。

（7）门外有四辆车，你爱拉哪两辆就拉哪两辆。

2. r—y、l、sh

对比发音练习：

r—y：	日月	人烟	惹眼	热源	肉眼	容颜
	荣耀	任意	日益	日用	溶液	闰月
r—l：	燃料	染料	让路	热烈	人类	认领
	日历	容量	锐利	人流	入列	让利
r—sh：	日食	忍受	燃烧	热水	人参	人生
	认识	认输	柔顺	如实	入神	若是

六、训练记录方式

可使用语音复读设备、录音设备等，进行听音、录音、比较辨读，以达到正音的目的。

七、训练评价

可采用学生自我评价、小组内互评、小组间互评及教师评价的方式，及时予以客观的语音评价与适当引导，提高学生听音与辨音能力。学生应及时、客观记录自己在声母发音训练中出现的发音错误及明显缺陷，找出自己存在的主要语音问题，尤其是系统性问题。反复倾听正确的发音示范，反复进行发音练习，以达到正音的目的。

训练二：普通话韵母训练

基本知识

韵母是汉语音节中声母后面的部分,零声母音节全部由韵母组成。

普通话中一共有 39 个韵母,完全由元音构成的韵母有 23 个,由元音加上辅音构成的韵母有 16 个。

韵母的主要组成部分是元音,但元音不等于韵母。韵母至少有一个元音,也可以由两个元音或三个元音组成,或元音之后再加辅音。韵母中的辅音总是处在韵尾。普通话中只有两个鼻韵尾——n 和 ng。

1. 韵母的分类

表 2-5　韵母的分类

项目		开口呼	齐齿呼	合口呼	撮口呼
单韵母		-i	i	u	ü
		a	ia	ua	
		o		uo	
		e			
		ê	ie		üe
		er			
复韵母		ai		uai	
		ei		uei	
		ao	iao		
		ou	iou		
鼻韵母		an	ian	uan	üan
		en		uen	
			in		ün
		ang	iang	uang	
		eng		ueng	
			ing	ong	iong

（1）按韵母的结构分（表 2-5）

单韵母：由一个元音构成的韵母。在普通话中有 10 个：

　　舌面元音单韵母　a o e ê i u ü

　　卷舌元音单韵母　er

　　舌尖元音单韵母　-i(前) -i(后)

复韵母：由两个或三个元音构成的韵母,共 13 个。

根据主要元音所处的位置,分为：

　　前响复韵母　ai ei ao ou

　　　　中响复韵母 iao iou uai uei
　　　　后响复韵母 ia ie ua uo üe
　　鼻韵母：一个或两个元音后面带有鼻辅音的韵母。共有 16 个：
　　　　前鼻音鼻韵母 an en in ün ian uan uen üan
　　　　后鼻音鼻韵母 ang eng ing ong iong iang uang ueng
　（2）按韵母开头元音的发音口型分（简称"四呼"）（表 2-5）
　　开口呼：非 i、u、ü 或以非 i、u、ü 开头的韵母。
　　齐齿呼：i 或 i 开头的韵母。
　　合口呼：u 或 u 开头的韵母。
　　撮口呼：ü 或 ü 开头的韵母。
　2. 韵母的结构
　　韵母一般由韵头、韵腹和韵尾三部分组成。
　　韵腹是韵母的主干,韵母由单元音充当的,这个元音就是韵腹;两个元音充当韵母时,其中口腔开度最大、声音最响亮的那个元音是韵腹(称为主要元音)。
　　韵腹是一个韵母发音的关键,是韵母发音过程中口腔肌肉最紧张、发音最响亮的部分。
　　韵腹前面的元音是韵头,介于声母和韵腹中间,又称为介音或介母,通常由 i、u、ü 来担任。韵头发音较模糊,往往迅速带过。
　　韵尾(也称尾音)是韵腹后面的部分,由 i、o、u 和两个鼻辅音 n、ng 担任。韵尾发音较弱,但要力求到位。
　　如 guān 这个音节,g 是声母,uan 是韵母。uan 中,a 是韵腹,u 是韵头,n 是韵尾。
　　并不是每个韵母都具备韵头、韵尾这两部分,一个韵母可以没有韵头或韵尾,但是不可以没有韵腹。
　3. 韵母的发音
　　元音在发音时声带振动,气流自由呼出,不受任何阻碍。发音器官的各部分肌肉均衡紧张,气流比辅音弱,声音响亮。
　　元音可以独立构成音节,在音节中总是处于重要地位,而多数辅音要和元音结合在一起才能构成音节。
　　韵母发音非常重要,普通话语音中"饱满"的要求体现在韵母发音的准确度上。

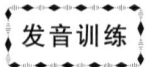

一、训练目的

1. 明确元音的发音特点。
2. 掌握单元音在发音时的舌位(高低、前后)与唇形的圆展程度。
3. 掌握复合元音在发音时的舌位动程变化及发音响亮度的变化。

二、训练要求

掌握普通话语音的 39 个韵母,读准常用汉字的韵母。
1. 注意单韵母在发音过程中舌位和唇形保持不变。
2. 注意复韵母在发音过程中的舌位、唇形变化,注意元音发音响亮度的主次关系,能在主要元音发音上注意口腔明显地拉开、立起。
3. 在普通话韵母发音中努力克服方音的影响。

三、训练方法与步骤

1. 训练应结合听音、辨音和录音练习反复进行,以逐渐达到消除方音影响(尤其是成系统问题的影响)的教学训练目的。指导教师应及时指出学生在普通话韵母发音中存在的语音问题,帮助其找到准确的发音方法,要求学生注意改善日常口语发音中经常出现的主要元音开口度不够的问题,注意复韵母发音中唇舌变化动程,提高韵母发音的准确度。
2. 练习顺序:字—词—绕口令—句段。

四、训练内容

(一) 单元音韵母练习

单元音韵母即单韵母。发音特点是:在发音过程中,舌位和唇形保持不变。

舌面元音发音时,起主要作用的是舌面,由舌位的高低、前后及唇形的圆展决定它的音色。

1. a(舌面、央、低不圆唇元音)

[发音要领] 口腔打开,舌位央低,口腔开度大。舌自然放平,舌尖接触下齿龈。前舌面下降,舌面中部偏后微微隆起,双唇自然展开。发音时声带振动,打开后声腔,软腭上升抬起,关闭鼻腔通路,气流从口腔出。

注意:练习发音时,注意打开口腔,气流通畅,下巴松弛,舌位避免偏前或靠后。

字词练习:

| 发 | 他 | 哈 | 巴 | 妈 | 搭 |
| 擦 | 撒 | 拉 | 嘎 | 喀 | 扎 |

| 发达 | 砝码 | 大厦 | 打靶 | 喇叭 | 哈达 |
| 爸爸 | 妈妈 | 拉萨 | 马达 | 耷拉 |

| 跋山涉水 | 大有作为 | 大功告成 | 八面玲珑 | 茶余饭后 | 马到成功 |
| 拔地而起 | 麻痹大意 | 发达地区 | 打抱不平 | 拉帮结伙 | 八方支援 |

扫码听示范·15

绕口令与句段练习：

（1）一个胖娃娃，抓了三个大花活河蛤蟆。三个胖娃娃，抓了一个大花活河蛤蟆。抓了一个大花活河蛤蟆的三个胖娃娃，真不如抓了三个大花活河蛤蟆的一个胖娃娃。

（2）张大妈，夏大妈，你看咱们的好庄稼，高的是玉米，低的是芝麻，开黄花、紫花的是棉花，圆溜溜的是西瓜，谷穗长得像镰把，勾着想把地压塌。张大妈，夏大妈，边看边乐笑哈哈。

（3）马大妈的儿子叫马大哈，马大哈的妈妈叫马大妈。马大妈让马大哈买麻花，马大哈给马大妈买西瓜。马大妈让马大哈割芝麻，马大哈给马大妈摘棉花。马大妈告诉马大哈，以后不能再马大哈，马大哈不改马大哈，马大妈就不要马大哈。

（4）打南边儿来了个喇嘛，手里提着五斤鳎目；打北边儿来了个哑巴，腰里别着个喇叭。南边儿提溜鳎目的喇嘛要拿鳎目换北边儿别喇叭的哑巴的喇叭，哑巴不乐意拿喇叭换提溜鳎目的喇嘛的鳎目，喇嘛非要拿鳎目换别喇叭的哑巴的喇叭。喇嘛抡起鳎目，抽了别喇叭的哑巴一鳎目，哑巴也摘下喇叭，打了提溜鳎目的喇嘛一喇叭。也不知是，提溜鳎目的喇嘛抽了别喇叭的哑巴几鳎目，还是别喇叭的哑巴打了提溜鳎目的喇嘛几喇叭。只知道，喇嘛炖鳎目，哑巴嘀嘀嗒嗒吹喇叭。

2．o（舌面、后、半高、圆唇元音）

[发音要领] 口腔半闭（比 a 略窄），舌位后半高，舌后缩，舌面后部隆起（舌高点偏后），舌面两边微卷，舌面中部稍凹。发音时声带振动，上下唇自然拢圆，软腭上升抬起，关闭鼻腔通路。

注意：练习发音时，两唇要收紧，嘴角略撮一些，但唇不要向前撅。

提示：单元音韵母 o 只与双唇音声母 b、p、m 及唇齿音声母 f 有拼合关系。

扫码听示范·16

字词练习：

| 播 | 破 | 墨 | 佛 | 泼 | 摸 |
| 坡 | 勃 | 叵 | 摩 | 婆 | 迫 |

| 磨破 | 菠萝 | 泼墨 | 薄膜 | 默默 | 伯伯 |
| 婆婆 | | | | | |

| 莫名其妙 | 博学多才 | 勃然大怒 | 波澜壮阔 | 模棱两可 | 默默无闻 |
| 漠不关心 | 墨守成规 | 勃勃生机 | 博古通今 | 薄利多销 | |

绕口令与句段练习：

（1）老伯伯卖墨，老婆婆卖馍，老婆婆卖馍买墨，老伯伯卖墨买馍。墨换馍，老伯伯有馍。馍换墨，老婆婆有墨。

（2）颗颗豆子进石磨，磨成豆腐送哥哥，哥哥说我的生产虽然小，可是小小的生产贡献多。

（3）婆婆和嬷嬷，来到山坡坡，婆婆默默采蘑菇，嬷嬷默默拔萝卜。婆婆拿了一个破簸箕，嬷嬷带了一个薄笸箩，婆婆采了半簸箕小蘑菇，嬷嬷拔了一笸箩大萝卜。婆婆采了蘑菇换饽饽，嬷嬷卖了萝卜买馍馍。

3．e（舌面、后、半高、不圆唇元音）

[发音要领] 口腔半闭，舌位后半高，舌后缩，舌面后部隆起，舌面两边微卷，舌面中部稍凹。发音时声带振动，嘴角向两边微展（在发 o 的基础上，唇稍向嘴角展开），软腭抬起，关闭

鼻腔通路。

提示：单元音韵母 e 与双唇音声母 b、p、m 及唇齿音声母 f 没有拼合关系。"么"(me)除外。

字词练习：

| 歌 | 德 | 乐 | 渴 | 和 | 遮 |
| 车 | 奢 | 瑟 | 鹅 | 策 | 热 |

| 特色 | 割舍 | 合格 | 折合 | 客车 | 色泽 |
| 折射 | 苛刻 | 隔阂 | 这个 | | |

| 责无旁贷 | 可歌可泣 | 和颜悦色 | 得心应手 | 歌舞升平 | 刻骨铭心 |
| 择善而从 | 科班出身 | 和风细雨 | 得寸进尺 | 各执一词 | 刻不容缓 |

扫码听示范·17

绕口令与句段练习：

(1) 村里有条清水河,河岸是个小山坡,社员坡上挖红薯,闹闹嚷嚷笑呵呵。忽听河里一声响,河水溅起一丈多,吓得我忙大声喊："谁不小心掉下河？"大家一听笑呵呵,有个姑娘告诉我："不是有人掉下河,是个红薯滚下坡。"

(2) 坡上立着一只鹅,坡下就是一条河,宽宽的河,肥肥的鹅,鹅要过河,河要渡鹅,不知是鹅过河,还是河渡鹅。

4．ê（舌面、前、半低、不圆唇元音）

[发音要领] 口腔半开,舌位前半低,舌尖微触下齿背,舌面前部隆起,嘴角向两边微展（扁唇）。发音时声带振动,软腭抬起,关闭鼻腔通路。

字词练习：

| 裂变 | 解体 | 绝技 | 雪白 |

扫码听示范·18

5．i（舌面、前、高、不圆唇元音）

[发音要领] 口腔开度较小,舌位前高,双唇呈扁平形,嘴角向两边展开,舌尖轻触下齿背,舌面前部上升接近硬腭（舌高点偏前）。发音时声带振动,软腭抬起,关闭鼻腔通路。发音时气流通路窄,但不应使气流产生摩擦。

提示：i 是普通话中舌位最前最高的元音。

字词练习：

| 笔 | 泥 | 梯 | 衣 | 戏 | 器 |
| 低 | 比 | 批 | 基 | 气 | 息 |

| 笔记 | 基地 | 记忆 | 习题 | 比例 | 吉利 |
| 离奇 | 礼仪 | 地理 | 机器 | 气息 | 奇迹 |

| 地大物博 | 一见如故 | 立竿见影 | 一箭双雕 | 密密麻麻 | 逆反心理 |
| 弊多利少 | 匹夫有责 | 迷惑不解 | 提纲挈领 | 力不从心 | 披荆斩棘 |

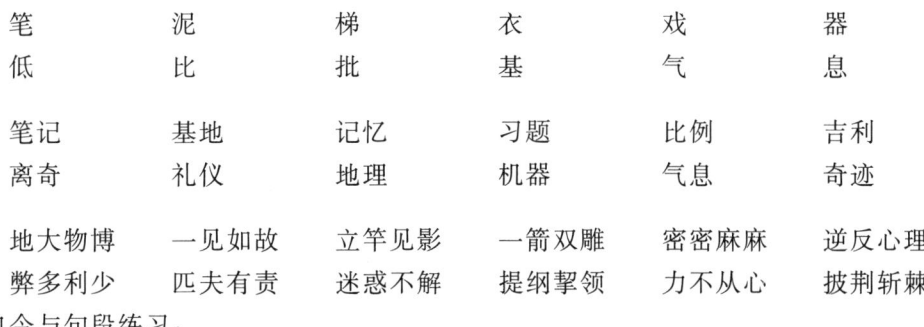
扫码听示范·19

绕口令与句段练习：

(1) 一二三四五六七,七六五四三二一,七个阿姨来摘果,七个花篮手中提。七个果子摆七样：苹果、桃儿、石榴、柿子、李子、栗子、梨。

(2) 太阳太阳我问你,敢不敢来比一比。我们出工老半天,你睡大觉迟迟起。我们摸黑儿才回来,你早收工进地里。太阳太阳我问你,敢不敢来比一比。

(3) 清早起来雨淅淅,王七上街去买席。骑着毛驴跑得急,捎带卖蛋又贩梨。一跑跑到小桥西,毛驴一下跌了蹄。打了蛋,撒了梨,跑了驴,急得王七眼泪滴,又哭鸡蛋又骂驴。

6. u(舌面、后、高、圆唇元音)

[发音要领]口腔开度较小,舌位后高,双唇收缩成圆形,稍向前突(唇向前撮),气流通路狭窄呈圆形,舌头后缩,舌尖离下齿背稍远,舌面后部上升接近软腭。发音时声带振动,软腭上升,关闭鼻腔通路。

扫码听示范·20

字词练习:

| 布 | 书 | 路 | 粗 | 出 | 肚 |
| 服 | 苦 | 入 | 宿 | 主 | 突 |

| 互助 | 读书 | 露珠 | 突出 | 出路 | 幅度 |
| 糊涂 | 出租 | 辅助 | 孤独 | 不服 | 目录 |

| 出口成章 | 出尔反尔 | 触景生情 | 顾全大局 | 不败之地 | 孤芳自赏 |
| 古今中外 | 扑面而来 | 目不转睛 | 负担过重 | 独出心裁 | 土崩瓦解 |

绕口令与句段练习:

(1) 肩背一匹布,手提一瓶醋,走了一里路,看见一只兔,卸下布,放下醋,去捉兔。跑了兔,丢了布,洒了醋。

(2) 北风吹落路边树,小陆上前把树护,一根大杆路边竖,一条绳子拴捆住。树有木杆作支柱,木杆支树树稳固。

(3) 寒雨连江夜入吴,平明送客楚山孤。洛阳亲友如相问,一片冰心在玉壶。

——(唐)王昌龄《芙蓉楼送辛渐》

(4) 一只鼠,一只兔,兔鼠同去伐小树。兔挖土,鼠咬树,惊动吃草小肥猪。猪架兔,兔背鼠,齐心协力撼小树。咯吱一声倒下树,牢牢压住小灰鼠。树压鼠,鼠压兔,兔儿压住小肥猪,猪儿压土唤不住:"兔、鼠、树、树、兔、鼠……"

(5) 爷爷领着孙子黑虎,到猪圈里数黑猪。黑猪圈在猪圈里,各个猪圈都有猪。小黑虎不马虎,挨着个儿地把猪数。黑猪围着小黑虎,转来转去乱乎乎。黑虎数了半天小黑猪,不知哪些黑猪挨过黑虎数,也不知黑虎数过哪些小黑猪。逗得爷爷抿嘴笑,急得黑虎直要哭。爷爷说:"小黑虎,你别哭,这是十五只小黑猪。"

7. ü(舌面、前、高、圆唇元音)

[发音要领]口腔开度较小,舌位前高,双唇撮圆成扁平形小孔,双唇聚拢,两嘴角撮起,舌尖抵住下齿背,舌面前部隆起。发音时声带振动,软腭上升抬起,关闭鼻腔通路。

扫码听示范·21

字词练习:

| 女 | 屈 | 居 | 迂 | 吕 | 虚 |
| 巨 | 取 | 语 | 菊 | 律 | 举 |

| 语句 | 序曲 | 须臾 | 栩栩 | 屈居 | 聚居 |
| 区域 | 豫剧 | 旅居 | 语序 | 女婿 | 区区 |

举世无双	旭日东升	雨过天晴	据理力争	聚沙成塔	欲罢不能
聚精会神	虚怀若谷	栩栩如生	雨后春笋	欲盖弥彰	蓄谋已久

绕口令与句段练习：

（1）村里新开一条渠，弯弯曲曲上山去。河水雨水渠里流，漫山庄稼一片绿。

（2）大渠养大鱼不养小鱼，小渠养小鱼不养大鱼。一天，天下雨，大渠水流进小渠，小渠水流进大渠。大渠里有了小鱼不见大鱼，小渠里有了大鱼不见小鱼。

（3）春雨足，染就一溪新绿。柳外飞来双羽玉，弄晴相对浴。

——（唐）韦庄《谒金门·春雨足》（上阕）

8. er（卷舌、央、中、不圆唇元音）

[发音要领] 口腔自然打开，在半开半闭之间，舌位不前不后，不高不低，舌前部上抬，舌尖向硬腭中部上卷，但不接触。发音时声带振动，软腭上升抬起，关闭鼻腔通路。

提示：这个元音自成音节，不和声母相拼。实际读音有[ɑr]和[ər]之分，当读序数词"二"时为[ɑr]，其他字音则是[ər]。

字词练习：

儿	耳	二	尔	而	洱
耳朵	二胡	儿童	儿女	而且	然而
儿戏	二十	尔后	耳语	洱海	饵料
而今	儿歌	耳环	耳目	鸸鹋	儿化
耳听八方	耳闻目睹	出尔反尔	耳目一新	耳濡目染	耳熟能详
尔虞我诈	接二连三	二泉映月	取而代之	耳聪目明	儿童乐园

绕口令与句段练习：

要说尔，专说尔，马尔代夫，喀布尔，阿尔巴尼亚，扎伊尔，卡塔尔，尼泊尔，贝尔格莱德，厄瓜多尔，尼日尔。

9. -i[ɿ]（舌尖前、高、不圆唇元音）

[发音要领] 口微开，扁唇，嘴角向两边展开，舌头平伸，舌尖接触下齿背，舌前部和上齿背保持适当距离。发音时声带振动，软腭上升抬起，关闭鼻腔通路。

提示：在普通话中，这个韵母只与声母 z、c、s 有拼合关系。

字词练习：

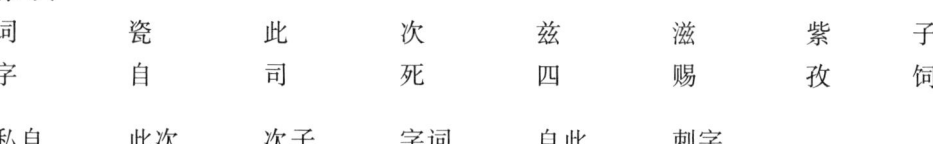

词	瓷	此	次	兹	滋	紫	子
字	自	司	死	四	赐	孜	饲
私自	此次	次子	字词	自此	刺字		

10. -i[ʅ]（舌尖后、高、不圆唇元音）

[发音要领] 口微开，扁唇，嘴角向两边展开，舌前端抬起与硬腭前部保持适当距离。发音时声带振动，软腭上升抬起，关闭鼻腔通路。

提示：在普通话中，这个韵母只与声母 zh、ch、sh、r 有拼合关系。

字词练习：

之	职	止	至	痴	迟	尺	赤

| 诗 | 时 | 使 | 是 | 日 | 纸 | 齿 | 驶 |
| 掷 | 侄 | 直 | 蚀 | 始 | 士 | 势 | 识 |

实施　　支持　　知识　　制止　　值日　　试制

(二) 复合元音韵母练习

复合元音韵母即复韵母,由两个或三个元音组合而成。复合元音的发音过程中,舌位的前后、高低和唇形的圆展要发生连续的移动、变化。我们把舌位移动的过程叫做"舌位的动程"。

复韵母发音特点:

复韵母发音不是简单的两个或三个元音的相加,而是在发音过程中舌位、唇形由一个元音滑动、变化到另一个元音,没有哪一个元音能单独、明确地表现出来。标志起始的元音,从发音开始,舌位、唇形已经开始了移动、变化,没有独立存在的时间,音色已经开始了变化。而标志终止的元音,是舌位、唇形移动、变化到这一位置发音已结束,也没有独立存在的时间。在实际发音过程中,处于中间转折位置的元音音素,它的舌位、唇形也不再是发单元音时的"标准"位置,而是向起始和终止元音音素偏移、变化。

1. 前响复韵母

前头的元音清晰响亮,后头的元音含混模糊,前后元音过渡自然。

普通话复韵母中前响复韵母有4个:ai、ei、ao、ou。

ai:

[发音要领] a处于略前而高的位置,口腔开度略小。i只是表示舌头移动的方向,实际到不了i的位置。a音较为清晰响亮。i音发得轻短较弱,并应避免偏前,要打开口腔。

扫码听示范·25

字词练习:

| 白 | 开 | 晒 | 拍 | 买 | 拆 |
| 来 | 摘 | 改 | 海 | 柴 | 灾 |

| 彩排 | 白菜 | 爱戴 | 开采 | 买卖 | 灾害 |
| 海带 | 晒台 | 拍卖 | 拆台 | 带来 | 太太 |

| 拍手称快 | 海阔天空 | 来日方长 | 爱莫能助 | 塞翁失马 | 开诚布公 |
| 百般刁难 | 排除万难 | 埋头苦干 | 改朝换代 | 开阔眼界 | 骇人听闻 |

绕口令与句段练习:

(1) 掰白菜,搬白菜,掰完白菜搬白菜,搬完白菜掰白菜。

(2) 小艾和小戴,一起来买菜。小艾把一斤菜给小戴,小戴有比小艾多一斤的菜;小戴把一斤菜给小艾,小艾小戴就有一般多的菜。请你想想猜猜,小艾和小戴各买了多少菜?

(3) 红岩上红梅开,千里冰霜脚下踩。三九严寒何所惧,一片丹心向阳开。

——《红梅赞》

(4) 三载同窗情如海,山伯难舍祝英台,相依相伴送下山,又向钱塘道上来。

——《梁山伯与祝英台》

ei：

[发音要领]ei里的e是一个前半高不圆唇圆音。舌位比i低一点。它与前面提到的单元音e并不是同一音位,只是写法相同。ei里的i舌位比单发的i略低,舌高点略偏后。

由于是前响,前面的音素发得要清晰、响亮,后面的音素发得轻短较弱。

字词练习：

| 梅 | 北 | 费 | 杯 | 胚 | 内 |
| 贼 | 黑 | 累 | 贝 | 媚 | 给 |

| 肥美 | 北非 | 黑煤 | 配备 | 蓓蕾 | 妹妹 |
| 北美 | 背煤 | 贝类 | 飞贼 | 非得 | |

| 黑白分明 | 飞黄腾达 | 悲欢离合 | 美不胜收 | 费尽心机 | 背道而驰 |
| 北大西洋 | 肺腑之言 | 眉飞色舞 | 杯弓蛇影 | 背水一战 | 废寝忘食 |

绕口令与句段练习：

(1)乌鸦站在黑猪背上说黑猪黑,黑猪说乌鸦比黑猪还要黑,乌鸦说它身比黑猪黑嘴不黑,黑猪听罢笑得嘿嘿嘿。

(2)有水无肥花不肥,有肥无水花不美,种花施肥又浇水,肥肥水肥花更美。

(3)北风吹,雪花飞,冬天雪花是宝贝,去给麦苗盖上被,明年麦子多几倍。

(4)草木知春不久归,百般红紫斗芳菲。杨花榆荚无才思,惟解漫天作雪飞。

——(唐)韩愈《晚春》

(5)这是梅花,有红梅、白梅、绿梅,还有朱砂梅,一树一树的,每一树梅花都是一树诗。

——杨朔《茶花赋》

ao：

[发音要领]ao中的a受到后高元音o的影响,a处于比较靠后的位置,舌位也高一点。o也同时受到a的影响,舌位比单发音稍低,嘴唇略圆。

提示：韵母ao发音,o作韵尾时,要在发到u的过程中收音(唇形)。

粤方言区发ao时的常见问题是发a时口型偏大,归音时没有收到u的唇形。

字词练习：

| 抛 | 高 | 招 | 包 | 猫 | 刀 |
| 掏 | 老 | 考 | 绕 | 熬 | 耗 |

| 高潮 | 高考 | 报告 | 逃跑 | 骚扰 | 报道 |
| 抛锚 | 号召 | 操劳 | 牢靠 | 早操 | 跑道 |

| 劳而无功 | 道貌岸然 | 报仇雪恨 | 操之过急 | 饱食终日 | 草草了事 |
| 褒贬不一 | 抛头露面 | 貌合神离 | 道听途说 | 逃避现实 | 脑力劳动 |

绕口令与句段练习：

(1)东边庙里有个猫,西边树梢有只鸟。猫鸟天天闹,不知是猫闹树上鸟,还是鸟闹庙里猫。

(2)春日起每早,采桑惊啼鸟,风过扑鼻香,花开落,知多少。 ——《采桑谣》

(3)月黑雁飞高,单于夜遁逃。欲将轻骑逐,大雪满弓刀。 ——(唐)卢纶《塞下曲》

ou：

[发音要领] ou 里的 o 比单发时舌高点略后且略高,但 o 的唇形没有单发时圆,双唇略撮,舌尖微接下齿背,舌位在 e 稍后处。o 发得较长较响亮,u 比单发时口腔开度大,但唇形比单发时扁,舌根隆起,发音较短。

扫码听示范·28

字词练习：

| 柔 | 收 | 州 | 凑 | 搜 | 兜 |
| 抽 | 后 | 沟 | 扣 | 偷 | 楼 |

| 收购 | 欧洲 | 喉头 | 抖擞 | 佝偻 | 丑陋 |
| 漏斗 | 兜售 | 守候 | 后头 | 叩首 | 豆蔻 |

| 手忙脚乱 | 守口如瓶 | 愁眉不展 | 受宠若惊 | 筹集资金 | 斗志昂扬 |
| 手舞足蹈 | 踌躇满志 | 臭名远扬 | 丑态百出 | 厚此薄彼 | 口服心服 |

绕口令与句段练习：

(1) 杂技团里狗和猴,演个节目猴骑狗。猴骑狗狗驮猴,狗驮猴猴骑往前走,猴在狗背欺负狗,狗使劲儿摔背上猴。猴抓狗,狗咬猴,猴骑狗变成狗斗猴。

(2) 小猪扛锄头,吭哧吭哧走,小鸟唱枝头,小猪扭头瞅。锄头撞石头,石头砸猪头,小猪怨锄头,锄头怨猪头。

(3) 昔人已乘黄鹤去,此地空余黄鹤楼。黄鹤一去不复返,白云千载空悠悠。晴川历历汉阳树,芳草萋萋鹦鹉洲。日暮乡关何处是,烟波江上使人愁。

——(唐)崔颢《黄鹤楼》

(4) 何处望神州？满眼风光北固楼。千古兴亡多少事？悠悠,不尽长江滚滚流。

——(南宋)辛弃疾《南乡子·登京口北固亭有怀》

2. 后响复韵母

普通话复韵母中后响复韵母有 5 个：ia、ie、ua、uo、üe。

它们发音的共同点是舌位由高向低滑动,收尾的元音音素响亮清晰,而开头的元音发音不太响亮,较短促。

ia：

[发音要领] a 由于受高元音 i 的影响,a 的舌位稍高,口腔开度比单发时稍闭。同样 i 也会受央低元音 a 的影响,舌位稍降。i、a 相比,i 的发音短暂,而极具过渡性,a 的发音较为响亮,时程也较长。

扫码听示范·29

字词练习：

| 家 | 牙 | 虾 | 俩 | 恰 | 瞎 |
| 掐 | 压 | 下 | 峡 | 假 | |

| 假牙 | 恰恰 | 压价 | 加价 | 夏家 | 卡壳 |
| 遐迩 | 辖区 | 嘉勉 | 嫁妆 | 驾驭 | |

| 驾轻就熟 | 恰如其分 | 掐头去尾 | 侠肝义胆 | 家喻户晓 | 狭路相逢 |
| 下落不明 | 家常便饭 | 恰好相反 | 假公济私 | 下不为例 | 价廉物美 |

绕口令与句段练习：

(1) 天空飘来一片霞，水上游来一群鸭。霞是五彩霞，鸭是麻花鸭。麻花鸭游进五彩霞，五彩霞网住麻花鸭。乐坏了鸭，拍碎了霞，分不清是鸭还是霞。

(2) 贾家有女初出嫁，嫁到夏家学养虾，喂养的对虾个头儿大，卖到市场直加价。

(3) 家是岸，家是墙，家是可以靠着的肩膀，家是父母望你的双眼和墙壁上的老画。

ie：

ie 里的 e 是一个前半低不圆唇元音，国际音标为[ɛ]，在拼音方案中单用时记作 ê。

[发音要领] 前舌面略向硬腭上升，舌位半低，比 ei 中的 e 略低一点。i 的发音较为短暂，ê 的发音较为响亮。

字词练习：

| 铁 | 别 | 斜 | 爹 | 列 | 切 |
| 洁 | 撇 | 贴 | 聂 | 茄 | 灭 |

| 铁屑 | 姐姐 | 谢谢 | 贴切 | 结业 | 斜街 |
| 铁鞋 | 结节 | 趔趄 | | | |

| 铁面无私 | 喋喋不休 | 借题发挥 | 夜长梦多 | 烈日当空 | 锲而不舍 |
| 灭顶之灾 | 别具一格 | 蹑手蹑脚 | 戒备森严 | 切合实际 | 歇斯底里 |

绕口令与句段练习：

(1) 孩子是孩子，鞋子是鞋子，孩子不是鞋子，鞋子不是孩子。是孩子穿鞋子，不是鞋子穿孩子。谁分不清鞋子和孩子，谁就念不准鞋子和孩子。

(2) 多情自古伤离别，更那堪，冷落清秋节！今宵酒醒何处？杨柳岸、晓风残月。此去经年，应是良辰美景虚设。便纵有千种风情，更与何人说！

——（北宋）柳永《雨霖铃》

ua：

[发音要领] a 的口形比单发时稍圆，口腔稍开。u 的口形稍开，舌位稍降。u 的发音短暂，a 的发音较为响亮。

字词练习：

| 花 | 华 | 瓜 | 夸 | 抓 | 蛙 |
| 垮 | 袜 | 刷 | 划 | 挖 | 跨 |

| 娃娃 | 挂花 | 花袜 | 耍滑 | 华夏 | 话说 |
| 刷牙 | 抓紧 | 夸奖 | | | |

| 画龙点睛 | 华而不实 | 花好月圆 | 抓耳挠腮 | 哗众取宠 | 花花绿绿 |
| 寡不敌众 | 瓜田李下 | 刮目相看 | | | |

绕口令与句段练习：

(1) 金瓜瓜，银瓜瓜，瓜棚上面结满瓜。瓜瓜落下来，打着小娃娃。娃娃叫妈妈，娃娃怪瓜瓜，瓜瓜笑娃娃。

(2) 我相信你编写的童话，自己就成了童话中幽蓝的花。

(3) 华华有两朵黄花，红红有两朵红花。华华要红花，红红要黄花。华华送给红红一朵黄花,红红送给华华一朵红花。红红有红花和黄花,华华有黄花和红花,两人笑得脸上像朵花。

uo:

[发音要领]uo 里的 o 比单发时口腔稍闭。uo 里的 u 比单发时唇形略大,但发得轻短,o 发得响而长。

字词练习:

| 多 | 罗 | 说 | 托 | 郭 | 过 |
| 桌 | 窝 | 阔 | 所 | 错 | 若 |

| 哆嗦 | 过错 | 蹉跎 | 骆驼 | 硕果 | 阔绰 |
| 过多 | | | | | |

| 脱颖而出 | 落落大方 | 卧薪尝胆 | 我行我素 | 过目成诵 | 络绎不绝 |
| 咄咄逼人 | 锣鼓喧天 | 蹉跎岁月 | 脱缰之马 | 硕士学位 | 若有所思 |

绕口令与句段练习:

(1) 坡上长菠萝,坡下玩陀螺。坡上掉菠萝,菠萝砸陀螺。砸破陀螺补陀螺,顶破菠萝削菠萝。

(2) 绿秧棵,开花朵,花朵朵朵结硕果。果果开花一朵朵,朵朵花朵像云朵。

(3) 红酥手,黄藤酒。满城春色宫墙柳。东风恶,欢情薄。一怀愁绪,几年离索。错、错、错!

春如旧,人空瘦。泪痕红浥鲛绡透。桃花落,闲池阁。山盟虽在,锦书难托。莫、莫、莫!

——(南宋)陆游《钗头凤·红酥手》

üe:

[发音要领]üe 里的 e 与 ie 中的 e 属同一元音 ê。发 ü 较轻较短,发 ê 响而长。

字词练习:

| 缺 | 约 | 雪 | 月 | 决 | 掠 |
| 靴 | 虐 | 略 | 薛 | 岳 | 学 |

| 乐章 | 悦耳 | 月亮 | 雪夜 | 学界 | 约束 |
| 雀跃 | 阅读 | 确切 | 削减 | 掠夺 | 虐待 |

| 绝无仅有 | 雪上加霜 | 血气方刚 | 学前教育 | 却之不恭 | 绝路逢生 |
| 略胜一筹 | 约法三章 | 学有所用 | 跃然纸上 | 学无止境 | |

绕口令与句段练习:

(1) 一群灰喜鹊,一群黑喜鹊。灰喜鹊飞进黑喜鹊群,黑喜鹊群里有灰喜鹊。黑喜鹊飞进灰喜鹊群,灰喜鹊群里有黑喜鹊。

(2) 打南边来了个瘸子,手里托着个碟子,地下钉着个橛子,绊倒了拿碟子的瘸子,气得瘸子撇了碟子,拔了橛子。

(3) 梅雪争春未肯降,骚人搁笔费评章。梅须逊雪三分白,雪却输梅一段香。

——(南宋)卢梅坡《雪梅二首(其一)》

(4) 去年元夜时,花市灯如昼。月上柳梢头,人约黄昏后。

今年元夜时,月与灯依旧。不见去年人,泪湿春衫袖。

——(北宋)欧阳修《生查子·元夕》

3. 中响复韵母

发音时,前头的元音轻短,中间的元音清晰响亮,后头的元音含混模糊,前、中、后元音发音过渡自然。

普通话复韵母中中响复韵母有4个:iao、iou、uai、uei。

iao:

[发音要领]在ao的基础上增加了i(韵头)到ao的发音动程,ao中的a舌位稍高且唇形略扁,这是受到了i的影响。i的舌位比单发时更高,与上腭接近甚至稍有摩擦,故称之为"半元音",而且发得轻短,a发得响亮,最后趋向o的部位。

iao的发音动程较宽,唇形舌位的变化较大。

字词练习:

| 飘 | 小 | 鸟 | 秒 | 挑 | 刁 |
| 表 | 聊 | 跳 | 叫 | 标 | 交 |

| 巧妙 | 疗效 | 苗条 | 吊销 | 缥缈 | 教条 |
| 脚镣 | 娇小 | 叫嚣 | 调料 | | |

| 遥遥领先 | 焦头烂额 | 交头接耳 | 脚踏实地 | 咬文嚼字 | 标新立异 |
| 雕虫小技 | 药到病除 | 挑肥拣瘦 | 绞尽脑汁 | 瓢泼大雨 | 要闻简报 |

扫码听示范·34

绕口令与句段练习:

(1)小姚清早去出操,碰着小苗和小乔,小乔小苗一般高,南郊桥下学摔跤。小苗踩住小乔脚,小乔抱牢小苗腰,不晓小苗胜小乔,也不知小乔胜小苗。不为争名和锦标,锻炼身体乐陶陶。

(2)表慢,慢表,慢表慢半秒。慢半秒,拨半秒,拨过半秒多半秒;多半秒,拨半秒,拨过半秒少半秒。拨来拨去是慢表,慢表表慢慢半秒。

(3)青山隐隐水迢迢,秋尽江南草未凋。二十四桥明月夜,玉人何处教吹箫。

——(唐)杜牧《寄扬州韩绰判官》

iou:

[发音要领]舌位由前高元音i(韵头)向后、向低过渡,o音后舌面向软腭升起,唇形是圆的,韵尾u表示元音活动的方向。

按汉语拼音方案拼写规则的规定,iou可在拼写时简化为iu,但在实际发音中不能省略当中的o音,必须发全。

字词练习:

| 丢 | 秀 | 球 | 牛 | 谬 | 刘 |
| 纠 | 溜 | 优 | 扭 | 舅 | 柳 |

| 绣球 | 悠久 | 优秀 | 牛油 | 舅舅 | 旧友 |
| 求救 | 妞妞 | 久留 | 悠悠 | | |

| 流言蜚语 | 求全责备 | 有声有色 | 袖手旁观 | 丢三落四 | 流连忘返 |

扫码听示范·35

求同存异　　流离失所　　修旧利废　　优胜劣汰　　秋高气爽　　扭转乾坤

绕口令与句段练习：

（1）小六骑牛去打油，遇着小友踢皮球，皮球飞来吓了牛，摔下小六洒了油。

（2）路东住着刘小柳，路南住着牛小妞，刘小柳拿着大皮球，牛小妞抱着大石榴。刘小柳把大皮球送给牛小妞，牛小妞把大石榴送给刘小柳，牛小妞脸儿乐得像红皮球，刘小柳笑得像开花的大石榴。

（3）空山新雨后，天气晚来秋。明月松间照，清泉石上流。竹喧归浣女，莲动下渔舟。随意春芳歇，王孙自可留。

——（唐）王维《山居秋暝》

uai：

[发音要领] 在 ai 的基础上增加了 u（韵头）到 ai 的发音动程，由于受到圆唇 u 音的影响，ai 里的 a 变得稍圆。发音时，u 发得轻短，a 发得响亮，最后趋向 i 的部位，整个发音过程唇形舌位变化较大。

扫码听示范·36

字词练习：

| 快 | 拐 | 坏 | 拽 | 揣 | 乖 |
| 槐 | 衰 | 歪 | 甩 | 块 | 踹 |

| 怀揣 | 摔坏 | 淮海 | 乖乖 | 外快 | 甩卖 |
| 率领 | 衰竭 | 快乐 | 拐骗 | 乖巧 | 揣摩 |

| 歪风邪气 | 快马加鞭 | 怀才不遇 | 外强中干 | 歪门邪道 | 拐弯抹角 |
| 脍炙人口 | | | | | |

绕口令与句段练习：

（1）槐树槐，槐树槐，槐树底下搭戏台。人家的姑娘都来了，我家的姑娘还没来。说着说着就来了，骑着驴，打着伞，歪着脑袋上戏台。

（2）炉东有个锤快锤，炉西有个锤锤快，两人炉前来比赛，不知是锤快锤比锤锤快锤得快，还是锤锤快比锤快锤锤得快。

uei：

[发音要领] ei 的前面加了一段 u 的发音动程，舌位从后先降后升，前舌面向硬腭上升，不圆唇，韵尾 i 表示元音活动的方向。

在非零声母音节中，e 并不突出，只是处于从 u 到 i 的过程，所以在写法上省略掉这个 e。

扫码听示范·37

字词练习：

| 规 | 吹 | 锤 | 愧 | 堆 | 追 |
| 悔 | 催 | 嘴 | 威 | 虽 | 回 |

| 回归 | 会徽 | 追随 | 摧毁 | 追悔 | 荟萃 |
| 水位 | 推诿 | 归队 | 溃退 | | |

| 归心似箭 | 绘声绘色 | 危在旦夕 | 推陈出新 | 微乎其微 | 维护和平 |
| 随波逐流 | 归根结底 | 悔过自新 | 罪魁祸首 | 微不足道 | 随遇而安 |

绕口令与句段练习：

(1) 风吹灰堆灰乱飞,灰飞花上花堆灰。风吹花灰灰飞去,灰在风里灰又飞。

(2) 梅小卫叫飞毛腿,卫小辉叫风难追。两人参加运动会,百米赛跑快如飞。飞毛腿追风难追,风难追追飞毛腿。梅小卫和卫小辉,最后不知谁胜谁?

(3) 嘴说腿,腿说嘴,嘴说腿爱跑腿,腿说嘴爱卖嘴。光动嘴,不动腿,不如不长腿。光动腿,不动嘴,不如不长嘴。又动腿,又动嘴,腿不再说嘴,嘴不再说腿。

(4) 慈母手中线,游子身上衣。临行密密缝,意恐迟迟归。谁言寸草心,报得三春晖。

——(唐)孟郊《游子吟》

(三) 鼻韵母练习

发音时由元音向鼻辅音过渡,逐渐增加鼻音色彩,最后形成鼻辅音。

鼻韵母的发音不是以鼻辅音为主,而是以元音为主,元音清晰响亮,鼻辅音重在做出发音状态,发音不太明显。

1. 前鼻音鼻韵母

第一组:an、en、in、ün

发音时,先发元音,发完元音后,软腭下降,逐渐增加鼻音色彩,舌尖迅速移到上齿龈,抵住上齿龈做出发n的状态即可。

an:

[发音要领] an中的a的舌位由于受到前鼻韵尾n的影响,处于比较靠前的位置,为前低不圆唇元音。n的归音部位比它充当声母时的除阻部位稍靠后。

字词练习:

扫码听示范·38

山	满	餐	三	兰	干
反	安	担	坎	寒	然
展览	感染	谈判	汗衫	反感	坦然
漫谈	赞叹	反叛	难堪	参战	烂漫
返璞归真	万紫千红	安居乐业	半路出家	昙花一现	删繁就简
谈虎色变	善罢甘休	按部就班	煽风点火	肝胆相照	难分难解

绕口令与句段练习:

(1) 蓝海湾,漂帆船,帆船挂着白船帆。风吹船帆帆船走,船帆带着船向前。

(2) 从前有个张家湾,村前有座山;从前有个李家湾,村后有个滩。从张家湾到李家湾,要攀高高低低的山,要绕曲曲弯弯的滩。打通山,填平湾,张家湾,李家湾,不爬山,不过滩,一条大路平坦坦,来来往往不困难。

(3) 世情薄,人情恶。雨送黄昏花易落。晓风干,泪痕残。欲笺心事,独语斜阑。难、难、难!

人成各,今非昨。病魂常似秋千索。角声寒,夜阑珊。怕人寻问,咽泪装欢。瞒、瞒、瞒!

——(南宋)唐琬《钗头凤·世情薄》

(4) 相见时难别亦难,东风无力百花残。春蚕到死丝方尽,蜡炬成灰泪始干。

——(唐)李商隐《无题》

en：

[发音要领]e 的舌位比单发时靠前,舌头处于静止的位置,接着舌位升高,舌尖顶住上齿龈,软腭下垂,气流从鼻腔流出,归音到鼻辅音 n 上。

发音时应注意与 eng 这个后鼻韵母的区别。

字词练习：

| 本 | 阵 | 肯 | 恩 | 押 | 盆 |
| 门 | 芬 | 焚 | 娠 | 跟 | 痕 |

| 深沉 | 认真 | 振奋 | 根本 | 门诊 | 审慎 |
| 分神 | 人参 | 沉闷 | 本身 | | |

| 分门别类 | 恨入骨髓 | 奋不顾身 | 沉鱼落雁 | 身不由己 | 深谋远虑 |
| 真才实学 | 恩重如山 | 趁热打铁 | 门庭若市 | 分崩离析 | 愤愤不平 |

绕口令与句段练习：

（1）闷娃闷,笨娃笨,闷娃嫌笨娃笨,笨娃嫌闷娃闷。闷娃说笨娃我闷你笨,笨娃说闷娃我笨你闷。也不知是闷娃笨还是笨娃闷。

（2）认真的人不认命,认真的人不认输,认真的人不认人。

（3）你问我爱你有多深,我爱你有几分,我的情也真我的爱也真,月亮代表我的心。

in：

[发音要领]舌尖抵住下齿背发出 i 音,然后舌尖上举顶住上齿龈,同时软腭下降,气流从鼻腔流出。

注意：实际运用中,i 的开口度要适当扩大,以增加声音的圆润度。

字词练习：

| 音 | 民 | 您 | 滨 | 拼 | 贫 |
| 林 | 紧 | 筋 | 亲 | 辛 | 隐 |

| 拼音 | 贫民 | 近亲 | 音信 | 临近 | 濒临 |
| 辛勤 | 信心 | 近邻 | 金银 | 引进 | |

| 彬彬有礼 | 近水楼台 | 隐姓埋名 | 引经据典 | 宾至如归 | 鳞次栉比 |
| 贫病交加 | 今冬明春 | 心安理得 | 今非昔比 | 阴差阳错 | 因材施教 |

绕口令与句段练习：

（1）隔墙听见人分银,不知道多少人分多少银。只听见说,人人分半斤银余银四两,人人分四两银余银半斤。

（2）不受尘埃半点侵,竹篱茅舍自甘心。只因误识林和靖,惹得诗人说到今。

——（宋）王淇《梅》

（3）你苍白的指尖理着我的双鬓,我禁不住像儿时一样紧紧拉住你的衣襟。

——舒婷《啊,母亲》

ün：

[发音要领]先发圆唇撮口的 ü,但唇形没有单发时那么圆,舌面接近硬腭。紧接着舌尖前伸抵上齿龈,软腭下垂,气流从鼻腔出。

注意：舌面不要升得太高，以免产生摩擦噪声。

字词练习：

| 晕 | 群 | 韵 | 军 | 蕴 | 俊 |
| 讯 | 裙 | 骏 | 允 | 殉 | 均 |

均匀　　云雀　　功勋　　军训　　运输　　寻衅
芸芸　　群众　　允许

群策群力　运用自如　循循善诱　云山雾罩　运筹帷幄

绕口令与句段练习：

(1) 蓝天上是片片白云，草原上是银色的羊群。近处看，这是羊群，那是白云；远处看，分不清哪是白云，哪是羊群。

(2) 我住长江头，君住长江尾。日日思君不见君，共饮长江水。此水几时休，此恨何日已。只愿君心似我心，定不负相思意。

——（北宋）李之仪《卜算子·我住长江头》

第二组：ian、uan、uen、üan

发音时，第一个元音轻而短，第二个元音清晰响亮。发完第二个元音后，软腭下降，逐渐增强鼻音色彩，舌尖迅速移到上齿龈，抵住上齿龈做出发n的状态即可。

ian：

[发音要领] an韵前加了一个轻短的i韵头。发音时，a处于比较靠前且比较高的位置，国际音标为[æ]。

字词练习：

| 片 | 棉 | 天 | 偏 | 扁 | 便 |
| 碘 | 田 | 年 | 联 | 坚 | 贬 |

偏见　　鲜艳　　减免　　片面　　简便　　年限
简练　　牵连　　变迁　　艰险

年富力强　恋恋不舍　变幻莫测　坚持不懈　翩然而至　颠沛流离
点石成金　天造地设　先礼后兵　鞭长莫及

绕口令与句段练习：

(1) 天连水，水连天，水天一色望无边。蓝蓝的天似绿水，绿绿的水如蓝天。到底是天连水，还是水连天？

(2) 一条布裙，左边半边，右边半边。左边半边包不住右边半边，右边半边包不住左边半边。左边半边，右边半边，边半，半边。

(3) 大雨落幽燕，白浪滔天，秦皇岛外打鱼船。一片汪洋都不见，知向谁边？
　　往事越千年，魏武挥鞭，东临碣石有遗篇。萧瑟秋风今又是，换了人间。

——毛泽东《浪淘沙·北戴河》

uan：

[发音要领] an韵前加了一个轻短的u韵头。发音时a的舌位比单发时靠前，a为前低不圆唇元音。u的口形比单发时稍圆。

字词练习：

| 弯 | 关 | 算 | 婉 | 端 | 湍 |
| 暖 | 滦 | 宽 | 款 | 欢 | 砖 |

| 贯穿 | 婉转 | 轮换 | 软缎 | 传唤 | 酸软 |
| 宦官 | 论断 | 乱窜 | | | |

| 欢天喜地 | 川流不息 | 宽大处理 | 缓兵之计 | 关门大吉 | 冠冕堂皇 |
| 还本付息 | 万般无奈 | 转弯抹角 | 官复原职 | 穿山越岭 | 专款专用 |

绕口令与句段练习：

（1）他们本来是管官的官，我这被管的官怎能管那管官的官。官管官，官被管，管官，叫我怎做官？

（2）那边过来一只船，这边漂去一张床，船撞床，床撞船。

（3）苏州玄妙观，东西两判官，东判官姓潘，西判官姓管。管判官要管潘判官，潘判官要管管判官，闹得谁也不服管。

（4）河里有只船，船上挂白帆，风吹帆张船向前，无风帆落停下船。

（5）蒜装罐，蒜罐装蒜，蒜装蒜罐。蒜罐装蒜蒜罐满，蒜装蒜罐满罐蒜。

uen：

[发音要领] 先发 u，舌头抬高接近软腭，圆唇，u 发得轻短。紧接着，舌尖前伸抵上齿龈，软腭下降，气流从鼻腔流出。

注意：语流中注意 u 的圆唇与口腔开度的保持。中间的元音 e 是过渡性的，在非零声母音节中，中间的 e 被省略掉，记成 un。

字词练习：

| 温 | 轮 | 昏 | 敦 | 盾 | 吞 |
| 棍 | 捆 | 谆 | 唇 | 吮 | 顺 |

| 温顺 | 昆仑 | 论文 | 春笋 | 馄饨 | 伦敦 |
| 困顿 | 谆谆 | 润唇 | 混淆 | | |

| 温文尔雅 | 文过饰非 | 问长问短 | 论功行赏 | 文不对题 | 滚瓜烂熟 |
| 稳扎稳打 | 浑然一体 | 浑水摸鱼 | 唇齿相依 | 春意盎然 | |

绕口令与句段练习：

（1）初春时节访新村，喜看新村处处春。村前整地做秧床，村后耕田除草忙。出村再到耕山队，林木茂盛果实壮。农业政策威力大，建设新村春长存。

（2）莫笑农家腊酒浑，丰年留客足鸡豚。山重水复疑无路，柳暗花明又一村。

箫鼓追随春社近，衣冠简朴古风存。从今若许闲乘月，拄杖无时夜叩门。

——（南宋）陆游《游山西村》

üan：

[发音要领] an 韵前加了一个轻短的 ü 韵头。发音时，a 的舌位比单发时偏高，略在中部。ü 的舌位较高且靠前，唇形较圆。üan 中 a 的国际音标为[æ]，有别于 an 中 a 的发音。

字词练习：

| 全 | 宣 | 劝 | 员 | 捐 | 圈 |
| 渊 | 远 | 娟 | 犬 | 选 | 眩 |

| 源泉 | 全权 | 圆圈 | 渊源 | 涓涓 | 全员 |
| 轩辕 | 源源 | | | | |

| 全力以赴 | 怨天尤人 | 原封不动 | 绚烂多彩 | 卷土重来 | 悬而未决 |
| 远见卓识 | 权衡利弊 | 喧宾夺主 | 原班人马 | | |

绕口令与句段练习：

男演员，女演员，同台演戏说方言。男演员说吴方言，女演员说闽南言。男演员演远东劲旅飞行员，女演员演鲁迅文学研究员。研究员，飞行员，吴方言，闽南言，你说男女演员演得全不全。

2. 后鼻音鼻韵母

ng 是舌面后浊鼻音。发音时，软腭下降，打开鼻腔通道，舌面后部后缩，并抵住软腭，声带振动。

第一组：ang、eng、ing、ong、iong

发音时，先发元音，发元音后，软腭下降，逐渐增强鼻音色彩，舌面后部后缩，抵住软腭，声带振动。

ang：

［发音要领］ang 中的 a 受后鼻韵尾 ng 的影响，处于比较靠后的位置，a 的口腔开度大于单发的 a。

字词练习：

| 旁 | 方 | 康 | 昂 | 绑 | 乓 |
| 忙 | 当 | 唐 | 狼 | 刚 | 舱 |

| 商场 | 帮忙 | 昂扬 | 厂房 | 沧桑 | 行当 |
| 党章 | 长方 | 肮脏 | 当场 | | |

| 畅所欲言 | 昂首阔步 | 膀大腰圆 | 旁若无人 | 当机立断 | 康庄大道 |

绕口令与句段练习：

（1）短棒圆，长棒扁。长棒没短棒圆，短棒没长棒扁。短棒比长棒圆，长棒比短棒扁。

（2）困难像弹簧，看你强不强，你强他就弱，你弱他就强。

（3）红木方，黄木方，红黄木方搭木房。红木方搭红木房，黄木方搭黄木房，红黄木方一起搭，搭的木房红混黄。

（4）老将、小将、女将，云聚一堂商量，谁能把困难闯？你争、我夺、他抢。

（5）洪湖水，浪打浪，洪湖岸边是家乡，清早船儿去撒网，晚上回来鱼满舱。

（6）绿树阴浓夏日长，楼台倒影入池塘。水晶帘动微风起，满架蔷薇一院香。

——（唐）高骈《山亭夏日》

eng：

[发音要领] 发音时，e 的舌位比单发时偏前且低，随后舌根后缩与软腭接触，此时软腭下垂，气流从鼻腔流出。实际运用时，为增加声音响度，应增大口腔开度。

字词练习：

| 崩 | 风 | 能 | 捧 | 萌 | 灯 |
| 疼 | 省 | 冷 | 耕 | 增 | 层 |

| 猛增 | 丰盛 | 鹏程 | 风筝 | 逞能 | 征程 |
| 更正 | 乘风 | 声称 | 升腾 | | |

| 声情并茂 | 冷若冰霜 | 风花雪月 | 瞠目结舌 | 耕云播雨 | 承上启下 |
| 蒙混过关 | 风餐露宿 | 登峰造极 | 腾云驾雾 | 能歌善舞 | 冷冷清清 |

绕口令与句段练习：

(1) 十字路口指示灯，红黄绿灯分得清，红灯停，绿灯行，行停停行看分明。

(2) 走如风，站如松，坐如钟，睡如弓。风、松、钟、弓、弓、钟、松、风，连念七遍口齿清。

(3) 人人听到风声猛，人人都说天很冷。冬天的冷风真正猛。真冷，真正冷，猛的一阵风，更冷！

ing：

[发音要领] 舌面接近硬腭先发出 i，然后舌头后缩，舌根与软腭接触，口腔关闭，气流从鼻腔流出。

应注意它与 in 的区别。

字词练习：

| 英 | 听 | 京 | 影 | 秉 | 瓶 |
| 明 | 丁 | 凝 | 零 | 幸 | 青 |

| 明星 | 英明 | 精灵 | 宁静 | 倾听 | 晶莹 |
| 叮咛 | 明镜 | 清醒 | 轻盈 | | |

| 精打细算 | 顶天立地 | 轻歌曼舞 | 并驾齐驱 | 令行禁止 | 惊涛骇浪 |
| 冰天雪地 | 平分秋色 | 名列前茅 | 听天由命 | 灵机一动 | 精雕细刻 |

绕口令与句段练习：

(1) 天上一天星，屋上一只鹰，楼上一盏灯，桌上一本经，地上一根针。拾起地上的针，收起桌上的经，吹灭楼上的灯，赶走屋上的鹰，数数天上的星。

(2) 草丛青，青草丛，青草丛里草青虫。青虫钻进青草丛，青虫青草分不清。

(3) 浓浓雾，雾浓浓，浓浓灰雾飞入松。灰雾入松松飞雾，松雾雾松分不清。

(4) 草木无情，有时飘零。人为动物，惟物之灵。百忧感其心，万事劳其形，有动于中，必摇其精。

——（北宋）欧阳修《秋声赋》

ong：

[发音要领] o 的发音与单发的韵母 o 不同，它在 u 与 o 之间，口腔开度比 u 的开度稍大，时程较短。然后舌根接触软腭，口腔通路封闭，发出鼻音。

要注意它与 ueng、eng 的区别。

字词练习：

| 功 | 空 | 虹 | 冬 | 通 | 浓 |
| 龙 | 荣 | 种 | 宠 | 宗 | 匆 |

| 通融 | 共同 | 空洞 | 洪钟 | 隆重 | 轰动 |
| 浓重 | 通红 | 轰隆 | 恐龙 | | |

| 洪水猛兽 | 公而忘私 | 功德无量 | 耸人听闻 | 动人心弦 | 戎马生涯 |
| 空中楼阁 | 烘云托月 | 弄假成真 | 容光焕发 | 供不应求 | 弄虚作假 |

绕口令与句段练习：

（1）东门东家，南门董家，东董二家，同种冬瓜。有人说，东门东家的冬瓜大。谁知南门董家的冬瓜大过东门东家的大冬瓜。

（2）毕竟西湖六月中，风光不与四时同。接天莲叶无穷碧，映日荷花别样红。

——（南宋）杨万里《晓出净慈寺送林子方》

（3）我站在猎猎风中，恨不能荡尽绵绵心痛。望苍天四方云动，剑在手，问天下谁是英雄。人世间有百媚千红，我独爱你那一种，伤心处别时路有谁不同，多少年恩爱匆匆葬送。我心中你最重，悲欢共，生死同，你用柔情刻骨换我豪情天纵。我心中你最重，我的泪向天冲，来世也当称雄，归去斜阳正浓。

——《霸王别姬》

iong：

[发音要领] i 韵头由于受到圆唇 o 的影响，唇形由扁趋圆，接近于 ü。在与 j、q、x 组成音节时，注意在发音开始时就要撮口，否则会影响发音的清晰度。

字词练习：

| 拥 | 雄 | 勇 | 迥 | 踊 | 琼 |
| 胸 | 用 | 熊 | 兄 | 窘 | 匈 |

| 熊熊 | 胸腔 | 雄壮 | 汹涌 | 炯炯 | 兄长 |
| 庸医 | 迥然 | 踊跃 | 凶险 | | |

| 永垂不朽 | 雍容华贵 | 勇往直前 | 庸人自扰 | 雄才大略 | 凶神恶煞 |
| 穷则思变 | 用兵如神 | 汹涌澎湃 | 炯炯有神 | 用词不当 | 迥然不同 |

第二组：iang、uang、ueng

发音时，第一个元音轻而短，第二个元音清晰响亮，发完第二个元音后，软腭下降，逐渐增强鼻音色彩，舌面后部后缩，抵住软腭，最后做出发 ng 的状态即可。

iang：

[发音要领] ang 韵前加了一个轻短的 i 韵头。iang 韵母的发音动程较宽，ang 受到 i 的影响，a 的唇形稍扁。

字词练习：

| 央 | 腔 | 阳 | 娘 | 像 | 江 |
| 墙 | 香 | 祥 | 响 | 项 | 凉 |

想象	亮相	湘江	两样	响亮	将相
强将	像样	强项	洋相		

江河日下	两全其美	良药苦口	将功折罪	量入为出	枪林弹雨
养尊处优	强词夺理	相辅相成	响彻云霄	将错就错	乡规民约

绕口令与句段练习：

(1) 手拿七支长枪上城墙，上了城墙手耍七支长枪。

(2) 江南好，风景旧曾谙。日出江花红胜火，春来江水绿如蓝。能不忆江南？

——（唐）白居易《忆江南》

uang：

[发音要领] ang 韵前加了一个轻短的 u 韵头。uang 韵母的发音动程较宽，ang 受到 u 的影响，a 的唇形较圆。

扫码听示范·52

字词练习：

汪	广	双	光	狂	慌
妆	创	床	爽	皇	矿

状况	光芒	汪洋	双簧	狂妄	黄光
网状	装潢	窗框	往往		

狂风暴雨	望尘莫及	狂风恶浪	旷日持久	亡羊补牢	窗明几净
光怪陆离	双管齐下	荒无人烟	装模作样	恍然大悟	望而生畏

ueng：

[发音要领] 发音时，u 要发得轻短，然后接着发 eng。

实际运用时应注意，合口音 u 的圆唇可增加字音的准确度和清晰度，别把 u 发成唇齿音。

在普通话中，ueng 只能出现在零声母音节中，也就是说它不能与任何辅音声母相拼，它只能自成音节。

扫码听示范·53

字词练习：

翁	嗡	瓮	蓊		
渔翁	老翁	水瓮	嗡嗡	主人翁	瓮中捉鳖

绕口令与句段练习：

小蜜蜂，嗡嗡叫，吵得老翁心烦躁，喝口水瓮里的清泉水，心情变舒畅。

●●●● 五、韵母方音辨正 ●●●●

在广东地区生活的学生主要来自珠三角地区（说粤方言）、粤北地区（说客家话）、潮汕地区（说闽南方言）、雷州半岛地区等，其普通话发音受各地方言影响较为明显。在教学中，i—ü 的辨读（客家话）、i—e 的辨读（闽南方言）、ua—uo 的辨读（闽南方言）、-n—-ng 的辨读（闽南方言和粤方言）、ao—ou 的辨读（粤方言）以及 ia—ie 的辨读、an—en 的辨读、iao—iou 的辨读是学习、训练时应着力解决的韵母发音与方音辨正方面的主要问题。

(一)齐齿呼、撮口呼(i—ü)辨音

齐齿呼、撮口呼是发音时唇形展、撮对比最为明显的两类韵母,特别是在相邻音节中交替出现时,更需加强双唇展、撮运动的灵活性,以避免发音错误。有客家话口音的同学需特别注意 i—ü 的辨音与正音。

对比发音练习:

i—ü:	里—旅	你—女	利—率	移—鱼	气—去
	意见—遇见	名义—名誉	里程—旅程	前面—全面	季节—拒绝
ü—i:	区—妻	取—起	需—吸	徐—席	举—挤
	生育—生意	于是—仪式	美育—美意	聚会—忌讳	取名—起名
i—ü:	纪律	谜语	体育	例句	比喻　寄语
	积聚	抑郁			
ü—i:	履历	预计	羽翼	曲艺	雨季　距离
	语气	具体	聚集	玉米	与其
ie—üe:	耶—约	夜—月	列—掠	节—决	写—雪
	切实—确实	蝎子—靴子	协会—学会		
	解决	灭绝	谢绝	确切	学业
ian—üan:	烟—冤	签—圈	眼—远	尖—捐	先—宣
	颜色—原色	潜力—权利	前部—全部		
	演员	田园	健全	厌倦	眼圈
in—ün:	今—军	秦—群	信—讯	印—运	隐—允
	印书—运输	通信—通讯	金人—军人		
	音讯	进军	禁运	嶙峋	阴云

绕口令与句段练习:

(1)清早起来雨淅淅,王七上街去买席,骑着毛驴跑得急,捎带卖蛋又贩梨。一跑跑到小桥西,毛驴一下失了蹄,打了蛋,撒了梨,跑了驴,急得王七眼泪滴,又哭鸡蛋又骂驴。

(2)一头驴,驮筐梨,驴一跑,滚了梨。驴跑梨滚梨绊驴,梨绊驴蹄驴踢梨。

(3)这天天下雨,体育运动委员会穿绿雨衣的女小吕,去找计划生育委员会不穿绿雨衣的女老李。体育运动委员会穿绿雨衣的女小吕,没找着计划生育委员会不穿绿雨衣的女老李,计划生育委员会不穿绿雨衣的女老李也没见着穿绿雨衣的女小吕。

(4)中国女排获得了"三连冠"的荣誉是很不容易的。

(5)大家肯定会对这项改革提出大量的宝贵意见,这是可以预见的。

(6)或许你现在面临的是一座高山、一条大江,一片沙漠、一片黑暗,那就赶紧去翻越险峻山峰,渡过滔滔江水,寻找绿洲,探索光明,因为现在只有一瞬间。它溜了,就再也追不回了。

(二) 前后鼻韵母辨音

1. 前后鼻韵母有对应关系的一共有 7 组,练习时需注意对比辨音。

(1) an—ang (2) en—eng (3) in—ing
(4) ian—iang (5) uan—uang (6) uen—ueng(ong) (7) ün—iong

潮汕地区的同学常出现前鼻韵发音明显偏后和后鼻韵发音明显偏前的情况,训练时需特别注意改善,粤方言的同学需特别注意 in—ing、en—eng 的辨音。

an—ang:

对比发音练习:

an—ang:	班—帮	瞒—忙	反—访	单—当	谈—堂
	担心—当心	天坛—天堂	扳手—帮手	反问—访问	女篮—女郎
	散失—丧失				
	擅长	暗访	繁忙	反抗	安康
	盼望	担当	班长		
ang—an:	丈—站	场—产	嚷—染	伤—山	刚—甘
	康佳—看家	赏光—闪光	土壤—涂染	鱼缸—鱼竿	师长—施展
	航天—寒天	厂房—产房			
	傍晚	账单	畅谈	浪漫	商贩
	当然				

绕口令与句段练习:

扁担长,板凳宽,扁担没有板凳宽,板凳没有扁担长,扁担绑在板凳上,板凳不让扁担绑在板凳上,扁担偏要绑在板凳上。

en—eng:

对比发音练习:

en—eng:	奔—崩	盆—棚	门—盟	分—风	嫩—能
	人参—人生	真理—争理	陈旧—成就	真气—蒸汽	诊断—整段
	奔腾	神圣	真诚	本能	门缝
eng—en:	坑—肯	僧—森	增—怎	成—陈	生—身
	睁眼—针眼	成风—晨风	花棚—花盆	出生—出身	刮风—瓜分
	诚恳	成本	承认	证人	风尘

绕口令与句段练习:

(1) 真冷、真冷、真正冷,冷冰冰,冰冷冷,人人都说冷,猛的一阵风,更冷!

(2) 姓陈不能说成姓程,姓程不能说成姓陈。禾木是程,耳东是陈,如果陈程不分,就会认错人。

(3) 天上一个盆,地下一个棚,盆碰棚,棚碰盆,棚倒了,盆碎了,是棚赔盆还是盆赔棚?

in—ing:

对比发音练习:

in—ing:	因—应	宾—兵	贫—平	民—明	您—宁

	信服—幸福	贫民—平民	弹琴—谈情	人民—人名	金银—经营
	心情	品行	心灵	民兵	聘请
	民警	新型	进行	尽情	新颖
ing—in：	星—心	清—亲	静—近	铃—林	晶—金
	婴儿—因而	映象—印象	静止—禁止	惊天—今天	平凡—频繁
	平民	精心	定亲	清新	行进
	灵敏	影印	领巾	惊心	轻信

绕口令与句段练习：

（1）天津和北京，津京两个音，一个是前鼻音，一个是后鼻音，你要分不清，请你注意听。

（2）望夜空，满天星，光闪闪，亮晶晶，好像那，小银灯，仔细看，看分明，大大小小，密密麻麻，闪闪烁烁，数也数不清。

（3）蜻蜓青，青浮萍，青萍上面停蜻蜓，蜻蜓青萍分不清。别把蜻蜓当青萍，别把青萍当蜻蜓。

（4）小青和小琴，小琴手很勤，小青人很精，手勤人精，琴勤青精。你是学小琴还是学小青？

ang、eng、ing综合练习：

（1）天上看，满天星。地上看，有个坑。坑里看，有盘冰。坑外长着一老松，松上落着一只鹰，鹰下坐着一老僧，僧前点着一盏灯，灯前搁着一部经，墙上钉着一根钉，钉上挂着一张弓。说刮风，就刮风，刮得那男女老少难把眼睛睁，刮散了天上的星，刮平了地下的坑，刮化了坑里的冰，刮倒了坑外的松，刮飞了松上的鹰，刮走了鹰下的僧，刮灭了僧前的灯，刮乱了灯前的经，刮掉了墙上的钉，刮翻了钉上的弓。只刮得：星散、坑平、冰化、松倒、鹰飞、僧走、灯灭、经乱、钉掉、弓翻的一个绕口令。

（2）丰丰和芳芳，上街买混纺。红混纺，粉混纺，黄混纺，灰混纺。红花混纺做裙子，粉花混纺做衣裳。穿上新衣多漂亮，丰丰和芳芳喜洋洋。感谢叔叔和阿姨，多纺红、粉、黄、灰好混纺。

ian—iang：

对比发音练习：

ian—iang：	沿—阳	年—娘	连—粮	健—将	现—象
	新鲜—新乡	简章—奖章	老年—老娘	试验—式样	鲜花—香花
	浅显—抢险	简历—奖励			
	艳阳	联想	演讲	坚强	绵羊

iang—ian：	相见	乡恋	镶嵌	想念	香甜	两面

uan—uang：

对比发音练习：

uan—uang：	完—王	关—光	宽—筐	专—庄	船—床
	晚年—往年	车船—车床	机关—激光	专车—装车	船王—闯王
	万年—忘年	管饭—广泛	奉还—凤凰		

	观望	端庄	管状	宽广	船王	罐装
uang—uan：	闯关	光环	双关	皇冠	狂欢	壮观

绕口令与句段练习：

(1) 你说船比床长,他说床比船长,我说船不比床长,床也不比船长,船床一样长。

(2) 床身长,船身长,床、船不是一样长。

(3) 看帆船,船舱放着帆布床,船舱上有黄船帆。

uen—ueng(ong)：

对比发音练习：

温—翁	盾—动	吞—通	伦—龙	滚—拱	昆—空
浑水—洪水	依存—依从	轮子—笼子	存钱—从前	春分—冲锋	余温—渔翁
稳重	混充	滚动	冬训	通顺	农村

ün—iong：

对比发音练习：

运—用	君—炯	群—穷	寻—雄		
勋章—胸章	运费—用费	音讯—英雄	群像—穷相	工运—公用	

2. 练习前后鼻韵时,还需要注意宽窄对比关系,总共有 6 组。

(1) an—en　　(2) ang—eng　　(3) ian—in　　(4) iang—ing

(5) uan—uen　　(6) uang—ueng(ong)

对比发音练习：

an—en：	盘—盆	三—森	山—身	办—笨	反—粉	潘—喷
	安分	翻身	烦闷	咱们	犯人	难分
en—an：	分散	伸展	审判	肯干	门槛	分担
ang—eng：	长征	章程	党政	长城	抗衡	长生
eng—ang：	生长	膨胀	正常	增长	锋芒	风尚
ian—in：	前进	天津	闲心	点心	现金	潜心
in—ian：	阴天	金钱	今年	阴险	民间	新年
iang—ing：	响应	良性	详情	强行	乡情	凉亭
ing—iang：	形象	营养	领奖	明亮	影响	倾向
uan—uen：	传闻	晚婚	万吨	转存	断魂	缓存
uen—uan：	存款	轮船	论断	紊乱	轮换	文官
uang—ueng(ong)：	皇宫	广东	矿工			
ueng(ong)—uang：	工装	冬装	童装			

(三) i—e 对比辨音

对潮汕地区的同学来说,-i(后)和-e 是语音训练中韵母辨正的难点。

	-i(后)	-e
发音要领	口微开,扁唇,嘴角向两边展开,舌前端抬起与硬腭前部保持适当距离。发音时声带振动,软腭上升抬起,关闭鼻腔通路。	口腔半闭,舌位后半高,舌后缩,舌面后部隆起,舌面两边微卷,舌面中部稍凹。发音时声带振动,嘴角向两边微展,软腭抬起,关闭鼻腔通路。
改善		在发音时,注意将在方音状态下的舌位后缩,不要抵住上齿龈。
例	吃 知 值 使	车 责 测 色
	小吃 知识 值日 指使	汽车 职责 观测 特色

(四) 复韵母发音训练

在复韵母发音过程中,舌位动程存在一定对比关系,主要表现为 6 组。
(1) ai—ei (2) ia—ie (3) ao—ou (4) iao—iou (5) ua—uo (6) uai—uei

在每一对具有宽窄对比关系的韵母中,它们的舌位动程的运动方向或曲线相近或相似,它们之间的区分主要表现在韵腹元音的舌位高低,即口腔开度大小的对比上。而处在韵头的元音音素或韵尾的元音音素及鼻尾音音素是相同的。练习时,同学们需要认真听辨,体会发音,加强分辨能力。

对比发音练习:

ai—ei:
ai—ei:　　白费　　败北　　代培　　败类　　栽培
ei—ai:　　黑白　　悲哀　　擂台　　内外　　北海

ia—ie:
ia—ie:　　家业　　佳节　　假借　　嫁接　　夏夜
ie—ia:　　接洽　　野鸭　　截下　　跌价　　液压

ao—ou:
ao—ou:　　保守　　刀口　　稿酬　　毛豆　　矛头
ou—ao:　　酬劳　　逗号　　漏勺　　柔道　　手套

iao—iou:
iao—iou:　　交流　　料酒　　校友　　要求　　漂流
iou—iao:　　丢掉　　柳条　　牛角　　幼苗　　邮票

说粤方言的同学需特别注意 ao—ou、iao—iou 的辨音。

ua—uo:
ua—uo:　　花朵　　话说　　划拨　　华佗　　瓜果
uo—ua:　　多话　　国画　　火花　　说话　　多寡

有潮汕口音同学需特别注意 ua—uo 复合元音的辨正练习。

uai—uei:
uai—uei:　　怪罪　　快嘴　　衰退　　外汇　　怪味
uei—uai:　　对外　　鬼怪　　毁坏

综合练习:

(1) 我爱你,塞北的雪,飘飘洒洒漫天遍野。你的舞姿是那样的轻盈,你的心地是那样的纯洁,你是春雨的亲姐妹呦,你是春天派出的使节,春天的使节。

我爱你,塞北的雪,飘飘洒洒漫天遍野。你用白玉般的身躯,装扮银光闪闪的世界,你把生命融进土地呦,滋润着返青的麦苗、迎春的花叶。啊,我爱你,塞北的雪。

(2)军港的夜啊,静悄悄,海浪把战舰轻轻地摇,年轻的水兵头枕着波涛,睡梦中露出甜美的微笑。海风你轻轻地吹,海浪你轻轻地摇,水兵远航多么辛劳,回到祖国母亲的怀抱,让我们的水兵好好睡觉。

六、训练记录方式

可使用语音复读设备、录音设备等,反复进行听音、录音、比较、辨读,以达到正音的目的。

七、训练评价

可采用学生自我评价、小组内互评、小组间互评及教师评价的方式,及时予以客观的语音评价与适当引导,提高学生听音与辨音能力。学生应及时、客观记录自己在韵母发音训练中出现的发音错误及明显缺陷,找出自己存在的主要语音问题,尤其是系统性问题。反复倾听正确的发音示范,反复进行发音练习,以达到正音的目的。

训练三：普通话声调训练

基本知识

一、普通话声调

声调是汉语音节结构中不可缺少的成分。在现代汉语语音学中，声调指的是：汉语音节所固有的、可以区别意义的声音的高低和升降。

声调贯穿音节始终，主要作用于韵腹上。声调和音强、音长都有关系，但它主要决定于音高，从而表现出音节的高低抑扬变化。

普通话语音把音高分成"低、半低、中、半高、高"五度，并采用五度标记法（见图 2-1）来描写声调的高低。

调值也叫调形，指的是声调高低、升降、曲直的变化，也就是声调的实际读法。普通话声调可分为四类，分别是阴平、阳平、上声、去声，记为"ˉ，ˊ，ˇ，ˋ"。（表 2-6）

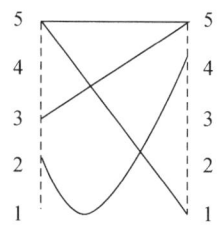

图 2-1　声调五度标记法

表 2-6　声调的分类

调类	调值	标记
阴平	高平调	55
阳平	中升调	35
上声	低降升调	214
去声	全降调	51

普通话四声调值的时长是不一样的，可大致地用图 2-2 表示，同学们在练习时应注意。

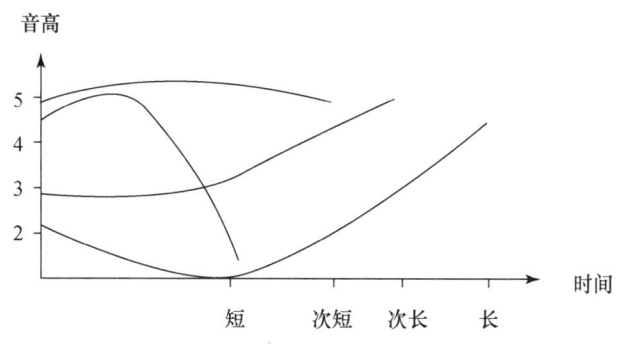

图 2-2　普通话四声调值的时长

声调的高低和音乐中音阶的音高是有区别的。声调的音高变化是相对的，由于人的嗓音条件各不相同，声调并不要求人人都发得同样高。性别、年龄、情绪不同，声调也会有变化。

了解相对音高的意义并加以实际运用,就是在个人有限的音域范围内做到音调高低升降的有序变化,这样就能更好地掌握声调和利用音调去练习,使自己的发音更符合规范的要求。

另外,声调的升降变化是逐渐滑动的变化,在发音中要注意区别于音乐音阶的变化。

二、声调发音要领与要点提示

1. 阴平:高平调(55)

声音基本上高而平,由5度到5度,大体没有升降变化。实际发音在起音后略升高一点,末尾稍有一点降的趋势,首尾差别不大。如果是两个阴平音节连在一起念,应稍把前一个降一点,后边的不变,保持5度。

阴平全调时值比上声、阳平略短,比去声稍长。

注意:阴平的发音很重要,如发得不准将影响其他声调的调值。

2. 阳平:中升调(35)

声音由中高音升到高音,由3度到5度直线滑动上移。阳平发音起调略高,逐渐升至最高。

阳平全调时值比阴平、去声稍长,比上声略短。

注意:发好阳平的关键在于起调要保持较高,升高时要直接上升,不要拐弯儿作曲线上升。如果两个阳平声相连要注意前边一个不要带"弯儿"。

3. 上声:低降升调(214)

发音时由半低起调,开始是2度,先向下滑动到1度,接着从1度折转滑向4度。

上声是个降升调,在普通话四个声调中是唯一有弯曲变化的。

上声全调时值在四个声调中最长,也是普通话四个声调中较难掌握的一个。

注意:发好上声的关键在于起调要低,还要先降下来再扬上去,这一降升变化是平滑的弯曲变化。尤其是从1到4的变化中,不要有折起的硬转弯的感觉。另外,在发音时还要注意这一过程是音高逐渐升高,而音强逐渐减小,不能随音高升高而加大音强。如果两个上声相接,按上声变调处理。

4. 去声:全降调(51)

发音时,声音由最高降到最低,一开始是5度,然后下滑降到最低的1度。

去声全调时值在普通话四个声调中最短。

注意:发好去声的关键在于起调要高,迅速下降。要干脆,不拖沓。如果两个去声相连,前边一个去声可以不降到1度,但后边一个必须到1度。

普通话四个声调在发音中容易出现的问题是:阴平调值不够高,阳平拐弯儿、上不去,上声硬拐弯儿,去声下不来。

在粤方言区,上声发音时经常出现的问题是:在降调后没有明显的升调变化,表现为211;先降调再升调后,还连着一个带拐弯儿的"小尾巴";也有较多的学生在上声结尾处刻意加大音量。

另外,粤方言、闽南方言、客家话等方言中的入声调类,也在一定程度上影响普通话声调的准确,在学习、训练中需要特别予以重视。

练习时需要注意的是,调值高低抑扬的变化要与气息控制练习结合起来,四声要正确,出字要有力,咬住字头,拉开字腹,收住字尾,声音连贯,气息控制自如——阴平平稳、气势平均不紧张,阳平用气弱起逐渐强,上声降时气稳扬时强,去声强起到弱气通畅。

发音训练

一、训练目的

1. 明确普通话声调的实质与划分方法。
2. 按普通话语音规范要求,读准普通话四个声调。

二、训练要求

1. 注意声调读音的规范要求,发准阴平调值。
2. 读准阳平,注意平稳上扬声调。
3. 读上声音节时,注意"降—升"调的读法,避免声调错误或缺陷。另外,应注意语流中上声音节的读法。

三、训练方法与步骤

(一) 普通话声调发音要求

在声调发音训练中,要注意反复进行单音节字、多音节词语的练习。练习时,必须注意强调单个音节调值读音的准确,符合普通话四个声调的发音规范,这是声调发音训练的基础。在练习播读句段、文章、稿件时,要注意语音的表达,强调声调调值的相对音高。为明确表达目的,突出语句重音,不应把所有音节都处理在同一个 5 度之内,而是在打好基础的前提下,配合音强、音长、音色等的变化和其他语音表达技巧,准确地表达稿件内容。

(二) 声调练习

1. 读准四个声调的调值

| 阴平(55): | 方 | 编 | 端 | 亏 | 生 | 车 | 春 | 师 |
| | 宣 | 装 | 酸 | 挑 | 开 | 猫 | 积 | 新 |

| 阳平(35): | 然 | 年 | 人 | 棉 | 连 | 全 | 阳 | 门 |
| | 明 | 宁 | 怀 | 来 | 情 | 迷 | 铃 | 篮 |

| 上声(214): | 惹 | 秒 | 老 | 碾 | 脸 | 广 | 努 | 海 |
| | 满 | 养 | 闯 | 美 | 扁 | 笔 | 纽 | 奶 |

扫码听示范·64

去声(51):	辣	热	卖	浪	面	并	串	叛
	片	掉	会	换	烂	慢	嫩	愿

2. 单音节声调变化练习

阴	阳	上	去	阴	阳	上	去	阴	阳	上	去
巴	拔	把	爸	坡	婆	叵	破	猫	毛	卯	冒
方	防	访	放	低	敌	底	地	通	铜	桶	痛
妞	牛	扭	拗	撩	聊	了	料	孤	△	鼓	故
棵	咳	渴	客	憨	含	喊	汗	居	局	举	句
青	晴	请	庆	香	翔	响	向	只	直	纸	制
撑	成	逞	秤	身	神	审	渗	△	如	汝	入
作(坊)	昨	左	坐	猜	才	彩	蔡	虽	随	髓	岁
掰	白	百	拜	抛	刨	跑	炮	非	肥	匪	肺
搂	楼	篓	陋	家	夹	甲	价	亲	琴	寝	沁
些	斜	写	谢	先	闲	显	现	窗	床	闯	创
挖	娃	瓦	袜	欢	环	缓	换	乖	△	拐	怪
靴	学	雪	血(液)	晕	云	陨	运	圈	全	犬	券

3. 双音节声调组合发音

阴阴:	播音	班车	发声	端庄	西安	灯光
	星空	丰收	香蕉	江山	咖啡	单一
阴阳:	新闻	发言	中国	征程	坚决	鲜明
	飘扬	编排	加强	星球	签名	安全
阴上:	听讲	歌舞	方法	批准	发展	班长
	灯塔	生产	艰苦	争取	签署	根本
阴去:	播送	音乐	欢乐	庄重	规范	通信
	飞快	尊敬	希望	中外	帮助	加快
阳阴:	国歌	联欢	南方	革新	群居	农村
	长江	航空	围巾	齐心	邻居	图书
阳阳:	儿童	人民	吉祥	直达	滑翔	团结
	模型	联合	驰名	临时	灵活	豪华
阳上:	黄海	泉水	民主	明显	遥远	勤恳
	情感	描写	难免	迷惘	平坦	旋转
阳去:	豪迈	辽阔	球赛	模范	林业	盘踞
	格调	革命	同志	局势	雄厚	行政

上阴：	掌声	北京	广播	指标	统一	转播
	纺织	领空	影星	演出	讲师	取消
上阳：	语言	朗读	起航	指南	普及	反常
	敏捷	考察	里程	领衔	党员	旅游
上上：	古典	美好	北海	广场	领导	鼓掌
	展览	友好	导演	总理	改写	理想
上去：	访问	写作	讲课	简讯	舞剧	主要
	考试	想象	土地	典范	演唱	选派

去阴：	象征	贵宾	卫星	下乡	健康	地方
	列车	认真	降低	特征	印刷	气温
去阳：	电台	要闻	调查	自然	配合	化学
	措辞	会谈	特别	暂时	未来	辨别
去上：	剧本	外语	历史	耐久	跳伞	下雨
	妇女	运转	信仰	办法	电影	探险
去去：	住院	配乐	再见	日月	大赛	破裂
	庆贺	宴会	画像	大会	致意	建设

4. 四字词声调发音训练（作此部分训练时可有意拖长声音，结合声音共鸣训练进行）

(1) 阴平—阳平—上声—去声

风云雨露　　山河美丽　　天然宝藏　　资源满地
新闻简报　　中流砥柱　　工农子弟　　身强体壮
千锤百炼　　精神百倍　　心怀叵测　　光明磊落
山明水秀　　花红柳绿　　开渠引灌　　风调雨顺

(2) 去声—上声—阳平—阴平

逆水行舟　　背井离乡　　破釜沉舟　　热火朝天
厚古薄今　　信以为真　　四海为家　　妙手回春
聚少成多　　刻骨铭心　　废品回收　　顺理成章
万里长征　　救死扶伤　　调虎离山　　异曲同工

(3) 同一声调

阴平：　青春光辉　　春天花开　　公司通知　　新屋出租
阳平：　人民银行　　连年和平　　农民犁田　　原形循环
上声：　彼此理解　　理想美满　　永远友好　　管理很好
去声：　下次注意　　世界教育　　报告胜利　　创造利润

(4) 混合练习

百炼成钢　　排山倒海　　满园春色　　发愤图强
大快人心　　谈笑风生　　鸟语花香　　老当益壮
盖世无双　　开卷有益　　豪言壮语　　艰苦奋斗

千军万马	喜笑颜开	辗转反侧	山水相连
饶有风趣	赞不绝口	沧海一粟	旧地重游
方兴未艾	荣华富贵	波澜壮阔	美不胜收

5. 绕口令与句段练习

(1) 蹬着凳子钉(dìng)钉(dīng)子,钉子钉凳子。

(2) 大猫毛短,小猫毛长,大猫毛比小猫毛短,小猫毛比大猫毛长。

(3) 老罗拉了一车梨,老李拉了一车栗。老罗人称大力罗,老李人称李大力。老罗拉梨做梨酒,老李拉栗去换梨。

(4) 一领细席,席上有泥。溪边去洗,溪洗细席。

(5) 手拿七支长枪上城墙,上了城墙手耍七支长枪。见枪不见墙,见墙扔了枪,眼花缭乱,武艺高强。

(6) 松树住松鼠,松鼠爬松树,鼠爬松树树住鼠,鼠住松树鼠爬树。

(7) 一台拖拉机,拉着一张犁,拖拉机拉犁犁翻地,翻地翻得深又细。拖拉机出的力,犁翻的地,你说是犁犁的地,还是拖拉机翻的地。

(8) 老师叫老史去捞面,老史老是没有去捞面,老史老是骗老师,老师老是说老史不老实。

(9) 牛牛要吃河边柳,妞妞赶牛牛不走。妞妞护柳扭牛头,牛牛扭头瞅妞妞。妞妞扭牛牛更拗,牛牛要顶小妞妞。妞妞捡起小石头,吓得牛牛扭头走。

(10) 任命是任命,人名是人名,任命不是人名,人名不是任命,人名不能任命,人是人,命是命,名是名,命是命,人、任、名、命要分清。

(11) 篓漏油,油篓漏。漏油篓,漏篓油。油篓漏油补油篓,补住漏篓不漏油。油篓不漏油不漏,不漏油篓不漏油。

(12) 老唐端蛋汤,踏凳登宝塔,只因凳太滑,汤洒汤烫塔。

6. 综合练习

(1) 飒飒西风满院栽,蕊寒香冷蝶难来。他年我若为青帝,报与桃花一处开。

——(唐)黄巢《题菊花》

(2) 日照香炉生紫烟,遥看瀑布挂前川。飞流直下三千尺,疑是银河落九天。

——(唐)李白《望庐山瀑布》

(3) 白日依山尽,黄河入海流。欲穷千里目,更上一层楼。

——(唐)王之涣《登鹳雀楼》

(4) 故人西辞黄鹤楼,烟花三月下扬州。孤帆远影碧空尽,唯见长江天际流。

——(唐)李白《黄鹤楼送孟浩然之广陵》

(5) 春眠不觉晓,处处闻啼鸟。夜来风雨声,花落知多少。

——(唐)孟浩然《春晓》

(6) 幸福在哪里,朋友啊,告诉你。她不在柳荫下,也不在温室里。她在辛勤的工作中,她在艰苦的劳动里。啊!幸福就在你晶莹的汗水里。

幸福在哪里,朋友啊,告诉你。她不在月光下,也不在睡梦里。她在精心的耕耘中,她在知识的宝库里。啊!幸福就在你闪光的智慧里。

(7) 沿着校园熟悉的小路,清晨来到树下读书,初升的太阳照在脸上,也照着身旁这棵小树。亲爱的伙伴,亲爱的小树,和我共享阳光雨露。请我们记住这美好时光,直到长成参天大树。

四、训练记录方式

可使用语音复读设备、录音设备等,进行听音、录音、比较辨读,以达到正音的目的。

五、训练评价

可采用学生自我评价、小组内互评、小组间互评及教师评价的方式,及时予以客观的语音评价与适当引导,提高学生听音与辨音能力。学生应及时、客观记录自己在声调发音训练中出现的发音错误及明显缺陷,找出自己存在的主要语音问题,尤其是系统性问题。反复倾听正确的发音示范,反复进行发音练习,以达到正音的目的。

训练四：普通话语流音变训练

> **基本知识**

普通话里的四个声调是单读一个音节的声调，又称为"字调"或"单字调"，单读时不会发生音变，也没有必要发生音变。

虽然汉语的每一个字都有固定的读法，但人们在交流中不是在发音念字，而是在说话。人们说话时，是在一定时间内把一连串的音组合起来并且连续地说出来，用来表达一定的内容意义和情感。在连续发音时，为了适应发声器官的运动，人们说出来的一连串相邻的音，由于音节与音节、音素与音素、声调与声调的相互影响，会发生变化，这就产生了音变现象，我们称之为语流音变。这种变化只有在语流中才会发生，在播音主持工作中，语流音变还往往与稿件内容的感情色彩有联系。

普通话中最典型的语流音变是：变调、轻声、儿化、语气词、"啊"的变化和词的轻重格式变化。

> **语流音变训练**

● ● ● ● 一、训练目的 ● ● ● ●

掌握普通话语流音变的基本规律，并将其正确运用于日常普通话语音交流活动及播音主持工作中。

● ● ● ● 二、训练要求 ● ● ● ●

1. 掌握上声、去声的连读音变规律。
2. 掌握"一""不"的音变规律，并能正确运用。
3. 掌握语气词"啊"的音变规律，并在实际口语表达时能正确变音。
4. 掌握轻声的读法与实际运用。
5. 掌握儿化音的发音方法并将其运用于口语实践。

● ● ● ● 三、训练方法与步骤 ● ● ● ●

（一）变调

相邻音节声调发生变化的现象叫变调。普通话中的变调主要包括上声变调、去声变调、

"一"和"不"的变调以及重叠形容词的变调。

1. 上声变调规律及发音训练

（1）上声音节只有在单念或处在词语、句子的末尾才读本调。

（2）上声在阴平、阳平、上声、去声、轻声音节前都会发生变调。其变化的基本规律是：

① 上声音节在阴平、阳平、去声、轻声音节前面，其调值由 214 变为 211（或 21），记为"半上"。

例：

上声＋阴平：	每天	摆脱	省心	保温	百般	火车
	始终	老师	北京	转播	普通	喜欢
上声＋阳平：	每年	导游	旅行	祖国	改革	朗读
	讲台	谴责	小学	品德	语言	感情
上声＋去声：	每月	讨论	广大	挑战	土地	感谢
	主任	伟大	表示	美丽	改变	广泛
上声＋轻声：	奶奶	尾巴	老婆	耳朵	马虎	口袋
	点心	小气	伙计	椅子	我们	打算

② 两个上声音节相连（上上相连），前一个上声音节的调值由 214 变为接近 35（或 24），即所谓阳上。

例：

上声＋上声：	懒散	手指	母语	海岛	旅馆	展览
	广场	首长	简短	古典	粉笔	美满
	小组	减少	厂长	美好	领导	水果

③ 三个上声音节相连，如果后面没有其他音节，也不带什么语气，末尾音节一般不变调，开头、中间的上声音节有两种变调的方式，需要根据词语的意义作自然分节后再作变调处理。

词语结构为"双单格"，开头、中间的上声音节调值变为 35。

例：

展览馆　　管理组　　选举法　　勇敢者　　洗脸水　　手写体

词语结构是"单双格"，开头音节作为被强调的逻辑重音时，读作"半上"，调值变为 211，中间音节则按两字组变调规律变为 35。

例：

党小组　　好领导　　买保险　　耍笔杆　　撒火种　　很美满
冷处理　　小两口　　纸老虎　　老保守　　小拇指

④ 三个以上的上声连读，按词语意义分好层次，再按上声变调规律读。

例：请你往北走找柳组长取讲演稿。

2. 去声变调规律及发音训练

（1）去声音节在非去声前一律不变调。

（2）去声音节在去声音节前由全降（51）变成半降（53）。

例：

记录　　摄像　　赞颂　　救护　　制胜　　速递　　贵重　　内陆

3. "一"的变调规律及发音训练

(1) "一"字单念或用在词、句的末尾,念本调"阴平"(55)。

例：十一、一一得一

(2) "一"作为序数表示"第一"时不变调。

例：一楼(第一楼)、一连(第一连)、一流

(3) "一"在去声音节前,念"阳平"(35)。

例：一半、一次、一共、一定、一度、一概

(4) "一"在非去声(阴平、阳平、上声)音节前,念"去声"(51)。

一天　　一年　　一早　　一身　　一同　　一举
一般　　一群　　一起　　一生　　一时　　一点

(5) "一"表示"全部(全体)"时读"去声"(51)。

例：一楼(全楼)、一连(全连)、一家(全家)

"地铁惊现小蛇,吓跑一车乘客"(某报纸一则新闻标题)

(6) "一"嵌在重叠式的动词之间时念轻声。

听一听　　学一学　　写一写　　看一看　　想一想
笑一笑　　试一试　　谈一谈　　跑一跑　　尝一尝

4. "不"的变调规律与发音训练

(1) "不"字单念或在词、句的末尾,以及在阴平、阳平、上声前不变调。

不　　　　我不
不多　　　不行　　　不好　　　不同意
不说　　　不能　　　不理　　　不舒服

(2) "不"在去声音节前读"阳平"(35)。

不必　　　不变　　　不便　　　不测　　　不错
不要　　　不但　　　不定　　　不是　　　不会
不为名　　不为利　　不怕苦　　不痛快

(3) "不"夹在重叠式的动词、形容词之间和夹在动词与补语之间念轻声。

穿不穿　　好不好　　买不买　　去不去　　会不会
红不红　　大不大　　行不行　　来不来　　拿不拿
看不清　　起不来　　拿不动　　打不开　　差不多

"一""不"变调综合练习：

字词练习：

初一　　　一半　　　一定　　　一般　　　一起　　　一生　　　一路
不好　　　不顾　　　不够　　　不屈　　　不能　　　不及　　　不想
一部分　　一大早　　一连串　　不平等　　干不了　　不喜欢　　不卖钱
笑不笑　　说不说　　动不动　　一模一样　一笔一画　一丝一毫　一毛不拔
不卑不亢　不折不扣　不慌不忙　不可一世　爱不释手　不以为然

绕口令与句段练习：

(1) 一个大,一个小,一件衣服一顶帽。一边多,一边少,一打铅笔一把刀。

一个大,一个小,一个西瓜一颗枣。一边多,一边少,一盒饼干一块糕。

扫码听示范·69

一个大,一个小,一头肥猪一只猫。一边多,一边少,一群大雁一只鸟。

一边唱,一边跳,大小多少记得牢。

(2) 清晨起来跑一跑,跳一跳,伸伸胳膊扭扭腰。跳不动,跳不了,你就站那儿瞧一瞧。明天你就试一试,早晨空气好不好。

(3) 干什么工作都要一心一意,言行一致,表里如一,埋头苦干,踏踏实实。有了成绩不能骄傲,遇到了困难不要失掉了信心。工作不要一高一低像大海波浪似的,要始终如一,积极上进,干什么工作都要不折不扣,不讲价钱,不说怪话。

(3) 冬冬不小心打碎了一个花瓶,他急得团团转。爸爸见了不动声色,这使冬冬更不知所措。妈妈不慌不忙地走过来,和蔼地安慰冬冬说:"今天这个花瓶不是你故意打烂的。妈妈不批评你,不过以后干事情可不要再粗心大意了。"冬冬抱歉地点了点头。接着,爸爸又风趣地说:"旧的不去,新的不来嘛!"这才使冬冬心头的一块石头落了地,他连连向爸爸妈妈表示说:"以后我再也不粗心大意、不管不顾了。"

(4) 不久前,一艘巨大的木船把我们送到这个岛上,周围是不平静的大海,看不见这小岛以外的陆地,听不到城市的种种声音。带我们到这儿来,不会毫无目的吧?我找不到一个更熟悉的人,只好不顾羞怯,向同来的一个欧洲人发问,也不知道他懂不懂汉语。结果他不声不响,只是目不转睛地盯着不远的地方,身子动也不动。

我得不到答复,不得已只好待在小屋里。不久,他们送来了吃的,也不知道是些什么东西。本不想吃,可肚子不答应,勉强吃了一点儿,不甜不咸,不酸不辣,说不出是什么味儿。这样过了几天,每天不是听海浪的呼啸,就是遥望大海,不仅没人能够交谈,也不敢随地走动。今天,这个不解之谜终于解开了。

我们不是被当作敌人带上这不知名的小岛的,而是作为不寻常的客人被请来的。只是,起初他们不熟悉我们,不知道该怎样安排我们才好。

(5) 那是一次作文课,题目是《愿望》。他极其认真地想了半天,然后极认真地写。那作文极短,只有三句话:

我有两个愿望。第一个是,妈妈天天笑眯眯地看着我说:"你真聪明。"第二个是,老师天天笑眯眯地看着我说:"你一点也不笨。"

于是,就是这篇作文,深深地打动了他的老师,那位妈妈似的老师不仅给了他最高分,在班上带感情地朗读了这篇作文,还一笔一画地批道:你很聪明,你的作文写得非常感人。请放心,妈妈肯定会格外喜欢你的,老师肯定会格外喜欢你的,大家肯定会格外喜欢你的。

——张玉庭《一个美丽的故事》

(6) 著名教育家班杰明曾经接到一个青年人的求救电话,并与那个向往成功、渴望指点的青年人约好了见面的时间和地点。

待那个青年人如约而至时,班杰明的房门敞开着,眼前的景象却令青年人颇感意外——班杰明的房间乱七八糟、狼藉一片。

没等青年人开口,班杰明就招呼道:"你看我这房间,太不整洁了,请你在门外等候一分钟,我收拾一下,你再进来吧。"一边说着,班杰明轻轻关上了房门。

——纪广洋《一分钟》

(7) 人站得高些,不但能有幸早些领略到希望的曙光,还能有幸发现生命的立体的诗篇。每一个人的人生,都是这诗篇中的一个词、一个句子或者一个标点。你可能没有成为一个美丽的词、一个引人注目的句子、一个惊叹号,但你依然是这生命的立体诗篇中的一个音节、一个停顿、一个必不可少的组成部分。这足以使你放弃前嫌,萌生为人类孕育新的歌声的兴致,为世界带来更多的诗意。

——本杰明·拉什《站在历史的枝头微笑》

(8) 高兴,这是一种具体的被看得到摸得着的事物所唤起的情绪。它是心理的,更是生理的。它容易来也容易去,谁也不应该对它视而不见失之交臂,谁也不应该总是做那些使自己不高兴也使旁人不高兴的事。让我们说一件最容易做也最令人高兴的事吧,尊重你自己,也尊重别人,这是每一个人的权利,我还要说这是每一个人的义务。

——王蒙《喜悦》

5. 叠字形容词的变调

(1) 单音节形容词重叠(AA),重叠部分可变阴平,也可不变。如果带儿韵尾(AA 儿),一定要变阴平。例:

| 白白的 | 饱饱的 | 红红的 | 长长的 |
| 好好儿的 | 慢慢儿的 | 满满儿的 | |

(2) ABB 式形容词,后面的重叠两字可变阴平,也可不变。例:

慢腾腾　　软绵绵　　香喷喷　　热腾腾
白茫茫　　绿油油　　毛茸茸　　沉甸甸　　孤零零

(3) 双音节形容词重叠(AABB),第一音节的重叠部分轻读,后一音节及其重叠部分可变阴平,也可不变。例:

干干净净　　老老实实　　鼓鼓囊囊　　欢欢喜喜　　慢慢腾腾
热热闹闹　　痛痛快快　　清清楚楚　　马马虎虎　　别别扭扭

注意:部分书面语中形容词不变调。例:

缓缓　　白皑皑　　金灿灿
呜呜咽咽　　堂堂正正　　沸沸扬扬

(二) 语气词"啊"的音变规律及发音练习

"啊"是表达感情的基本声音,如果单独使用或用在句子开头和末尾,不和其他元音连读时,一般都发"a"音。

例:啊!祖国的河山多么壮丽!
　　啊!太阳出来啦!

"啊"用在句末时作语气助词,无论表示陈述、疑问、感叹还是祈使,它的读音要受到前一个音节的韵尾影响,发生音变现象。

在播音中正确使用"啊"的音变,可使语气自然、大方,声音色彩丰富。

1. "啊"的音变规律

"啊"的音变规律可总结如表 2-7 所示。

表 2-7 "啊"的音变规律

前面音节的韵母或韵尾	"啊"的发音
a、o、e、ê、i、ü	[ya]
u、ao、ou	[wa]
-n	[na]
-ng	[ŋa]
-i(舌尖前特殊元音)	[za]
-i(舌尖后特殊元音)、er(含儿化韵)	[ra]

在实际运用中，无须死记硬背上述音变规律，稍加练习后，你就会发现"啊"的音变基本上是在前一音节的归音过程中顺势产生的。

"啊"的音变实例如表 2-8 所示。

表 2-8 "啊"的音变实例

前面音节末尾音素	例句		读音
[a] [o] [e] [i] [ü] [ê]	快去找他啊！ 你去说啊！ 今天好热啊！ 你可要拿定主意啊！ 我来买些鱼啊！ 赶紧向他道谢啊！	这公园真大啊！ 你快坐啊！ 好漂亮的车啊！ 你可千万别生气啊！ 这件东西好奇怪啊！ 好大的雪啊！	[ya]
[u] [ao] [iao]	好大的树啊！ 这本书真好啊！ 口气可真不小啊！	你在哪里住啊？ 你来得真早啊！ 这就是你说的那所学校啊？	[wa]
[n]	早晨的空气多清新啊！ 多好的人啊！	你猜得真准啊！ 这件事可真不简单啊！	[na]
[-ng]	这幅画真漂亮啊！ 最近太忙啊！	注意听啊！ 这几天真冷啊！	[ŋa]
[-i]前	今天来回几次啊？ 这是谁写的字啊？	你还让我再说多少次啊？ 大家使劲儿地跑，谁也不想死啊！	[za]
[-i]后	你有什么事啊？ 你要想开点儿啊！	你倒是吃啊！	[ra]

2. 绕口令与句段练习：

(1) 市场的货物真丰富，鸡啊、鸭啊、鱼啊、肉啊、盐啊、酱油啊、醋啊，生的熟的应有尽有。

(2) 这些孩子啊，真可爱啊，你看啊，他们多高兴啊。又是作诗啊，又是吟诵啊，又是画图画啊，又是剪纸啊，又是唱啊，又是跳啊……啊！他们是多么幸福啊！

(3) 鸡啊，鸭啊，猫啊，狗啊，一块儿水里游啊！牛啊，羊啊，马啊，骡啊，一块儿进鸡窝啊！狼啊，虫啊，虎啊，豹啊，一块儿上街跑啊！兔啊，鹿啊，鼠啊，孩儿啊，一块儿上窗台儿啊！

(4) 然而，火光啊……毕竟……毕竟就在前头！

(5) 心底轻声呼喊:家乡的桥啊,我梦中的桥!

(6) 它便敞开美丽的歌喉,唱啊唱,嘤嘤有韵,宛如春水淙淙。

(7) 是啊,我们有自己的祖国,小鸟也有它的归宿,人和动物都是一样啊,哪儿也不如故乡好。

(8) 在它看来,这狗是多么庞大的怪物啊!

(三) 轻声

在普通话词语或句子里,有些音节因受前面音节的影响,往往失去原有的声调变为一种又轻又短的调子,如"棉花""点心",这些词的第二个音节,在普通话里就念轻声。

所有轻声音节的发音都变得短而轻,但并非音高都相同。轻声在不同音节中的音高可能是不一样的,一般要视前面一个音节声调来定。

1. 轻声音节音高变化的基本规律

(1) 轻声在阴平后面念低调(2度)。

  妈妈 窗户 桌子 先生 他们 村子

(2) 轻声在阳平后面念中调(3度)。

  脾气 云彩 馒头 粮食 床上 葡萄

(3) 轻声在上声后面念半高调(4度)。

  你们 点心 懂得 椅子 斧头 考究

  恍惚 首饰 起来 本事 口袋 稳当

(4) 轻声在去声后面念低调(1度)。

  地上 错的 坐着 记住 应酬 力量

  费用 那么 相声 故事 态度 任务

在学习和训练时应注意,凡工具书、教科书和《普通话水平测试大纲》均注音为轻声的,应读作轻声;均未注音为轻声,实际上又不读轻声的,不应读作轻声。

如果在工具书、教科书和大纲中均注音为轻声而未读作轻声的,或均未注音为轻声,实际上又不读轻声的,读作轻声,则视为发音错误。轻声音节等同于或长于前一个音节的,也被视作发音错误。

对生活在粤方言、闽南方言等方言区的学习者来说,由于普通话轻声的发音与方言的发音习惯有很大不同,所以,轻声的发音是学习训练中的难点。在平常练习中,要注意把自己放在普通话的语言环境中,多留心听,逐步改善自己轻声的读音。

2. 轻声的作用

普通话中的轻声往往有区别词性和词义的作用,如下列非轻声词与轻声词比较。

地道(dìdào):地下坑道(名词)   地道(dìdao):真正的(形容词)

大意(dàyì):主要的意思(名词)   大意(dàyi):粗心大意,疏忽(形容词)

其他如:

包涵——包含   报酬——报仇   地方——地方

东西——东西   是非——是非   比试——笔试

播音员在播读稿件时,应当特别注意那些必须读成轻声的音节,以免造成表意不清,导致听众产生误解。

有些轻声音节虽然不区别词义,但在普通话中也应读为轻声,否则会影响语言的流畅和语气的变化。

  3. 轻声的具体运用规律

（1）用在陈述句末的语气词"吧、呢、嘛、啊"一般读轻声。例：

  好几天没上班,她大概是病了吧。

  他还不知道这是怎么回事呢。

  不懂就不要装懂嘛。

  看吧,你干什么呢!

语气词放在陈述句中间,表示停顿、强调或延续等,不能读轻声。例：

  菜市场里,鸡鸭鱼肉呀,新鲜蔬菜呀,油盐酱醋呀,真是应有尽有。

  我们立刻派人去找,找哇,找哇,找到天亮也没找到。

  走在半路就下起雨了,可是雨衣呢,雨伞呢,都忘带了。

语气词用在疑问句末尾,随语调上扬时,也不能读轻声。例：

  你究竟去不去呀?

  这件事你知道吗?

  你到底知道不知道啊?

  她为什么不来电话呢?

播读语气词时,要看它们是用在什么类型的句子后面,是用在句子的什么位置上,分辨清楚,才能表达准确。例：

  你可以走了,这里的事儿不用你管啦。

  时间不早了,大家赶快走吧!

  快到山顶了,大家可要再加把劲呀!

（2）大多数助词轻读。

结构助词：的、地、得。例：

  大家要认真地做好各项工作。

  这篇文章写得非常生动感人。

  我一辈子只看见了这么一回大热闹：男女老幼喊着叫着,狂跑着,拥挤着,争吵着,砸门的砸门,喊叫的喊叫。嗑喳!门板倒下去,一窝蜂似的跑进去,乱挤乱抓,压倒在地的狂号,身体利落的往柜台上蹿,全红着眼,全拼着命,全奋勇前进,挤成一团,倒成一片,散走全街。背着、抱着、扛着、曳着,像一片战胜的蚂蚁,昂首疾走,去而复归,呼妻唤子,前后呼应。

——老舍《我这一辈子》

时态助词"了、着、过"分别表示完成态、持续态、经历态,在句子中读轻声。例：

  到十月底,这个厂已经完成了全年的生产计划。

  工人们拿着工具一块(儿)走向工地。

  这些学生学过汉语和文学课。

"了、着、过"不作时态助词时,一般不读轻声。例：

  让他这样胡闹下去还得了。

  那个疼劲可真叫人受不了。

  你有什么了不起的。

  文章写得清楚明白,让人一目了然。

这笔账咱们就算彻底了结。

这一着可真厉害。

天冷了,注意别着凉。

他看足球赛简直着了迷,过了头。

(3) 带有词缀的名词,词缀读轻声。例:

桌子　　椅子　　胖子　　孩子

木头　　石头　　念头　　甜头

老子和你拼了!

这戏没看头。

这头牛个儿大,膘肥,四条腿像木头柱子似的。

走上楼梯口,由一堆稻草垛里闪出一个满面红光的小伙子,穿着一身崭新如纸糊的长褂,微笑地迎接我们。

——萧乾《雁荡行》

如果"子、头、儿"表示具体意义,不作词缀时,就不能读轻声。例:

孔子　　孟子　　瓜子　　菜子　　幼儿　　少儿　　婴儿

男儿　　桥头　　炕头　　烟头　　工头

(4) 量词"个"轻读。例:

三个

随着一声招呼,十几个汉子应声而出。

量词不与数词结合而单独使用的时候,一般读轻声。例:

买张车票　　做件衣服　　写篇文章　　去趟上海　　看场电影

(5) 名词后面的方位词读轻声。例:

墙上　　河里　　家里　　天上　　桌上　　地下　　那边

底下

商店里各种商品琳琅满目。

天安门广场上人山人海。

锅里的水吱吱地响,老大娘屋里屋外地忙。

朔方的雪花在纷飞之后,却永远如粉如沙,他们绝不粘连,撒在屋上,地上,枯草上,就是这样。

(6) 表示趋向的动词轻读(不表示动作)。例:

放下　　带上　　回来　　出去　　打开

跑出来　　走进去　　站起来

不能消沉下去

一天天好起来

什么时候回来的?该出去玩玩就去跑跑跳跳去。

趋向动词作一般动词用时,不能读轻声。例:

你进去把他叫出来。

我现在去书店买书去。

活儿挺紧,早晨大家一起来就干起来了。

(7) 单音节动词重叠,末一个音节读轻声。例:
　　看看　　说说　　写写　　听听　　想想　　走走　　坐坐
　　小丫头一刻也闲不住,一会儿写写,一会儿画画,一会儿看看,一会儿说说,过一会儿再唱唱。
(8) 双音节动词重叠,后两个音节读轻声。例:
　　研究研究　　学习学习　　收拾收拾　　整理整理　　宣传宣传　　调解调解
(9) 动词里有少数重叠词尾的词,多半用于口语中。重叠词尾的后一个音节要读轻声。例:
　　打哈哈　　打转转　　画圈圈
(10) 有些表示称呼的名词,后一个音节读轻声。例:
　　爸爸　　妈妈　　姐姐　　弟弟　　哥哥　　爷爷　　奶奶
　　姥姥　　婆婆　　叔叔　　婶婶　　外甥　　侄子
(11) 作宾语的人称代词,轻读。例:
　　请你　　叫他
　　请她过来一下,好吗?
(12) 某些常用的双音节词的第二个音节习惯上读轻声。例:
　　明白　　暖和　　萝卜　　玻璃　　葡萄　　知道　　事情　　衣服　　眼睛
　　秘书　　大夫　　书记　　闺女　　相声　　窗户　　扫帚　　豆腐　　庄稼
　　太阳　　月亮　　云彩　　耳朵　　眉毛　　哆嗦　　犹豫　　马虎　　刺猬
　　告诉　　打听　　商量　　清楚　　性子　　意思
(13) "看"作助词时读轻声(表示"尝试")。例:
　　试试看　　说说看　　想想看　　找找看　　穿穿看　　商量商量看
　　这件衣服准合身,不信你穿穿看。
　　他那身打扮真俗气,不信你去瞧瞧看。
(14) "似的"无论充当谓语或状语,都读轻声。例:
　　大雨像瓢泼似的下个不停。
　　他像喝醉了酒似的,摇摇晃晃地走着。

注意:
① 重叠名词一定不能读轻声,如:家家户户、老老小小。
② 轻声是普通话中的一个重要的音变现象,一个音节要不要读轻声,除了从词义、习惯分析外,还要结合广播语体考虑。在播音语言中,轻声不宜多,只有关系到意义和语气自然的情况下,不得不读轻声时才使用。在读的时候也要比生活语言清晰。如"棉花",在新闻语体中"花"不读轻声,而在对话节目中"花"就可以读轻声,使语言更加口语化。
③ 轻声音节是弱化音节,读得较短(大约是正常音节的 2/3—1/2)较轻,注意读轻声音节时应注意避免拖长,也不要过于短促而造成吃字。

字词练习:
　　刀子　　车子　　孙子　　丫头　　风头　　跟头
　　天上　　山上　　街上　　背着　　说着　　推着
　　胳膊　　抽屉　　姑娘　　师傅　　苍蝇　　哆嗦

扫码听示范

| 吃了 | 翻了 | 黑的 | 尖的 | 风筝 | 扎实 |
| 知识 | 心思 | 他们 | | | |

笛子	儿子	房子	蓝的	男的	浓的
琢磨	朋友	时候	黄瓜	模糊	石头
直溜	行吗	粮食	云彩	眉毛	行李
题目	柴火	逻辑	难为	什么	棉花

本子	脑子	剪子	小的	你的	我的
好了	饱了	反了	早上	晚上	赶上
斧头	苦头	码头	姥姥	姐姐	宝宝
打算	洒脱	眼睛	恶心	讲究	首饰
喜欢	脑袋	老实	体面	尾巴	女婿

帽子	凳子	胖子	大的	断的	差的
过了	坏了	惯了	木头	念头	后头
月亮	似的	亲家	任务	太阳	簸箕
进项	便宜	别扭	记得	硬朗	算计
在乎	那边	谢谢	壮实	动静	应酬

绕口令与句段练习：

（1）瞎子吹喇叭，哑巴摸蛤蟆，哑巴听不见瞎子吹的喇叭，瞎子看不见哑巴摸的蛤蟆。

（2）天上日头，嘴里舌头，地上石头，桌上纸头，大腿骨头，小脚趾头，树上枝头，集上市头。

（3）屋子里有箱子，箱子里有匣子，匣子里有盒子，盒子里有镯子；镯子外面有盒子，盒子外面有匣子，匣子外面有箱子，箱子外面有屋子。

（4）我家小院子，住着小燕子，春天燕子飞进院子，秋天燕子飞出院子。

（5）小兔子，开铺子。开开铺子：一张小桌子，两把小椅子，三根小绳子，四只小匣子，五管小笛子，六条小棍子，七个小盘子，八颗小豆子，九本小册子，十双小筷子。

（6）曲曲折折的荷塘上面，弥望的是田田的叶子。叶子出水很高，像亭亭的舞女的裙。层层的叶子中间，零星地点缀着些白花，有袅娜地开着的，有羞涩地打着朵儿的；正如一粒粒的明珠，又如碧天里的星星，又如刚出浴的美人。微风过处，送来缕缕清香，仿佛远处高楼上渺茫的歌声似的。

——朱自清《荷塘月色》

（四）儿化

1. 儿化和儿化韵

er 在普通话里可以自成音节，如：耳、而、儿、尔、饵、二、贰、迩。

er 不自成音节，而是附在其他音节后面，使这个音节发生变化，成为一个带卷舌动作的韵母，这就是儿化现象。儿化后的韵母称儿化韵，如：（瓶）盖儿、（雨）点儿、（药）片儿。儿化是普通话和某些汉语方言中的一种语音现象。

带儿化的韵母的音节，虽然一般仍用两个汉字来表示，但用汉语拼音字母写这些音节，只需在原来的音节之后加上"r"。

2. 儿化韵的作用

(1) 区分词性或词义

  盖(动词)—盖儿(名词)   个(量词)—个儿(身材,名词)
  信(信件)—信儿(消息)   末(最后)—末儿(细碎或呈粉状的东西)
  包/包儿   刺/刺儿   画/画儿   活/活儿
  对/对儿   滚/滚儿   尖/尖儿   招/招儿

(2) 将具体事物抽象化

  口—口儿   花样—花样儿   门—门儿   头—头儿
  小鞋—小鞋儿 眼—眼儿   沿—沿儿   油水—油水儿

(3) 区分同音词

  白面—白面儿 打砸—打杂儿 火星—火星儿 一点意见——一点儿意见
  开火—开火儿 拉练—拉链儿 早点—早点儿 向前看—向钱儿看

(4) 修饰语言色彩

表示感情色彩(喜爱、亲切、温婉、轻视)。例：

  小曲儿   来玩儿   大婶儿   慢慢儿走
  老头儿   小孩儿   机灵鬼儿   败家子儿
  半截儿   花儿   破烂儿   小样儿

表示细小轻微的性状,少或小。例：

  小鱼儿   门缝儿   一会儿   办事儿

注意：

① 《普通话水平测试大纲》中明确注音为"儿化",表一、表二中词形带"儿尾"并注音为"儿化韵",以及在朗读部分"语音提示"中明确注为"儿化韵"的,在《现代汉语词典》中词语条目词形明确带有"儿尾",注音为"儿化韵"的,都应读作"儿化韵",否则视为错误。

② 儿化音节读成几乎两个音节,或虽读为"儿化韵",但读成了另外一个"儿化韵"的,均视作错误。

③ 可读可不读儿化的情况。

在《现代汉语词典》词形条目上没有标明"儿尾",只是在释义前的括号中加注(-儿)的。

如：对联(儿)、草稿(儿)、小偷(儿)。

在工具书,大纲里没有注明"-儿"尾,在规定的朗读篇目中也没有标明"-儿"尾的,但口语中表示喜爱、温和、委婉或细小轻微的情感时可读成"儿化"。

如：公园(儿)、皮球(儿)、小玲(儿)

3. 儿化韵的发音

儿化韵不是在音节之后加一个单独的 er 音节,而是在音节末尾最后一个音素上附加个卷舌动作,使韵母起了变化。

 a—ar： 刀把儿 号码儿 戏法儿 在哪儿 找碴儿 打杂儿 板擦儿
 ai—ar： 名牌儿 鞋带儿 壶盖儿 小孩儿 加塞儿

an—ar:	快板儿	老伴儿	蒜瓣儿	脸蛋儿	收摊儿	栅栏儿	包干儿
	笔杆儿	门槛儿					
ang—ar:（鼻化）	药方儿	赶趟儿	香肠儿	瓜瓤儿			
ia—iar:	掉价儿	一下儿	豆芽儿				
ian—ier:	扇面儿	小辫儿	照片儿	差点儿	一点儿	雨点儿	聊天儿
	拉链儿	冒尖儿	坎肩儿	牙签儿	露馅儿	心眼儿	
iang—iar（鼻化）	鼻梁儿	透亮儿	花样儿				
ua—uar:	脑瓜儿	大褂儿	麻花儿	笑话儿	牙刷儿		
uai—uar:	一块儿						
uan—uar:	茶馆儿	饭馆儿	火罐儿	落款儿	打转儿	拐弯儿	
	好玩儿	大腕儿					
uang—uar:（鼻化）	蛋黄儿	打晃儿	天窗儿				
üan—üar:	烟卷儿	手绢儿	出圈儿	包圆儿	人缘儿	绕远儿	杂院儿
e—er:	模特儿	逗乐儿	唱歌儿	挨个儿	饭盒儿	在这儿	打嗝儿
ei—er:	刀背儿	摸黑儿					
en—er:	老本儿	花盆儿	嗓门儿	把门儿	哥们儿	纳闷儿	后跟儿
	走神儿	别针儿	一阵儿	杏仁儿	刀刃儿	高跟儿鞋	小人儿书
eng—er:（鼻化）	钢镚儿	夹缝儿	脖颈儿	提成儿			
ie—ier:	半截儿	小鞋儿					
üe—üer:	旦角儿	主角儿					
uei—uer:	跑腿儿	一会儿	耳垂儿	墨水儿	围嘴儿	走味儿	
uen—uer:	打盹儿	胖墩儿	砂轮儿	冰棍儿	没准儿	开春儿	
ueng—uer:（鼻化）	小瓮儿						
-i（前）—er:	瓜子儿	石子儿	没词儿	挑刺儿			
-i（后）—er:	墨汁儿	锯齿儿	记事儿	懂事儿			
i—ier:	针鼻儿	垫底儿	肚脐儿	玩意儿			
in—ier	有劲儿	送信儿	脚印儿				
ing—ier:（鼻化）	花瓶儿	打鸣儿	图钉儿	门铃儿	眼镜儿	蛋清儿	火星儿
ü—üer:	毛驴儿	小曲儿	痰盂儿				
ün—üer:	合群儿						
u—ur:	碎步儿	没谱儿	梨核儿	泪珠儿	有数儿	儿媳妇儿	
uo—ur:	火锅儿	做活儿	大伙儿	邮戳儿	小说儿	被窝儿	
o—or:	耳膜儿	粉末儿					
ong—or:（鼻化）	果冻儿	门洞儿	胡同儿	抽空儿	酒盅儿	小葱儿	
iong—ior:（鼻化）	小熊儿						
ao—aor:	红包儿	灯泡儿	半道儿	手套儿	跳高儿	口罩儿	绝招儿

	口哨儿	蜜枣儿	叫好儿				
iao—iaor	鱼漂儿	火苗儿	跑调儿	面条儿	豆角儿	开窍儿	
ou—our	衣兜儿	老头儿	年头儿	小偷儿	门口儿	纽扣儿	线轴儿
	小丑儿	加油儿					
iou—iour	顶牛儿	抓阄儿	棉球儿				

4. 儿化韵练习

字词练习：

本色儿	好好儿	拈阄儿	拔尖儿	冰棍儿	老头儿	豆角儿
纳闷儿	墨水儿	围脖儿	一块儿	照片儿	玩儿命	起名儿
小曲儿	片儿汤	一会儿	做活儿	橘汁儿	铁丝儿	肉馅儿
高个儿	外号儿	脸蛋儿	花朵儿	女孩儿	笔帽儿	丑角儿
雪人儿	纳闷儿	模特儿	蝈蝈儿	中间儿	梨核儿	风味儿

绕口令与句段练习：

(1) 进了门儿,倒杯水儿,喝了两口运运气儿,顺手拿起小唱本儿,唱一曲儿,又一曲儿,练完了嗓子我练嘴皮儿。绕口令儿,练字音儿,还有单弦牌子曲儿,小快板儿,大鼓词儿,越说越唱我越带劲儿。

(2) 小小子儿,不贪玩儿。画小猫儿,钻圆圈儿;画小狗儿,蹲小庙儿;画小鸡儿,吃小米儿;画个小虫儿,顶火星儿。

(3) 吃仁儿不吃皮儿,吃皮儿不吐仁儿。嗑下皮儿,吃了仁儿,吃了仁儿,吐了皮儿。皮儿吐了一大堆儿,一堆皮儿没仁儿。

(4) 一个老头儿,上山头儿,砍木头儿,砍了这头儿砍那头儿。对面儿来了个小丫头儿,给老头儿送来一盘儿小馒头儿,没留神儿撞上一块大木头儿,栽了个小跟头儿,撒了一地小馒头儿。

(5) 上有上眼皮儿,下有下眼皮儿。左眼上眼皮儿打左眼下眼皮儿,右眼上眼皮儿打右眼下眼皮儿。左眼上眼皮儿打不着右眼下眼皮儿,右眼上眼皮儿打不着左眼下眼皮儿;左眼下眼皮儿打不着右眼上眼皮儿,右眼下眼皮儿打不着左眼上眼皮儿。

(6) 砰砰砰,小狗回家来拿盆儿,盆儿里放着小玩意儿,玩意儿送给小金鱼儿,金鱼儿一接没接着,一掉掉到水缸底儿,找来找去找不着,缸底净是石头子儿,就是没有小玩意儿。

(7) 小哥俩,红脸蛋儿,手拉手,一块儿玩儿。小哥俩,一个班儿,一路上学唱着歌儿。学造句,一串串儿,学画画,不贪玩儿。画小猫儿,钻圆圈儿,画小狗,蹲庙台儿,画只小鸡儿吃小米儿,画条小鱼儿吐水泡儿。小哥俩,对脾气儿,上学念书不费劲儿,真是父母的好宝贝儿。

(8) 大雪整整下了一夜。早晨,天放晴了,太阳出来了。推开门一看,嗬! 好大的雪啊! 山川、树木、房屋,全都罩上了一层厚厚的雪,万里江山变成了粉妆玉砌的世界。落光叶子的柳树上,挂满了毛茸茸、亮晶晶的银条儿;冬夏常青的松树和柏树,堆满了蓬松松、沉甸甸的雪球儿。一阵风吹来,树枝轻轻地摇晃,银条儿和雪球儿簌簌地落下来,玉屑似的雪末儿随风飘扬,映着清晨的阳光,显出一道道五光十色的彩虹。

——巴金《第一场雪》

(9) 今儿个的天儿真好,万里无云大晴天儿。一大早儿我就和小王俩人到海边儿去遛弯儿。啊! 这海边儿多美呀! 你看,天连水,水连天,一眼望不到边儿。一阵儿一阵儿的海风吹来,凉丝儿丝儿的。海滩上大大小小、五颜六色的贝壳儿,更是迷人。大个儿的,就像是小花扇儿,小的就像小纽扣儿那么一丁点儿,可是那贝壳上的一道儿一道儿的花纹儿,却是那样的清晰。我们看看这个好玩儿,就装在口袋儿里,看看那个也好玩儿,又装在口袋儿里。不一会儿,我们就捡了一口袋小贝壳儿和小海螺儿。

(五) 词的轻重格式

在普通话及汉语各方言中,一句话里双音节词或多音节词中的各个音节有轻重强弱的不同,造成这种变化的原因,除了音节与音节之间的声调差别外,还在于构成一句话的词或词组的每个音节,在音量上不均衡,也就是说,双音节词或多音节词的各个音节有着约定俗成的轻重强弱差别,这称为词的轻重格式。

词的轻重格式可分为重、中、轻三种,我们将短而弱的音节称为轻,长而强的音节称为重,介于二者之间的称为中。

1. 双音节的轻重格式及发音训练

双音节词轻重格式有三种:

中重格式:	日常	领域	黄金	沙发	尼龙	时代
	宝贵	人生	阅读	理论	信奉	本身
	清早	铁路	独自	投机	稳步	动员
重中格式:	柔和	突然	责任	古典	气味	界限
	情感	父亲	记者	价值	声音	形象
	经验	视觉	颜色	作品	浪漫	记者
重轻格式:	萝卜	棉花	石头	豆腐	行李	灯笼
	说说	力气	唠叨	痛快	清楚	妹妹

2. 三音节词的轻重格式及发音训练

三音节词轻重格式一般有三种:

中中重:	播音员	天安门	展览馆	共产党	居委会	辩证法
	国际歌	流水线	巧克力	救世主	研究所	抗生素
中重轻:	卖关子	同志们	打拍子	小姑娘	枪杆子	过日子
	臭架子	两口子	不由得	背地里	胡萝卜	好意思
中轻重:	保不齐	备不住	吃不消	大不了	拿不动	对不起
	过不去	小不点儿				

3. 四音节词的轻重格式及发音训练

四音节词轻重格式一般有三种:

中重中重:	儿童广播	友谊第一	安居乐业	龙飞凤舞
	年富力强	根深蒂固	天灾人祸	日积月累
中轻中重:	二氧化碳	拉拉扯扯	嘻嘻哈哈	社会主义
	奥林匹克	整整齐齐	大大方方	稀里哗啦
重中中重:	惨不忍睹	义不容辞	敬而远之	一扫而空

美不胜收　　诸如此类

绕口令与句段练习：

（1）这时，一挂纤柔的瀑布映入视线，它隽永秀丽，透明如织，清纯明澈，高贵典雅。

（2）无论你处在什么样的地方，什么样的环境，什么样的状态，只要心里有阳光，世界便充满光明。

（3）无论一生遭受多少困难欺诈，请依然相信人类的光明大于暗影，哪怕只多一个百分点呢，也是希望永恒在前。所以在布置我们的精神空间时，请给爱留下足够的容量。

要把每一个词都说得清楚自然，就必须掌握词的轻重格式，符合普通话语音规范的要求。

由于语言环境的影响，对于长期生活在方言区的同学来说，在朗读或说话的时候，无论是对词的轻重格式处理，还是对语句中不同层次的轻重处理，都可能与普通话语音规范要求有较为明显的差异。所以，在学习和训练时，希望大家能多听、多说，逐步改善。同时，我们也应该认识到，词的轻重格式只是一种约定俗成，它不是绝对的、不变的。因为词的轻重格式处理受语句目的的制约，所以，在语流中原有轻重格式被打破、被改变的现象也是自然的。

四、训练记录方式

可使用语音复读设备、录音设备等，进行听音、录音、比较辨读，以达到正音的目的。

五、训练评价

可采用学生自我评价、小组内互评、小组间互评及教师评价的方式，及时予以客观的语音评价与适当引导，提高学生听音与辨音能力。学生应及时、客观记录自己在语流音变训练中出现的发音错误及明显缺陷，找出自己存在的主要语音问题，尤其是系统性问题。反复倾听正确的发音示范，反复进行发音练习，以达到正音的目的。

语音测试(后测)

在一阶段语音学习训练完成后,极有必要对教学训练的效果进行及时有效的评估,了解学生普通话发音改善的状况,重点评判学生在语音表现方面的能力和改善程度。

一、了解在普通话规范程度及发音上的改善

1. 语音问题。
2. 音质问题。
3. 语音表现力。

二、进行语音评估并写出书面评估报告

结合自我评价、小组评价和教师评价意见,客观评析学习者的语音问题,提出改善意见。

第三单元　播音发声与语言表达基本知识

任何艺术,都有内容和形式这两个方面,内容总要有赖于一定的表现形式来传达,这"一定的表现形式"中,就有技巧存在。技巧的高下,将反作用于内容,使之呈现出不同的艺术效果。

吐字在播音创作中占有举足轻重的地位,播音要以字带声,讲究咬字,没有好的字音,声音本质再好也没有意义。一个人吐字含混不清,那他就不具备从事播音工作的基本条件。吐字含混不清不仅会造成听众听清和理解上的困难,有时甚至会造成语言传播中的误解。对于部分播音学习者来说,由于说话语速过快造成吐字含混不清、由于发音部位不正确导致吐字不够清晰圆润的问题十分常见,这些都影响了初学者专业水平的提高。所以,吐字的训练是播音员重要的基本功训练,其目的是掌握正确的吐字方法,达到吐字清晰、圆润、集中和富于变化的学习训练要求,完美表达出有声语言所蕴含的大量信息和丰富的思想感情。

播音创作主要解决播音员的创作道路,分析理解稿件、具体感受稿件的方法,语言表达的内外部技巧以及话筒前状态等问题,在实践方面就是要通过备稿、展开情景再现、挖掘内在语、捕捉对象感等内部技巧与停连、重音、语气、节奏等外部技巧的训练,力求能够把稿件变为有内容、有目的、有感情、有对象的有声语言,及于受众之耳,入于受众之心。

张颂教授在《朗读学》一书中精辟地指出:"技巧的运用有两个阶段:其一是学习阶段,可以叫作'刻意雕琢'阶段;其二是熟练阶段,可以叫作'回归自然'阶段。不经过'刻意雕琢',就不能'回归自然',因为不敢雕琢,就永远不能掌握技巧,也只好停留在自然形态、长期'自然'下去。"这不但概括了掌握技巧的过程,也指出了两个阶段在意义上的区别。

一、吐字归音与播音发声

(一) 吐字归音及其基本要领

发音吐字是播音员、主持人必须修炼的一项基本功。在语音训练中,应结合汉字音节的结构特点,把声母、韵母、声调读准。练习发声母时,要严格掌握发音部位和发音方法,发音要有力;练习发韵母时,应控制好口腔的开合、唇形的平展圆敛及舌头的升降伸缩。此外,声调练习也很重要。汉语中不少字或词的声母、韵母完全相同,只是因为声调不同,意义就不一样。另外,有些方言与普通话在一些字的发音上的区别也仅在于声调不同。练习声调可先从读准单个字的声调开始,然后再练习语句中的每个字的声调。

1. 播音发声对吐字的基本要求

播音发声对吐字的基本要求可以归纳为准确、清晰、圆润、集中、流畅。

准确,指的是字音准确规范,也就是"字正"。在播音吐字训练中,对播音员吐字的准确甚至要强调到细微的发音部位、发音方法及唇形、舌位的要求和字调、语调的标准规范,这些是一般人在发音和听音时不易察觉的，比一般人所理解的发音规范要求更为严格和精细。

清晰，指的是字音清晰。吐字清晰是播音表达的起码要求之一，也是播音发声的一大特点。播音员通过有声语言将信息传达给听众（观众），传播活动的效果与传播中使用符号（这里是有声语言）的质量有着密切的关系。由于运用发声部位不正确而导致的语音不准、带有杂音等问题肯定影响信息的传递与表达。播音员清晰的吐字建立在发音准确的基础上，但准确并不代表清晰。在播音实践中，吐字清晰还要建立在一系列行之有效的发音技巧上。

圆润，这是播音吐字的第三个要求。声音圆润的对立面是声音的干瘪、松散，但声音的圆润与吐字形成的圆润感是有区别的。在发音中，要满足普通话音节的发音特点与动作的要求，发音才会产生圆润动听之感。另外，圆润也应理解为播音员在吐字过程中保持较丰富的泛音共鸣，使语音悦耳动听，也就是满足"腔圆"的要求，这也可以理解为对"吐字"的审美层次上的要求。

集中，指的是声音的集中。集中的声音容易入耳，唤起听众的注意并打动观众。话筒拾取声音具有一定的方向特性，声音集中，既省力又保证了声音质量。要做到声音集中，需要在发音过程中让相关发音器官的力量做到相对集中，使声音具有"穿透力"。

流畅，是指发音必须灵活自如，轻快流畅。我们说话时的每一个字音都是融汇在语流中的，听众（观众）是通过语流获得信息的，所以，吐字有流畅的要求。为了明确、突出语句的目的，还必须有能力对语句中需要突出的音节作最完美的处理，在一个语句中形成不同的轻重层次。

2. 吐字归音及其基本要领

一个汉字音节的音程很短，大多在三分之一秒内就会结束。要在短短的时间里兼顾声韵调和吐字归音，必须从日常训练开始严格要求。

吐字归音是我国传统的说唱艺术理论在咬字方法上运用的一个术语，是我国传统民间说唱艺术实践中通过长期语言实践总结出来的行之有效的吐字方法。其发音方法建立在汉字音节结构的基础上，把对汉字音节结构中的字头、字腹和字尾的处理要求表述为出字、立字和归音。其基本要领是：

（1）出字——要求声母的发音部位准确，弹发有力，有叼住弹出之感；

（2）立字——要求韵腹拉开立起，明亮充实，圆润饱满；

（3）归音——趋向要鲜明，迅速归韵"到家"，干净利落，不拖泥带水。尤其是 i、u、n、ng 等作韵尾时，要注意口型的变化。

吐字归音训练的目的是使字音准确、清晰、完整、饱满。在播音发声练习中，注意构成一个"枣核形"结构（见图 3-1）是众多专家在学习训练中强调的。借鉴这种吐字方法训练，能有效改善语音，增加语言魅力。

"枣核形"结构可描述为：声母、韵头为一端，韵尾为一端，韵腹为核心。字的中间发音动程大，时间长，字的两头发音动程小，关合所占时间也短。

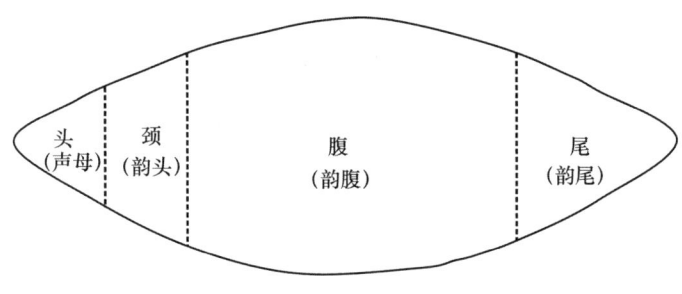

图 3-1 "枣核形"结构

无论如何,实现"枣核形"是让自己的普通话更纯正的关键。吐字时不仅要有头有尾,不含混,而且要连接得好,浑然一体,发音上不能有分解、断接的痕迹。但是,学习中对"枣核形"不可作绝对化的理解,我们不可能,也不需要片面强调字字如核,这样必然会违背语言交流的本质去追求技巧和方法,削弱声音的感情色彩,破坏语言的节奏。

3. 强化吐字清晰度训练

在吐字训练中,还要注意到位练习,即口型和发音器官操作到位的练习。韵母在形成口型过程中作用最大,讲话中的每一个音节都离不开韵母。在讲话时,有的人有意无意地会出现图省事的情形,嘴巴没有张大到应有的程度,或者嘴、齿、舌、鼻、喉、声带等器官动作不够协调,于是就发生"吃字""隐字""丢音"或含混不清、音量过小、吐字不准等现象。如有人把"政治家"念成"整治家""针织家",有人将"公安局"念成"官局"等,总之,发音不到位,会造成歧义,引起误解,不能准确地表情达意。

(二) 播音发声的控制

人发出语音时,呼吸是发声的动力,声带是产生声音的振动体,发声控制的关键在呼吸。播音发声,可以从呼吸控制、口腔控制、共鸣控制、喉部控制、声音弹性等方面来掌握基本理论,并进行相关练习。

1. 呼吸控制

为发声而练习呼吸,是播音发声的基本功。在播音发声过程中,呼出的气息是人体发声的动力,声音的强弱、高低、长短以及共鸣的运用,与呼出气流的速度、流量、密度都有直接的关系。气流的变化关系到声音的响度、清晰度,音色的优美圆润,嗓音的持久性及情绪的饱满充沛,也就是说,只有在呼吸得到控制的基础上,才能谈声音的控制。

(1) 播音对呼吸的要求

稳劲——汉语里有相当多的音节带有爆发的性质,加之播音员主观上要把字发得清晰有力,便很容易造成对声带的过分冲击、摩擦,以及语句"前重后轻""蹦字儿"等问题。此外,播音中,尤其是播新闻性稿件时,一般要求吸气无声,否则会给人上气不接下气的感觉。

为了减少声带的损耗并保持悦耳的相对稳定的音色,有利于新闻性稿件的表达,播音员必须具有稳劲的呼吸控制能力。

持久——播音时为了语意表达得完整,常常需要一口气说出较多的字,这样就不能像生活中那样随意呼吸,它要求呼吸的控制必须有一定的持久力。

此外,每篇稿件的长短和播音员每天的播出量可能是难以估计的,为了能保质保量完成工作任务,播音员必须具有持久的呼吸控制能力。

变化自如——稿件的形式和内容是多种多样的,有的气势磅礴,有的轻盈细腻。为了能以准确的声音反映丰富的感情变化,播音员必须具有自如地变换气息力度的能力。

对电视播音员来说,气息在体内的运动若不自然,还会导致外部表情动作的不自然,给观众带来不愉快的感觉。

(2) 播音发声的呼吸控制方式

以胸腹联合呼吸为基本呼吸方式;吸气时要打开两肋,吸到肺底,"腹壁"站定;换气要句首换气,换气到位,换了就用,留有余地。

① 播音发声采用胸腹联合式呼吸法,使气息顺畅、均匀,深浅适中,运用自如。

② 胸腹联合式呼吸总的感觉是:气流从口鼻同时吸入,两肋向两侧扩张,同时腰带感觉渐紧,小腹控制渐强。呼气时,保持住腹肌的收缩感,以牵制膈肌及两肋使其不能回弹。随气流缓缓呼出,小腹逐渐放松,但最后仍要有控制的感觉。而膈肌和两肋则在这种控制的感觉下,逐渐恢复自然状态。在发声状态中,腹肌控制的强弱随着思想感情的变化在不停地运动和变化。

(3) 呼吸的准备状态

心理准备:心态稳定,心情平静,精神饱满,处于积极状态。

头:端正,向上竖直,不偏不倚,略颔首。

姿势准备:坐姿——坐椅子或凳子的前1/3至1/2,以利于两脚踏住地面,上身能够直立。

站姿——两脚与肩同宽,两腿站直,平分重心。脊椎竖直,不驼不塌不扭。

头顶正上方有向上找一个尖状物体的想象。两肩自然下垂。

(4) 为发声而吸气

吸气要领——两肩放松,自然下垂,口鼻同时进气,吸到肺底。

(不能抬高肩膀,不能胸部起伏)

气吸入时,后腰部要撑开,为吸入的气息提供存储的空间和控制的区域。

气吸入时,小腹肌肉有"站立"的感觉(小腹腹壁肌肉稍紧绷)。

吸气后不要立即放松,稍停若干秒,体会一下后腰部的部位和小腹的"站立"。

呼吸控制辅助练习:

闻香(花、食品),寻找吸入肺底、沁人心脾的感觉;

向上抬较重物体,寻找后腰与小腹用力之处。

(5) 呼气时相对保持吸气时的感觉

自然的呼气状态没有呼气控制,顺其自然。为播音发声的呼气就要有所控制。要让呼气平稳、持久、均匀,强弱随人的意愿。

呼气要领:吸气肌群在呼气时成为制约呼气的力量,也就是呼气时保持着吸气的感觉,用吸气的感觉来控制呼气的力度。

不是用胸部和脖子来控制呼吸,胸部和脖子是放松的。

(6) 腰部稳定

应始终保持腰部撑开的感觉。

腰部撑开,是吸气时的要领之一,也是呼气时控制气流量和发声时控制声音的关键。

(7) 初步发声

在呼气练习的基础上开始发声,在这个阶段可暂不顾及发出的声音是什么字音。张口不要大,可以发似 a 非 a、似 e 非 e 的音。声音由弱开始,逐渐加大音量,直到正常,不要过大。尽量延长出声的时间。

寻找通畅的感觉:从腰开始用力,声音快速到达口腔,中途的过程非常迅速,几乎没有过程的感觉。也就是在腰部用力的同时,口腔就直接送出声音。

如果发声的途中某处紧张,那就是不正确的。比如胸部紧张,有发堵的感觉,那是不正确的;喉部或下颌紧张,也是不正确的。

2. 口腔控制

加强口腔控制是保证播音发声质量的关键。由肺呼出的气流通过声带发出声音,经咽腔到达口腔,在口腔内受到各种节制而形成了不同的字音,这个节制的过程就是咬字的过程。而口腔内对声音起节制作用的各个部位,就是咬字器官。它包括:双唇、舌(细分为舌尖、舌叶、舌面和舌根)、上下齿、上下齿龈、上腭(包括硬腭、软腭)和下腭(见图 3-2)。其中,唇、舌在形成字音的过程中动作最积极,起的作用最大。

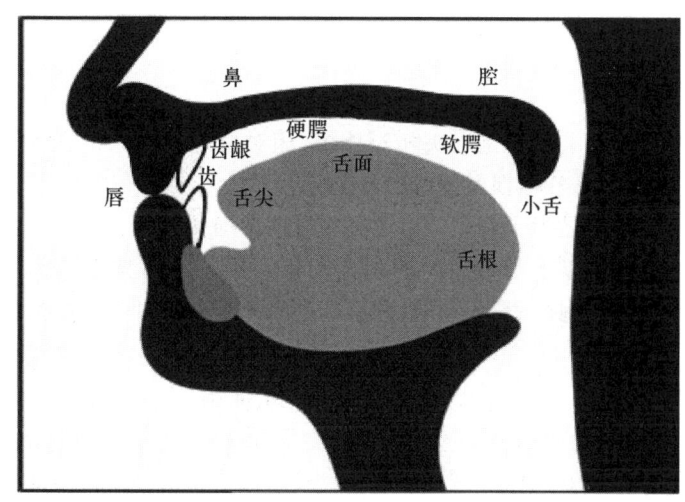

图 3-2 咬字器官图示

咬字器官应互相配合。

(1) 打开口腔

播音发声比日常说话口腔开度要大些,目的是加强口腔共鸣,美化声音。

打开口腔的基本状态有四个方面(这些动作是相关的,实际上是一个完整的动作):

向上提起颧肌;

打开牙关;

挺起软腭,反射声音(半打哈欠的状态);

轻收下巴。

(2) 唇舌力量集中,明确声音发出的路线和字音着力位置

咬字器官力量的集中是使声音集中的重要一环,咬字器官力量的集中主要表现在唇舌上。唇的力量要集中到唇的内缘中央 1/3 处。舌的力量集中,首先是在发音过程中舌体要

取收势,力量集中在舌的前后中纵线上。唇舌无力造成的播音员主要语音问题是声音散,缺乏力度,字音含混不清,而发声时唇舌不用力又是日常说话和一些人播音发声中的时髦通病。

(3) 正确唇形

唇形是吐字时的基本状态之一,也是面部表情的一个组成部分。正确的唇形,不仅能够使面部表情具有美感,而且有利于正确吐字。

在说话的连续吐字过程中,唇形是不断变化的。然而,唇形的多样变化也是在基本唇形的基础上变化的。所以要进行基本唇形的训练。

基本唇形的具体形态:

向上提起颧肌:表现为嘴角向上提起,同时稍稍向后拉开,上唇大致成"一"字线,露出上牙门齿尖或更多一点门齿。与此同时,上下唇自然张开。

用笑容寻找正确的唇形:真心地笑开颜,笑出声来,这一唇部的动作如果"定"住,那几乎就是正确的唇形。

3. 共鸣控制

播音发声对共鸣控制的要求为:以口腔共鸣为主,胸腔共鸣为基础,辅之以少量鼻腔共鸣的混合式共鸣。

4. 喉部控制

播音对喉部控制的要求主要是喉头相对放松、相对稳定。注意结合呼吸控制、口腔控制等综合控制,克服不良的发音习惯及动作。

播音发声的最终目的是为了获得声音弹性,即播音时声音形式对于人们变化着的思想感情的适应能力。在有了以上基本控制的理论指导并进行实际技能训练之后,在播音发声中要增强自己对声音的控制能力,应内容表达要求表现出一定的声音弹性和色彩变化。

二、播音创作中的备稿

在播音创作中要注意解决三个问题,这也是我们在本学习阶段要注意学习、训练、掌握的问题:(1) 解决创作中的出发点问题——播音应从稿件的内容和形式出发;(2) 解决备稿中理解与感受的关系——理解与感受的交融;(3) 解决表达中感情与语音技巧的关系——声情并茂、收放自如。

在播音这一创造性工作中必须遵循正确的创作道路,必须从稿件的内容和形式出发,在"理解稿件—具体感受—形之于声—及于听众"的过程中,达到"三个统一",即:正确理解与准确表达的统一,思想感情与尽可能完美的语言技巧的统一,语言形式与体裁风格的统一。这样,才能准确、鲜明、生动地传达出稿件的精神实质。

(一) 认识备稿

备稿是播音创作基础理论的重要组成部分。对一位播音员来说,良好的发音只是从事播音工作的基础,交流和表达信息才是第一位,也是最基本的职责。播音员的工作应该以理解和表达文稿意义为主旨,以交流为目标,而不是单纯地朗读发声。一个播音员凭借自己声音的天赋把播音工作看作"小菜一碟"是不可取的,脱离交流的内容、意图而一味地追求声音的华丽是片面的。播音时采用慵懒、平淡而机械化的朗读不但不能促进有效的交流,反而影响听众(观众)对事件的了解与理解,影响听众(观众)的收听(收视)心理,甚至产生相反的效果。所以,初学者必须养成备稿习惯,掌握备稿方法,经过长期练习,以逐步达到正确理解稿件主旨并运用语音技巧正确进行播读控制的技能要求。

在正式播读前必须花时间去"做功课"——这就是备稿。表面上看,备稿是指播音员、主持人在每一次具体播音创作活动前准备稿件的工作,其实,一个播音员的备稿能力来自于自己长期持之以恒的对各方面知识的学习和积累。

因此,备稿包括广义备稿和狭义备稿两方面:

广义备稿,指的是一个播音员、主持人日积月累的多方面的知识与能力。无一例外,播音员、主持人的理解力、感受力、表现力、对文稿的驾驭能力等,与他们各方面的素质修养有关,如对国际、国内发生的重大新闻事件的敏感与判断,政治与法律常识,广博的文化知识,艺术修养和扎实的专业基本功。

狭义备稿,指的是播音之前对具体稿件进行分析综合,从而理解感受并产生情感体验的活动过程,它是知识的运用。

广义备稿做得越好,狭义备稿效率越高,效果越好。播音员进行有效的备稿,应该深入理解播读内容,在掌握稿件意图以及字、词、段落层次与感情的运用等方面狠下功夫。

认真准备,心中有底,在播出的时候才能充满信心,稳定发挥。否则,很容易造成信心不足,紧张慌乱,导致工作出现错误。认真备稿,还可以提早发现文稿中存在的问题,把差错消灭在实际播出之前。可见,备稿不仅是把握和驾驭稿件之需,而且是形成良好的话筒前状态的条件之一,它是影响播音质量的一个十分重要的工作环节。

1. 备稿的目的

必须明确的是,首先,"备稿"应有别于"背稿",反复背诵不仅花时间,也不能达到备稿的真正目的,其次,不能简单地将备稿理解为查字典,为生字注音,而应该以一个传播者的角度,从如何进行有效传播出发,紧扣"理解"和"交流"这两个要点,积极捕捉、分析文稿传达的整体的信息含义。

(1) 概括主题,深入了解文稿作者的创作意图

主题是指稿件主要事实中呈现出的思想内涵,也称稿件的"中心思想"。播读的任务不是简单地将文字转换为声音进行传播,传达信息的人必须理解文章目的,了解文稿字里行间所传达的信息。你的知识经验越丰富,就越能提高信息传播过程中"编码"的准确度,通过播读时语音技巧的处理,使重要的内容得以强调。

概括主题,是播音员深入了解作者创作意图,进一步掌握稿件的精神实质,激发播讲愿望、调动播出情感所必做的工作。概括主题要求准确、具体,要抓住稿件的主要情节、主要事件的实质,抓住中心论点来概括,要有思想上的升华,不能只是内容大意的概述。

在现实工作中,有些播音员不概括主题,查查生字就去播音了。这样的播音方式,内容不可能深刻,是非态度不会鲜明,常显得要么幼稚,要么油腔滑调、苍白无力。倘若对主题把握不准,与作者的创作意图有偏差,那就更是播音员的失职了。

(2) 联系背景,明确稿件播出的针对性

背景主要指的是稿件的播出背景。

新闻性稿件是对正在发生或新近发生的新闻事实的报道,稿件事实的历史背景、作者写

稿的写作背景和新闻节目的播出背景大体一致。只有在文学欣赏等节目中播出不同时代背景的稿件时,三种背景才有区别。

我们所说的播出背景包括两方面的内容:一是指与稿件反映内容有关的党和政府的路线、方针、政策、中心工作等;二是指国际、国内各方面的社会现实情况及变化。

实际上,分析背景是为了更好地把握稿件中的政策精神和播音的针对性及听众的需求(这篇稿件对什么人播最合适、什么人最关心这方面的内容)。

(3) 进一步明确稿件的播出目的

稿件的播出目的即稿件播出后要达到的传播效果。它解决的是为什么要播这篇稿件的问题。如果把握不住播出目的,就会失去创作意图,不能很好地发挥传播的作用。

2. 在对文稿进行分析的基础上划分内容层次

标注文稿中的关键词,可以帮助自己(播音员)正确掌握内容层次和核心信息。

层次的归并方法有:

(1) 以稿件自然段为单位,把内容紧密联系的自然段归为一层。如果稿件篇幅较长,内容较多,又可进一步把联系紧密的层次归并为一部分。归并层次的同时要简明扼要地概括大意,并深入理解感受。

(2) 搞清层次间的逻辑关系——并列、递进、因果、转折、总括。

(3) 把一个自然段中内在联系较为紧密的句子划分为一个小层次,使句子"归堆儿""抱团儿",把语言组织好,以便形成有声语言时,语意清晰,流畅完整。

这是播音员在备稿时必做的工作,是将文字语言转化为有声语言时使内容清楚易懂的重要方法。完成这项工作有助于播音时对语气的运用。

(4) 仔细阅读全文,理解、确定文稿作者所要表达的语气及语气的转换,并运用语音正确无误地表达出来。

(5) 确定播读节奏,利用节奏变化更好地表达内容。播音中不能一直使用完全相同的播读节奏,否则,在语言表达上会失去情绪冲击力。

作为一名播音员,绝不只是会念字就可以了,而是要用有声语言表现多姿多彩的大千世界。无疑,知识广博与否将决定播音员把握内容层次、表达文稿内涵能否到位,这就要求播音员了解、掌握一些自然科学、社会科学、马克思主义哲学方面的知识,还要较深入地掌握新闻学、逻辑学、语言学、播音学等方面的知识和技能。

3. 学习标注文稿

标注文稿是帮助理解文稿内容,从而实现有效语音表达的实用工具。标注文稿实际上是通过符号去帮助自己理解与解释传播的内容,就像在"词海"中设置路标一样。通过标注文稿以确定关键词、节奏、停连、语气等,是初学者赖以提高播音技巧的重要学习环节,也是播读前"做功课"的实用工具。只有通过长期、大量的练习,才可以获得依靠经验和能力去控制文稿播读的能力。

(1) 标注发音。为一些自己不熟悉的字注音是必要的,也是一项正常的工作。在播读文稿前,对于多音字、生僻字、古文字、地名、人名、学科专业术语、外文缩写、标识等,我们都要认真查阅字典或是请教专业人士,标记出正确的发音。注音时,可以用汉语拼音或者国际音标进行标注。

(2) 正确理解词义并作适当阐释。对自己不熟悉的词、缩写等,应当加上适当的注解,帮助自己理解和记忆。

（3）标记重点，帮助自己作出播读处理。运用一些符号，帮助自己理解文稿，控制播读过程。如：标出关键词，重要的人名、地名，标出句中需"抱团"（尤其是有并行关系）的字词、句中须作停顿的位置，标出播读速度的调整提示等。对那些有相对完整意义结构而又分置于上下两行或前后两页的情况，须特别注意。

4. 把握基调

基调是指稿件总的感情色彩和分量。播音员在认识、把握稿件基调的基础上，要形成关于稿件的总的态度倾向，它不是指文稿中某部分的感情色彩和分量，也不是简单地指播音时音调的高低或音量的强弱，它体现的是播音员对稿件认识、感受的整体结果。每一篇稿件都有一定的感情色彩和分量，有的昂扬，有的凝重，有的明快，有的豪放，有的深情，有的风趣，这些都是基调的问题。把握基调实际上是要求达到理解与表达的统一，播音基调和稿件基调的统一。

对把握基调的要求：基调要贴切，态度要鲜明，基调统一又有变化。

5. 试读，以选择和确定播读时的语音处理技巧

不要默读，而是以稍低于正常的音量练习播读文稿，以确定语调、语气、停连、节奏及其变化处理，通过自我听觉反馈机制，作出适当的调节。

（二）声音弹性处理

播音创作要能适应思想感情多变的要求，就需要富于弹性的声音。思想感情的运动状态是播音创作的内在动力，它要求气息、声音随之产生变化，为之服务，也就是随着内容的变化和需要，声音要具有可变性和伸缩性。声音的弹性变化体现出变化多端的声音色彩和性格。

1. 声音弹性的表现特点

（1）表现为声音的可变性。

（2）声音的变化呈现出对比性。

（3）这种对比具有层次性。

（4）声音的弹性变化不是以单项对比的形式出现的，而是以多种对比项目的复合形式出现的。

例：巴尼拿起手边的斧子，狠命朝树身砍去，可是由于用力过猛，砍了三四下后，斧子柄就断了。巴尼觉得自己真的什么都完了。他喘了口气，朝四周望了望，还好，电锯就在不远处躺着。他用断斧柄，一点一点地拨动着电锯，把它移到自己的手够得着的地方，然后拿起电锯开始锯树，但他发现，由于倒下的松树呈45度角，巨大的压力随时会把锯条卡住。如果电锯出了故障，那么他只能束手待毙了。左思右想，巴尼终于认定，只有唯一一条路可以走，他狠狠心，拿起电锯，对准自己的右腿，进行截肢……

2. 获得声音弹性的方法

首先，人的思想感情在一定的语言环境中是不断运动的；其次，人的声音通过控制调节是可变的。这两条是取得声音弹性的必要条件。

（1）思想感情的运动是取得声音弹性的内在依据，声音弹性训练不能脱离语言传播的环境。

(2) 要使声音富于弹性,要注意气息随感情运动。
(3) 发声能力的扩展有利于声音弹性的加强。
(4) 在发声的各个环节中,对发声的调节、控制都要留有余地,这样才有利于声音弹性的表现。在任何一个环节上表现出运动的极限,都是形成声音弹性的障碍。

(三) 情声气结合训练

播音员的绝大部分工作是有稿播音,也有一部分工作带有即兴创作的性质。播音内容题材的丰富、形式的多样、语言的精炼使播音创作天地广阔,也对播音发声提出了较高要求。为了满足传情达意的需要,播音员的声音必须富有活力、色彩丰富、变化自如。播音工作绝不是见字出声的机械动作,更不是声音的炫耀。播音的大忌是发出无意之声、无情之声、僵滞不变之声。

1. 播音发声中的情、声、气是传递信息和交流思想感情的工具

(1) 情,指的是在播音过程中,播音员服务于播讲目的,由具体稿件或话题引发,并由有声语言表达出来的,始终运动着的情感。情是进行播音创作的依托,要求播音员具备丰富的、并能随时调动起来的思想感情。

(2) 声,指的是播音员依据稿件或话题,使用发声器官,运用播音技巧所发出的包含大量信息、表达思想感情,通过电声设备进行记录、传输,经过科学训练的、规范化、艺术化的有声语言。对声的要求是,能够充分表达各类不同稿件所确定的不同层次、不同色彩的感情,能清晰明确地传递稿件所载有的所有信息,并具有各自的声音形象特点。

(3) 气,指的是在播音工作中,为使有声语言传情达意,播音员使用胸腹联合式呼吸法自如控制所获得的发声动力。播音发声对气的要求是,能符合播音员进行播音创作的要求,有一定力度,呼吸控制自如,完美地配合发声的气息。

总之,情要取其高,声要取其中,气要取其深,以达到字正腔圆、清晰持久、刚柔自如、声情并茂的境地。

情、声、气之间的关系是:情是内涵,是依托;声是形式,是载体;气是基础,是动力。

2. 在情声气训练过程中需要注意的问题

(1) 运动的气息来源于不停变换的控制。

(2) 声音的运用,要注意声音色彩对比,一定要用足、用够、用活。要客观认识自己的声音,发挥自己的声音特色,逐步确立自己的声音形象。

(3) 注重实践性,在经由备稿到播出的整个过程中,要不断地根据稿件、话题所提供的线索,不断地挖掘新内容,找出新感受,以促进思想感情的运动。

发音吐字的综合感觉应该是:声音像一条有弹性的带子,下端从小腹拉出,垂直向上,至口咽腔,沿上腭中纵线前行,受口腔的节制,形成字音,字音好像被"吸着"而"挂"在硬腭前部,由上门齿处弹出,流动向前。

如何取得这种综合感觉？专家们给我们概括出下面几句话:

气息下沉,喉部放松,不僵不挤,声音贯通, （这四句讲的是发音）

字音轻弹,如珠如流, （这两句讲的是吐字）

气随情动,声随情走。 （这两句讲的是声音的弹性和情声气的关系）

三、播音创作中的语言表达技巧

播音创作时调动思想感情的方法包括情景再现、内在语、对象感,统称为语言表达内部技巧;表达思想感情的方法包括重音、停连、语气、节奏等的处理,统称为语言表达外部技巧。对于语言表达内部及外部技巧的掌握必须通过长期的学习与训练。

(一)语言表达内部技巧与训练

情景再现、内在语、对象感,是播音员备稿与播音过程中使思想感情处于运动状态的三种重要方法,播音基础理论中将之统称为"内部技巧"。当稿件中有形象性内容时,我们要在形象感受的基础上,运用"情景再现",使播音富于鲜明的形象性。当稿件中有逻辑性内容时,我们要在逻辑感受的基础上,运用"内在语",使播音富于严谨的逻辑性。"对象感"则帮助我们把稿件内容更积极、更生动、更清晰、更完美地表达出来,传播到广大受众的耳中、心中。

情景再现、内在语和对象感,在"播讲目的"的统帅下,使稿件的语言变成了播音员自己要说的话,在这种状态下,播音创作才有灵魂,播音语言才有活力。

1. 情景再现

(1)理论概要

情景再现是播音员在播音创作中调动思想感情,使之处于运动状态的重要手段,是具有播音特点的重要术语。

有一句大家耳熟能详的歌词——"蓝蓝的天上白云飘,白云下面马儿跑"。哼唱这首歌时,你的脑海里一定会闪现电影中或亲身旅行经历中那茫茫草原上骏马奔腾的场面,心中在向往着那片美丽辽阔、激情奔放的土地。这就是情景再现——在符合稿件需要的前提下,以稿件提供的材料为原型,使稿件中的人物、事件、情节、场面、景物、情绪……在播音员脑海里不断浮现,形成连续的活动画面,并不断引发相应的态度、感情。

例:

① 小草偷偷地从土里钻出来,嫩嫩的,绿绿的。园子里,田野里,瞧去,一大片一大片满是的。坐着,躺着,打两个滚,踢几脚球,赛几趟跑,捉几回迷藏。风轻悄悄的,草软绵绵的。

② 曲曲折折的荷塘上面,弥望的是田田的叶子。叶子出水很高,像亭亭的舞女的裙。层层的叶子中间,零星地点缀着些白花,有袅娜地开着的,有羞涩地打着朵儿的;正如一粒粒的明珠,又如碧天里的星星,又如刚出浴的美人。微风过处,送来缕缕清香,仿佛远处高楼上渺茫的歌声似的。这时候叶子与花也有一丝的颤动,像闪电般,霎时传过荷塘的那边去了。叶子本是肩并肩密密地挨着,这便宛然有了一道凝碧的波痕。叶子底下是脉脉的流水,遮住了,不能见一些颜色;而叶子却更见风致了。

(2)情景再现的过程

情景再现的展开:

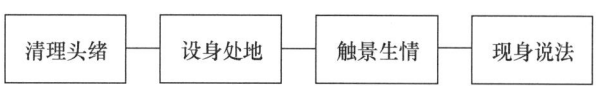

2. 内在语

播音员绝不能就稿读稿,一定要努力挖掘文字后面更深刻的含义,把握鲜明的语句关系。明晰、准确的内在语会激活我们的有声语言,使我们切实地把稿件的话变为自己心里要说的话,传达给受众。内在语,就是稿件文字语言所不便表露、不能表露或没有完全显露出来的语句关系和语句本质。可以说,内在语就是播音中的"话中话""弦外音"。挖掘内在语,是帮助播音员把稿件变成自己要说的话,使感情处于运动状态的好方法,对播音的表达有直接引发和深化含义的作用。内在语的作用可概括为揭示语句本质和语言链条。

内在语并不在播音员的有声语言中出现,它是播音员的心理活动,是意念,即思维与感情运动的反映。运用好内在语,为播音语言表达的连贯完整、深刻鲜明,提供了充实的内心依据。我们在实践中认真体会和运用,方可达到熟能生巧、运用自如的程度。

例:

生活中,常会碰上一些不称心的事:进商店时,可能因售货员出言不逊而恼火,下饭馆时,可能因服务员态度冷淡而扫兴……作为一个顾客,谁不希望对方笑脸相迎,受到文明礼貌的接待呢?

因别人的服务态度不热情而不快的顾客,也许是位公共汽车的售票员,也许是位医生、护士,也许是位党政机关的干部……当你在接待乘客、病员、群众时,是否也曾想到自己当顾客时的处境和心情?中国有句老话:"己所不欲,勿施于人。"英国有句名言:"所谓以礼待人,即用你喜欢别人对待你的方式对待别人。"当你处于为他人服务的位置时,应该反躬自问:有没有出言不逊?是不是面色难看?

要使整个社会的服务态度好起来,需要每个人从改善自己的服务态度做起。

3. 对象感

在广播电视新闻传播工作中,听众、观众是信息传播的对象,播音员在播音时必须在"目中无人"的工作环境(播音室、演播室)中,努力做到"心中有人",也就是要对听众进行具体设想,从感觉上把握听众、观众的存在,并随时与传播对象进行思想感情的交流、呼应,这就是对象感。建立对象感是激发播讲愿望的需要。获得对象感,主要在于感觉到听众、观众的存在和反应,并从语气上与他们的这些反应相呼应,才能达到与听众、观众交流起来的目的。

初学播音主持时,往往呈现出一种缺乏对象感的播音,表现为在播音工作中缺乏"交流",有声语言表现上语气平淡呆板,没有起伏,或速度快得像自言自语,或无目的地抻甩拖沓,自己没有播讲的兴趣和愿望,也让听众听而生倦。在电视播音镜头前表现时,注意力涣散、频繁读音出错、眼神不稳、视线飘浮不定、视线过低或过高等,都难以取得较好的传播效果。这些问题的产生,究其根本,是由于播音员、主持人的工作环境没有受众实体的存在,是因在得不到受众信息反馈的环境中播讲造成的。

在播音或主持中,应时时处处感觉到受众的存在、反应,如喜悦、悲痛、欢乐、紧张等。受众的各种反应将引发传播者更加饱满的交流热情,传、受双方便形成了互相激励的"默契"。具体的对象感会对播音员、主持人产生积极的作用。训练有素的播音员、主持人只要进入工作环境,往话筒、摄像机前一坐,一种强烈的播讲欲望就会油然而生,神采奕奕地投入工作,这就是良好的交流状态的开端。

对象的设想,可以从性别、年龄、职业、人数进行,也可以从环境、气氛、心理、素养等方面把握。建立对象感,还要处理好传播中的传、受关系,努力建立平等的、朋友式的交流,"装腔作势""居高临下""迎合媚俗"都是不可取的。在传播活动中,还要注意积极引导和提高受众的欣赏情趣和品位,以收到更好的传播效果。

广播电视播音工作中,也存在"直接交流"的活动,如与工作伙伴的交流与配合,与现场嘉宾、观众的交流,还有采访中的现场报道,与听众、观众的实际交流等,更要求播音员、主持人明确传播意图,大量占有事实材料,热情自信、沉着冷静、举止大方,熟练地驾驭有声语言,进行卓有成效的传播活动。

(二)语言表达外部技巧与训练

重音、停连、语气、节奏,是有声语言表达的外部技巧。播音员的劳动,最终是体现为把文字稿件转化为有声语言。把文字这种视觉形态转化为声音这种听觉形态,是一个再创造的过程。在这个过程中,需要有对文字形态的稿件的认识,还需要有将其转化为有声语言这种听觉形式的构思和传达,而有声语言的表达技巧,就为这种构思和传达提供着重要的必不可少的方法,也即重音、停连、语气、节奏四大外部技巧。

1. 重音

在播音中,我们所说的重音,是就语句而言的。一篇稿件,是由许多表达独立意思、蕴含一定感情的语句组成的,语句中的词或词组并不处于完全并列、同等重要的地位。对那些重要的、主要的词和词组,播音时要给予着重强调,以便突出地、明晰地表达出具体的语言目的和具体的思想感情。段落和全篇的重要句子或层次,我们叫它重点;语句重音,是指那些最能体现语句目的,而在播音中需要着意强调的词或词组,它解决的是播音中语句内部各词或词组之间的主次关系问题;词和词组内部的轻读、重读,我们称为词的轻重格式。

重音的问题实际上是词或词组在句子里面的主次关系问题。可以说,在表达中没有重音就没有真切的目的。语流中,重音强调的程度和方式也是千差万别的。

重音位置不当,特别是对播读稿件中重点语句的重音处理不当,会使语意模糊,传播目的不清,干扰思想感情的脉络,甚至会歪曲原意,造成信息传播上的差错,引起听众(观众)在理解上的误会。

重音的类别有:并列性重音、对比性重音、呼应性重音、递进性重音、转折性重音、强调性重音、比喻性重音、拟声性重音、肯定性重音、反义性重音等。

重音的运用方法大致可分为强弱法、快慢法、虚实法。

2. 停连

停连,包括停(即停顿)、连(即连接)两方面。在有声语言的语流中,那些为表情达意所需要的声音的中断和休止就是停顿。段落层次之间、语句之间、词组或词之间,有声语言总有休止、中断的地方,停顿时间有长有短,但都属于停顿的范畴。那些声音不中断、不休止,特别是文字稿件上有标点符号而在播音中却不需要中断、休止的地方就是连接。

在口语表达中,停连是同时存在的,它既是生理的需要,也是心理的需要,是内容和情感表达的需要。说话中间要换气,这是大家都知道的。交流中要调节声音,休息声带、唇舌,没有停顿是不行的。从心理上说,停顿和连接都是有声语言行进中显示语意、抒发情感的方法。停连应该是积极的、主动的,是自如地服从思想感情运动的需要。有的表达出对有声语言内容的组织区分,使语意明晰;有的造成转折呼应,使逻辑严密;有的可以强调重点,使目的鲜明；有的并列分合，使内容完整；有的体现思考判断，使传情更加生动；有的令人回味想象，创造意境。

在播音实践中，要注意解决停连的位置、时间和停连前后的衔接问题。

停连是播音员借以表情达意的语言技巧之一，播音员必须学会运用停连组织语句，在准备稿件时，从全局角度考虑，把停连结合起来综合表达。

停连的类别有：区分性停连、呼应性停连、并列性停连、分合性停连、强调性停连、判断性停连、转换性停连、生理性停连、回味性停连、灵活性停连等。

停连的方法大致可分为扬停和落停以及直连和曲连。

扬停，一般用在未完成句中，也就是在句中无标点之处，或一个意思还没有说完而中间又需要停顿的地方。它的特点是，停顿时间较短，停时声停气未尽，停之前的声音或稍上扬或平拉开，停之后的声音或缓起或突起。这些处理需要视内容而定。

落停，一般用在完成句中，也就是一个完整的意思讲完之后。它的特点是，停顿时间相对较长，句尾声音顺势而落，或急收或缓收，或强收或弱收，都要停住，不能失去控制。

直连，一般用于有标点符号而内容又联系比较紧密的地方，它的特点是顺势连带，不露接点。

曲连，给人一种似停非停之感，平时常用"顿挫"来形容。这种顿挫以连接为主，因为顿挫有时不需要喘气或深呼吸，是声挫气连，一般用于较舒缓的内容，而且适合于一句话或一段话当中的连接。这种方式也用于没有标点符号而内容又需要有所区分的地方，它的特点是声断意连，环环向前。

3．语气

语气是播音表达技巧之一。播音语气，是指思想感情运动状态支配下语句的声音形式。通过定义，我们了解到语气由两方面构成：一方面是一定的具体思想感情，另一方面是一定的具体声音形式。由于全篇稿件和思想感情的运动状态的要求，由于各个语句的本质不同，语言环境不同，每一个语句必然呈现出"这一句"的具体感情色彩和分量，并且表现为千差万别的声音形式。

在运用语言技巧的时候，我们一定要把握住三个相辅相成的环节，即：① 受一定的具体思想感情支配；② 以具体语句为范围；③ 化为某种声音形式。有了一定的具体的思想感情为依据，有了"这一句"完整的独立的意思，就为变成有声语言打下了坚实基础，这时的声音形式就有可能比较完美了。

具体思想感情包含两个方面的内容：一个是语气的感情色彩，一个是语气的分量。语气的感情色彩，主要指语句所包含的喜、怒、哀、欲、惧、爱、憎等态度感情方面的具体性质。在把握语句感情色彩时，应准确把握"这一句"的个性特点，同时不能忽视具体的语言环境。语气的分量，就是在把握语气感情色彩的基础上，还要进一步掌握其"度"的要求，也就是要把握好感情色彩的分寸、火候。

语气的感情色彩和分量将通过恰当的声音形式体现出来。声音形式的变化主要是由口腔状态、气息状态和声音各要素的变化造成的。表达不同的思想感情，口腔的松紧、开合，吐字力度的强弱，气息的深浅、强弱，声音的高低、强弱、长短和音色等都会有所不同，因此，形成了声音形式的丰富变化。一个句子在思想感情运动状态下声音的态势（有声语言的发展趋向）称为语势。

4. 节奏

节奏是播音创作过程中所运用的一种重要表达技巧。在播音中,节奏主要表现在相对独立的节目(栏目)中的有声语言那抑扬顿挫、轻重缓急的回环往复,它是有声语言运动的一种形式。语气是以语句为单位,节奏是以全篇为单位。

抑扬,是声音高低的相对变化。

顿挫,是声音间歇的长短,或停顿或稍挫。

轻重,是声音的强弱变化,表现为相对的轻重对比。

缓急,是语流节拍、长短、快慢的变化。

基本语气、基本语势、基本转换,建构了节奏的基本类型,大致可以分为六种,即:高亢型、紧张型、轻快型、低沉型、舒缓型、凝重型。这六种类型在不同的稿件中有不同的结合,但不是并列,而是以某种类型为主,以其他类型渗入其中,既表现了节奏的具体性,又表现了节奏的丰富性。

节奏运用的方法有:(1)欲扬先抑,欲抑先扬;(2)欲停先连,欲连先停;(3)欲轻先重,欲重先轻;(4)欲快先慢,欲慢先快。重视声音对比,收纵自如。节奏的运用,既表现在循环往复的不同类型上,也表现在音高、音强、音长、音色的不同对比上,更表现在随着思想感情运动的声音形式的控制、收纵上。

播音员是要把整篇稿件播送出去,给人以完整的印象,不能支离破碎、有句无章。在播音中,重点要抓语气的表达,用以带动重音,用以统领停连,用以显露节奏。重视语言技巧的训练和运用,将使我们的播音更上一层楼!

第四单元　播音发声与语言表达能力训练

训练一:播音发声与语言表达

坐在话筒或电视摄像机前朗读稿件为什么是费心劳神的工作？这是因为,除了把悦耳的声音送给观众,我们还有更重要的工作目标:
① 向听众(观众)准确地传达信息;
② 使听众(观众)确信,演播者理解并且相信他正在播读的内容;
③ 为信息注入生命的活力;
④ 通过语音的调动,始终吸引听众(观众)的注意力,引起收听(视)兴趣。

要做到这四点确实是不容易的。播音员、节目主持人是以有声语言为表达手段的传媒工作者,有声语言是播音员、节目主持人依据稿件、提纲或腹稿传情达意进行再创作并确立自身形象的唯一手段或主要手段。初学者一个常见的认识上的错误是只注意了"播音员的嗓音"这样一个外在的工具,而忽视了文稿内容,把注意力集中在播讲本身,结果可能导致听众什么都没记住。这是一种既无传播效果也缺乏专业性的做法。无论如何我们应该记住,嗓音只是工具,嗓音的运用一定不能脱离信息的传达。

播音的正确创作道路是播音创作的核心。只有不断地从思想认识上,从理论与实践的结合上认真加以练习,才会有坚实的进步,才会有长足的发展。如果偏离创作核心,单纯"找窍门""走捷径",想"一蹴而就""一步登天",是干不好播音工作的。

●●●● 一、训练目的与要求 ●●●●

1. 掌握普通话吐字归音的训练要求

在发音时,注意方音辨正,注意精确发音的舌位、唇形等方面的要求,就自己存在的发音问题有针对性地正音。

2. 纠正发音含混不清的发音习惯

在练习时,放慢语速朗读稿件,按吐字归音要领清晰地发好每一个音节,把每一个音节准确、清晰地读出来。

●●●● 二、训练方法与步骤 ●●●●

(一) 播音准备

1. 关于播音姿态

要避免养成不好的发音姿态习惯,尤其是较长时间进行播音时,不良的身体姿态一定会影响播音工作状态与效果。

(1) 采取坐姿

一般来说,尽量不要坐在软质沙发里进行播音,应该选择结实、稳定的硬质的椅子,臀部坐在椅面的前1/3至1/2,尽量不要让身体后倾倚靠椅背。两脚支撑在地面,形成稳定的身体姿态。这样,有助于发音时的呼吸顺畅和声音控制。

上身直立,不歪斜。两脚不要交叉,也不要扭在一起,否则不利于支撑。

(2) 采取站姿

双脚自然张开,身体重量轻放在大脚趾上,保持背部挺直,收臀,不要将身体"压"在工作台上。

无论采用站姿或坐姿,都应注意不要用身体姿态去将就话筒的位置,更不必"使劲儿"将嘴部贴近话筒。

2. 关于文稿

为了避免噪声影响播音工作质量,一般情况下,用于播读的文稿(纸张)无须装订成册,以免在翻页时出现翻纸声。若是文稿已经装订好,在播音前也最好拆掉装订。播读时,读完一页后把稿纸轻轻拿开,放在桌面上或让其自然飘落在地上,播音完成后再收集整理好就行了。

文稿用纸不宜太薄,应尽量选择质地比较硬挺的纸张书写或打印,这样可以减少噪声的影响。文稿字体不宜太小,以免影响阅读和播读。

3. 关于试音

播音工作开始前一般需要进行试音。通过试音,既可让播音员、主持人对自己的声音适当作出调整,也可以通过调节相关电声设备,保证播出的音量达到相应的技术要求或艺术要求。

试音时,应避免使用一些粗俗的、不专业的习惯动作,如用手指敲击话筒、用嘴贴近话筒用力吹气等。对于某些类型的话筒来说,这些举动可能会对话筒带来毁灭性的损害。一般来说,只要用正常的音量说话(比日常口语交流时声音稍大些),然后适当调节相关设备的音量电平,使之符合技术指标要求,就可以正常开始下一步的正式播音了。

根据具体的播音环境与要求,应注意为话筒选择合适的风罩。

(二)播音状态

1. 关于播音中的换气

注意呼吸控制,呼吸期间必须有腹部扩张,而不是靠肋骨的运动来完成。应在句首换气,换了就用,句尾要保持住发最后一个音的状态零点几秒,并且要做到换气到位,留有余地,无声吸气。

2. 注意播音时对语速的控制

为了不损害语言传播的有效性,应有意识地在播音时控制语速(语音表达速率),防止因语速不当导致的语音含糊不清。语速上的不规则还将导致播读时间的不精确与不协调,所以,通过一段时间的训练,应形成稳定的语速,以便在播读文稿时能准确地控制时间。

应根据不同文稿、不同类型制作任务的播音要求,逐渐做到能够在播音中有效地控制时间,或是在了解节目时间的前提下,适当控制播音时的语速。经过长期磨炼技巧,使自己能有效地完成任何类型的播音工作。

训练中,注意不要产生"音空"(或称"播出静寂")。

3. 注意控制播出工作状态——平稳的心理状态和积极的交流欲望

(1) 克服工作中的紧张情绪

应在播音或录音室里形成自然的工作状态。播音、录音室提供的并不是一个自然的交流环境,我们不能用在家里客厅或在公共餐厅里与朋友聊天的状态和闲谈方式来进行播音。当然,在专业的工作环境中播讲,要做到"自然、真实可信、令人兴奋和感兴趣"等是相当不容易,要使自己锻炼出"没有不自然感觉"的工作状态,也需要经过较长时间的磨炼。

对于初学者来说,紧张是最容易出现的情况,其外在表现一般为感觉到发声器官发干、发紧,手脚发凉甚至冒冷汗,心跳加速,忘词等。导致紧张的原因很多,从根本上说是"过多地注意别人对自己的注意"。

克服紧张、保持松弛是进入正常工作状态的第一步。

消除紧张的办法有很多。其一,是通过有效的练习建立对自身专业能力的自信;其二,是转移不必要的过多的注意,将自己的注意力集中在稿件,也就是所要播读的内容上。练习时,把注意力集中在小范围内,如平时备稿甚至播音时关闭房间内其他照明,只保留一个台灯照明,在一定程度上能使自己集中注意力,减轻环境因素的干扰。专心致志于播读的稿件,努力思索要说的话,也可能把其他事情和紧张情绪暂时搁置在一旁。

消除播音和主持工作时的紧张,根本的办法是"平时勤上香",努力在日常学习和实践中熟悉工作和环境,积累工作经验;当我们的知识和经验积累到一定程度,再加上"临时抱佛脚"(在处理具体稿件时认真备稿),紧张情绪就会自然消除。从这个意义上说,人的心理承受能力是与心理的历程成正比的。

(2) 创造积极的交流欲望

在消除紧张、保持稳定的心态的同时,播音员、主持人还要努力创造积极的交流欲望,充分调动自己的工作情绪,并通过语言表达技巧与受众进行积极的交流。

4. 初学者先不要盲目追求"风格"

有些同学在初学时总是努力模仿某些业内人士的"播讲风格",这样做,会在一定程度上影响自己对语速、语气、声调等的调整控制,有时甚至会形成发音中的一些"坏习惯",这在学习过程中是应该努力避免的。在初学、训练阶段的模仿应当限制在合理的范围内,我们要做的是研究一些顶级播音员已有的播音风格,认真分析他们的成功因素(记住,我们应该学习别人的技巧和成功之处,但不应盲目地模仿),在播音实践中不断强化自己的长处,纠正自己的不足。当你能够正确评判自己具备的实力和存在的弱点并积累了相当的播音经验时,你就能自然而然地形成你自己独有的播音风格。

(三) 播音发声训练

许多人由于没有系统地参加过发声训练,咬字器官配合不协调,导致声音不集中,听起来很散。

咬字器官的配合:

(1) 提颧肌:颧肌用力向上提起,鼻孔微张大,面部略带微笑。

(2) 开牙关:上下槽牙间保持一定的距离。

(3) 挺软腭:半打哈欠时,可以体会到软腭挺时的状态。

(4) 松下巴:发音时下巴自然内收放松。

(5) 唇舌力量集中:唇的力量集中到唇的中部;舌的力量集中是指舌体取收势,把力量集中到舌的前后中纵线上。

咬字器官的训练:

(1) 咬字器官体操训练:包含唇部体操训练、舌部体操训练、颊部体操训练。

例:舌的力度训练,大家体会舌体内收和力量的集中。

(2) 绕口令训练:通过绕口令训练,来提升唇、舌、颊的灵活度和配合度。

例:① 稀奇稀奇真稀奇,麻雀踩死老母鸡。

② 会炖我的炖冻豆腐,来炖我的炖冻豆腐;不会炖我的炖冻豆腐,就别胡炖乱炖炖坏了我的炖冻豆腐。

1. 字头——出字叼住弹出练习

指声母(字头)和介音(韵头)的发音过程,吐字要做到准确清晰,短促有力。

(1) 双唇音

标榜	表白	标本	标兵	辩驳	遍布	壁报	奔波	北边	卑鄙
报表	保镖	褒贬	薄饼	宝贝	帮办	版本	斑驳	颁布	败北
把柄	板报	败笔	保本	半边	弊病	搬兵	斑白	包办	

| 批评 | 批判 | 澎湃 | 琵琶 | 匹配 | 偏僻 | 偏颇 | 品评 | 乒乓 | 爬坡 |
| 瓢泼 | 翩翩 | 频频 | 排炮 | 偏旁 | 平盆 | 婆婆 | 拼盘 | 皮袍 | |

| 麻木 | 埋没 | 麦苗 | 满门 | 满面 | 盲目 | 茂密 | 冒昧 | 冒名 | 眉目 |
| 美妙 | 美名 | 门面 | 梦寐 | 埋名 | 买卖 | 麦芒 | 谩骂 | 美貌 | 美梦 |

① 平盆面,烙一平盆饼,饼碰盆,盆碰饼。

② 吃葡萄不吐葡萄皮儿,不吃葡萄倒吐葡萄皮儿。

③ 炮兵步兵攻打八面坡,炮兵排排炮弹齐发射。步兵逼近八面坡,歼敌八千八百八十多。

(2) 唇齿音

发放	发奋	繁复	芬芳	非凡	防范	仿佛	肺腑	纷繁	风范
佛法	夫妇	福分	发福	反复	犯法	防腐	防风	非法	复方
伏法	蜂房	奋发	方法	愤愤	发疯	粪肥			

① 我们要学理化,他们要学理发,理化理发要分清,学会理化却不会理发,学会理发也不懂理化。

② 老方扛着个黄幌子,老黄扛着个方幌子,老方要拿老黄的方幌子,老黄要拿老方的黄幌子,老黄老方不相让,方幌子碰了黄幌子,黄幌子碰破了方幌子。

(3) 舌尖中音

| 搭档 | 达到 | 打点 | 大胆 | 大度 | 担当 | 单调 | 当地 | 道德 | 抵挡 | 颠倒 |
| 电灯 | 奠定 | 跌宕 | 顶端 | 抖动 | 短笛 | 断定 | 对待 | 对调 | 多端 | 导弹 |

丢掉	堆叠	打盹	导读	达旦	带动	荡涤	调度	当代	地道	懂得
顶点										
抬头	贪图	谈吐	谈天	忐忑	探讨	唐突	淘汰	疼痛	体统	倜傥
天堂	调停	听筒	通途	图腾	团体	推脱	妥帖	铁塔	吞吐	探讨
奶牛	奶娘	恼怒	哪能	年内	能耐	呢喃	泥淖	泥泞	袅娜	扭捏
难耐	南宁	男女	牛奶	农奴						
淋漓	里弄	理论	历练	莅临	利率	连理	亮丽	料理	凛冽	玲珑
领路	留恋	笼络	露脸	伦理	罗列	裸露	劳累	力量	浏览	嘹亮
领略	利落	理疗	轮流	流连	流利	立论				

① 白石塔,白石搭,白石搭白塔,白塔白石搭,搭好白石塔,白塔白又大。
② 蓝衣布履刘兰柳,布履蓝衣柳兰刘,兰柳拉犁来犁地,兰刘牵牛来拉耧。

(4) 舌根音

拐棍	观感	改观	观光	灌溉	广告	规格	钢管	贵干	杠杆	贵庚
果敢	亘古	梗概	公告	肱骨	巩固	古怪	骨干	挂钩	改革	故宫
感官	更改	雇工	过关							
开课	开垦	开阔	坎坷	慷慨	苛刻	可靠	刻苦	克扣	空旷	苦口
夸口	宽阔	旷课	开口	可口	空阔					
海涵	憨厚	含糊	含混	行话	豪华	好汉	浩瀚	呵护	和好	荷花
祸患	火海	火花	昏黄	行会	火红	好话				

① 哥哥过河捉个鹅,回家割鹅来请客,客人称鹅吃鹅肉,哥哥请客乐呵呵。
② 一班有个黄贺,二班有个王克,黄贺王克二人搞创作。黄贺搞木刻,王克搞诗歌。黄贺帮助王克搞诗歌,王克帮助黄贺搞木刻。由于二人搞协作,黄贺完成了木刻,王克写好了诗歌。

(5) 舌面音

击剑	机警	积聚	基建	即将	急件	集锦	计较	寂静	加剧	佳境
家眷	嘉奖	嫁接	坚决	艰巨	检举	简洁	见教	间接	健将	讲解
交际	矫健	结晶	进军	经纪	精简	警句	皎洁	讲究	经济	奖金
节俭	解决	紧急	窘境	究竟	金奖					
七窍	凄切	祈求	蹊跷	崎岖	弃权	恰巧	前驱	强权	巧取	窃取
亲情	情趣	求全	娶亲	全球	全权	确切	鹊桥	奇巧	铅球	前期
欠缺	强求	轻骑	求情	全勤						
消夏	笑星	邪心	现象	心弦	心胸	心绪	欣喜	新鲜	馨香	雄心
休闲	宣泄	嬉戏	喜讯	遐想	先贤	险象	相信	枭雄	选秀	学校

① 氢气球,气球轻,轻轻气球轻擎起,擎起气球心欢喜。
② 稀奇稀奇真稀奇,麻雀踩死老母鸡,蚂蚁身长三尺六,八十岁的老头躺在摇篮里。
(6)舌尖后音(翘舌音)

| 支柱 | 住宅 | 着重 | 着装 | 注重 | 忠贞 | 执政 | 终止 | 专注 | 重镇 | 转战 |
| 专注 | 指正 | 周转 | 庄重 | 壮志 | 主张 | 追逐 | 茁壮 | 执照 | 执着 | 中转 |

| 插翅 | 查处 | 长城 | 铲除 | 超常 | 成虫 | 城池 | 乘除 | 惩处 | 驰骋 | 出厂 |
| 初创 | 穿插 | 戳穿 | 查抄 | 产出 | 车厂 | 传唱 | | | | |

| 霎时 | 山水 | 闪烁 | 善事 | 伤神 | 赏识 | 上山 | 烧伤 | 少数 | 舍身 | 设施 |
| 射手 | 涉世 | 申述 | 审慎 | 失身 | 诗史 | 施舍 | | | | |

| 荏苒 | 仍然 | 荣辱 | 忍让 | 忍辱 | 柔韧 | 柔软 | 柔润 | 柔弱 | 濡染 | 软弱 |

湘水流,湘水流,九疑云物至今愁。若问二妃何处所,零陵芳草露中秋。
斑竹枝,斑竹枝,泪痕点点寄相思。楚客欲听瑶瑟怨,潇湘深夜月明时。

——(唐)刘禹锡《潇湘神·湘水流》

(7)舌尖前音(平舌音)

| 栽赃 | 藏族 | 造作 | 宗族 | 再造 | 总则 | 祖宗 | 在座 | 自尊 | 自在 | 罪责 |

| 措词 | 寸草 | 璀璨 | 催促 | 粗糙 | 匆匆 | 淙淙 | 葱翠 | 匆促 | 从此 | 摧残 |

| 思索 | 四散 | 松散 | 搜索 | 诉讼 | 速算 | 随俗 | 琐碎 | 三思 | 色素 | 僧俗 |
| 瑟瑟 | 洒扫 | 色散 | 簌簌 | 飒飒 | 僧寺 | | | | | |

① 三哥三嫂子,请借我三斗三升酸枣子。
② 四是四,十是十,十四是十四,四十是四十。十不能说成四,四也不能说成十,假使说错了,就可能误事。

2. 字腹——立字拉开立起的练习

立字的过程是韵腹的发音过程,要求拉开立起。口腔适度打开,气息通畅平稳,声音明亮、饱满,字韵正确。一个音节的发音能否做到字正腔圆、完整饱满,与韵腹的发音有密切关系。

(1)开口呼

① 小柳树,满地栽,金花谢,银花开。
② 没有花香,没有树高,我是一棵无人知道的小草,从不寂寞,从不烦恼,你看我的伙伴遍及天涯海角。春风啊春风,你把我吹绿,阳光啊阳光,你把我照耀。河流啊山川你哺育了我,大地啊母亲把我紧紧拥抱。

——《小草》

③ 你从雪山走来,春潮是你的风采;你向东海奔去,惊涛是你的气概。你用甘甜的乳汁,哺育各族儿女;你用健美的臂膀,挽起高山大海。我们赞美长江,你是无穷的源泉;我们依恋长江,你有母亲的气概。

——《长江之歌》

(2) 齐齿呼

① 夜里天冷北风急,班长下岗月儿西。手拿针线灯下坐,为我熬夜缝军衣。线儿缝在军衣上,情意缝进我心里。

——《班长》

② 雨洒过时一起滋润,风吹过时一起低吟。争相拔节又一起成长,如此坚韧又如此虚心。你可曾见过一根孤竹,我生来的名字就叫竹林。

——《竹林》

③ 像柳絮,像飞蝶,情绵绵,意切切,我爱这人间最美的花朵,白雪飘飘,飘飘白雪。看她那晶莹的花瓣,铺满了天边的原野;看她那轻盈的舞姿,催开了红梅的笑靥。

啊,白雪飘飘,飘飘白雪,她赠给大地一片皎洁,她撒向人间多少欢悦。是她用纯真的爱情,滋润着生命的绿叶;是她把热烈的追求,献给那美好的季节。啊,白雪飘飘,飘飘白雪,她带给人间多少向往,她纵情欢呼新的岁月。

——《白雪》

(3) 合口呼

① 寒雨连江夜入吴,平明送客楚山孤。洛阳亲友如相问,一片冰心在玉壶。

——(唐)王昌龄《芙蓉楼送辛渐》

② 当一粒松子偶然入土,信念就藏进灵魂深处。忍受山火与雷电的凌辱,不屈地走过漫长的路。献出生命才叫人看见红心,甚至甘愿粉身碎骨。

③ 一棵树,一个小水库。根须噙着泥土,饱含滴滴水珠。它能吞云吐雾,化为彩霞雨露。它能阻挡风沙,并为空气消毒。树啊,你这样友好、善良,谁能不把你保护。

(4) 撮口呼

① 清明时节,广场花似雪。啊,花似雪,花似雪。

② 村里新开一条渠,弯弯曲曲上山去。河里雨水渠里流,满山庄稼一片绿。

③ 哪里寻找泉的足迹,听,处处有叮咚的旋律,结成紧密的集体,股股细流在一起汇聚。奔腾的生命永不停息,绝不留恋身旁的花红草绿,向着江河,向着大海,坚定的信念忠贞不渝。

3. 字尾——归音弱收到位练习

归音指音节发音的收尾过程,这是发音的最后结束部分,对于保证音节发音的完整性很重要。字尾归音要求做到弱收到位,根据不同的字音,收到不同的部位,做到恰如其分。

"弱收",指根据音节发音"枣核形"的要求,音节结尾的音渐弱收音,这样才便于实现音节发音的完整性和音节之间的区分。"到位",指有韵尾的音节,字尾音素发音时舌位要到规定位置,或者可以理解为音节发音结束时,口腔肌肉的"紧张感"。(表4-1)

表4-1 字尾归音方法

韵尾	字尾归音方法提示	例字
i	舌位应提到一定高度	孩(hái)、来(lái)
u	唇形应撮起,收圆	优(yōu)、奏(zòu)
-n	舌尖必须要抵到上齿背,并阻住口腔通道,鼻音一生即收	贫(pín)、边(biān)

续表

韵尾	字尾归音方法提示	例　字
-ng	舌根应隆起并抵到软、硬腭交界处,并阻住口腔通道,鼻音一生即收	江(jiāng)、铜(tóng)
o	即 iao、ao 作韵母音节中的 o,要在发到 u 的过程中收音	好(hǎo)、小(xiǎo)

字尾要归音到位,余气托送,干净利索,趋向鲜明,同时又要避免过于生硬、收得太急,影响完整性。

音节无论有无韵尾,都有归音问题。"吃字"现象,除了指声母发音叼不住、某些字的韵腹丢失外,也指字尾处理不当而丢失音素的现象。

有韵尾的音节,可以用格律诗训练,注意韵尾元音唇舌到位,韵尾鼻辅音成阻到位。无韵尾的音节,注意归音时控制口形、唇形,保持到发音结束。

(1) ang、iang、uang

① 敕勒川,阴山下。天似穹庐,笼盖四野。天苍苍,野茫茫,风吹草低见牛羊。

——北朝乐府《敕勒歌》

② 钟山风雨起苍黄,百万雄师过大江。虎踞龙盘今胜昔,天翻地覆慨而慷。
宜将剩勇追穷寇,不可沽名学霸王。天若有情天亦老,人间正道是沧桑。

——毛泽东《七律·人民解放军占领南京》

③ 人生易老天难老,岁岁重阳。今又重阳,战地黄花分外香。
一年一度秋风劲,不似春光。胜似春光,寥廓江天万里霜。

——毛泽东《采桑子·重阳》

(2) eng、ing、ong、iong、ueng

① 李白乘舟将欲行,忽闻岸上踏歌声。桃花潭水深千尺,不及汪伦送我情。

——(唐)李白《赠汪伦》

② 千里莺啼绿映红,水村山郭酒旗风。南朝四百八十寺,多少楼台烟雨中。

——(唐)杜牧《江南春》

③ 横看成岭侧成峰,远近高低各不同。不识庐山真面目,只缘身在此山中。

——(北宋)苏轼《题西林壁》

④ 东洞庭,西洞庭,洞庭山上一根藤,藤上挂个大铜铃。风起藤动铜铃响,风停藤定铜铃静。

(3) an、ian、uan、üan

① 朝辞白帝彩云间,千里江陵一日还。两岸猿声啼不住,轻舟已过万重山。

——(唐)李白《早发白帝城》

② 月落乌啼霜满天,江枫渔火对愁眠。姑苏城外寒山寺,夜半钟声到客船。

——(唐)张继《枫桥夜泊》

③ 两个黄鹂鸣翠柳,一行白鹭上青天。窗含西岭千秋雪,门泊东吴万里船。

——(唐)杜甫《绝句》

(4) en、in、uen、ün

① 清明时节雨纷纷,路上行人欲断魂。借问酒家何处有?牧童遥指杏花村。

——(唐)杜牧《清明》

② 渭城朝雨浥轻尘,客舍青青柳色新。劝君更尽一杯酒,西出阳关无故人。
——(唐)王维《送元二使安西》
③ 日暮苍山远,天寒白屋贫。柴门闻犬吠,风雪夜归人。
——(唐)刘长卿《逢雪宿芙蓉山主人》
④ 衣上征尘杂酒痕,远游无处不消魂。此身合是诗人未?细雨骑驴入剑门。
——(南宋)陆游《剑门道中遇微雨》

(5) ai、uai
① 应怜屐齿印苍苔,小扣柴扉久不开。春色满园关不住,一枝红杏出墙来。
——(南宋)叶绍翁《游园不值》
② 少小离家老大回,乡音无改鬓毛衰。儿童相见不相识,笑问客从何处来。
　　离别家乡岁月多,近来人事半消磨。唯有门前镜湖水,春风不改旧时波。
——(唐)贺知章《回乡偶书二首》
③ 半亩方塘一鉴开,天光云影共徘徊。问渠哪得清如许,为有源头活水来。
——(南宋)朱熹《观书有感》

(6) ei、uei
① 葡萄美酒夜光杯,欲饮琵琶马上催。醉卧沙场君莫笑,古来征战几人回!
——(唐)王翰《凉州词》
② 西塞山前白鹭飞,桃花流水鳜鱼肥。青箬笠,绿蓑衣,斜风细雨不须归。
——(唐)张志和《渔歌子》

(7) iao、ao
① 碧玉妆成一树高,万条垂下绿丝绦。不知细叶谁裁出,二月春风似剪刀。
——(唐)贺知章《咏柳》
② 月黑雁飞高,单于夜遁逃。欲将轻骑逐,大雪满弓刀。
——(唐)卢纶《塞下曲》

(8) iou、ou
① 白日依山尽,黄河入海流。欲穷千里目,更上一层楼。
——(唐)王之涣《登鹳雀楼》
② 故人西辞黄鹤楼,烟花三月下扬州。孤帆远影碧空尽,唯见长江天际流。
——(唐)李白《送孟浩然之广陵》

(9) a、ia、ua
① 烟笼寒水月笼沙,夜泊秦淮近酒家。商女不知亡国恨,隔江犹唱《后庭花》。
——(唐)杜牧《泊秦淮》
② 远上寒山石径斜,白云生处有人家。停车坐爱枫林晚,霜叶红于二月花。
——(唐)杜牧《山行》
③ 朱雀桥边野草花,乌衣巷口夕阳斜。旧时王谢堂前燕,飞入寻常百姓家。
——(唐)刘禹锡《乌衣巷》

(10) o、e、uo
① 鹅、鹅、鹅,曲项向天歌。白毛浮绿水,红掌拨清波。
——(唐)骆宾王《咏鹅》

② 大道直如发,春日佳气多。五陵贵公子,双双鸣玉珂。

——(唐)储光羲《洛阳道五首献吕四郎中》

③ 玉楼天半起笙歌,风送宫嫔笑语和。月殿影开闻夜漏,水晶帘卷近秋河。

——(唐)顾况《宫词》

④ 社东有条清水河,河岸是个小山坡,社员坡上挖红薯,闹闹嚷嚷笑呵呵。忽听河里一声响,河水溅起一丈多,吓得我忙大声喊:"谁不小心掉下河?"大家一听笑呵呵,一个姑娘告诉我,不是有人掉下河,是个红薯滚下坡。

(11) ie、üe

① 千山鸟飞绝,万径人踪灭。孤舟蓑笠翁,独钓寒江雪。

——(唐)柳宗元《江雪》

② 霜草苍苍虫切切,村南村北行人绝。独出门前望野田,月明荞麦花如雪。

——(唐)白居易《村夜》

③ 箫声咽,秦娥梦断秦楼月。秦楼月,年年柳色,灞陵伤别。
乐游原上清秋节,咸阳古道音尘绝。音尘绝,西风残照,汉家陵阙。

——(唐)李白《忆秦娥·箫声咽》

(12) u

① 锄禾日当午,汗滴禾下土。谁知盘中餐,粒粒皆辛苦。

——(唐)李绅《悯农》

② 爆竹声中一岁除,春风送暖入屠苏。千门万户曈曈日,总把新桃换旧符。

——(北宋)王安石《元日》

③ 天街小雨润如酥,草色遥看近却无。最是一年春好处,绝胜烟柳满皇都。

——(唐)韩愈《早春》

(13) i、ü

① 百啭千声随意移,山花红紫树高低。始知锁向金笼听,不及林间自在啼。

——(北宋)欧阳修《画眉鸟》

② 黄四娘家花满蹊,千朵万朵压枝低。留连戏蝶时时舞,自在娇莺恰恰啼。

——(唐)杜甫《江畔独步寻花》

③ 水光潋滟晴方好,山色空蒙雨亦奇。欲把西湖比西子,淡妆浓抹总相宜。

——(北宋)苏轼《饮湖上初晴后雨》

4. 整个音节形成"枣核形"的练习

"枣核形"只是一种比喻。声音是看不见的,但"枣核形"的意念有助于我们在发音时把握音节各部分口腔控制,完成"出字、立字、归音"的全过程。此外,"枣核形"还可以根据表达内容的需要,作出或圆、或扁、或大、或小、或长、或短等的改变。

吐字归音,体会整个音节成"枣核形",可以采用记录速度播新闻的方式,或用朗诵、哼唱歌词、诗词、曲鼓词等形式进行训练。

练习:

(1) 风悠悠,云悠悠,凄苦的岁月在琴弦上流啊琴弦上流。
恨悠悠,怨悠悠,满怀的不平在小路上走啊小路上走。
啊,无锡的雨,是你肩头一缕难解的愁,

惠山的泉,是你是你手中一曲愤和忧。
梦悠悠,魂悠悠,失明的双眼把暗夜看透,把暗夜看透。
情悠悠,爱悠悠,无语的泪花把光明寻求,把光明寻求。
啊,太湖的水,是你人生一杯壮行的酒。
二泉的月,是你是你命中一只不沉的舟。
风悠悠,云悠悠。

——《二泉吟》

(2) 又是九月九,重阳夜难聚首,思乡的人儿,漂流在外头。
又是九月九,愁更愁情更忧,回家的打算,始终在心头。
走走走走走哇走,走到九月九,他乡没有烈酒,没有问候。
走走走走走哇走,走到九月九,家中才有自由,才有九月九。

——《九月九的酒》

(3) 天地玄黄,宇宙洪荒。日月盈昃,辰宿列张。寒来暑往,秋收冬藏。
闰余成岁,律吕调阳。云腾致雨,露结为霜。金生丽水,玉出昆冈。
剑号巨阙,珠称夜光。果珍李柰,菜重芥姜。海咸河淡,鳞潜羽翔。

——《千字文》

(4) 天对地,雨对风。大陆对长空。山花对海树,赤日对苍穹。
雷隐隐,雾蒙蒙。日下对天中。风高秋月白,雨霁晚霞红。
牛女二星河左右,参商两曜斗西东。
十月塞边,飒飒寒霜惊戍旅;三冬江上,漫漫朔雪冷渔翁。

——《笠翁对韵》

5. 方音辨正
(1) bo、po、mo、fo 不能发成 be、pe、me、fe。"么"(me)除外。
字词练习:

bo:播送　　博士　　渤海　　波涛
po:破除　　叵测　　泼辣　　坡度
mo:模范　　磨炼　　茉莉　　没收
fo:佛手　　佛祖　　佛家　　佛教

句段练习:
① 颗颗豆子进石磨,磨成豆腐送哥哥。哥哥说我的生产虽然小,可是小小的生产贡献多。
② 月光下柳影婆婆,水面上扬起碧波。姑娘和小伙儿漫步走来,默默凝视着浪花朵朵。小河啊小河,你哗啦哗啦在说些什么?
莫非你在说,时光好比流水,切莫白白错过,树立远大理想,快快发出光热?莫非你在说,用劳动的汗水,培育爱情的花朵,用我们的全部智慧,创建幸福的生活?小河啊小河,你在说些什么?

(2) fei 不能发成 fi。
字词练习:
fei:非常　　绯红　　翡翠　　诽谤　　费心　　肺腑　　飞翔　　肥壮

句段练习：

① 绯红蝴蝶飞，肥鞋鞋口儿肥，诽谤者为匪，废料不能费。

② 我爱家乡的山和水，山水映朝晖。花果园飘芳菲，池清鱼儿肥。沃野千里泛清浪，稻香诱人醉。山笑水笑人欢笑，歌声绕云飞。

（3）beng、peng、meng、feng 不能发成 bong、pong、mong、fong。

字词练习：

beng：崩溃　　迸发　　蚌埠　　绷带
peng：碰壁　　朋友　　澎湃　　蓬勃
meng：猛烈　　蒙蔽　　萌芽　　盟友
feng：丰收　　封建　　讽刺　　风声

句段练习：

① 当我们第一遍读一本好书的时候，我们仿佛觉得找到了一个朋友；当我们再一次读这本好书的时候，仿佛又和老朋友重逢。

② 小草出芽了，是谁把它催出？杨柳发青了，是谁把它涂抹？啊！原来是你——春风，你轻轻地把万物唤醒，使柳枝下垂，让小草返青，催小河解冻，把桃花映红。你使万物恢复了生机，我赞美你啊——春风！

③ 杜鹃盛开的时候，那和煦的春风轻拂心头。我们在阳光下畅叙友情，就像那久别重逢的朋友。朋友啊朋友，快敞开那朝气蓬勃的歌喉，唱一支友谊之歌。

（四）发声控制训练

为达到正确用声的目的，我们必须做到：

气息下沉，保持声音宽厚、通畅。

喉部放松，避免声音捏、窄、挤、僵。

吐字归音，字头要做到叼住弹出，部位准确；字颈要定型标准，过渡柔和；字腹要拉开立起，圆润饱满；字尾要归音到位，完整自如。

声音要有弹性变化，具有伸缩性和可变性。

1. 发好 a 音：初步的呼吸方法＋初步的口腔控制

先找好并控制好腰部撑开的感觉。

摆好唇形，打开口腔。

从弱起发声。此时发出的即是正确的 a 音。

（尽量延长声音，并在过程中判断和调整状态。）

在 a 的基础上发好 i、u、e、ü（保持已经正确发 a 音的状态发一个新的音）。

继而进行上下扩展音域练习——练习发音的稳定。

2. 气息练习

（1）慢吸慢呼

闻花——立定站稳，双目平视，头正，双肩放松，用鼻吸气，保持，然后徐徐呼出。

"a"音延长——用慢吸慢呼动作，发单元音 a 的延长音，用自己最舒服的声音，声音由小渐大，由低到高，由弱到强。

(2) 数数练习

慢呼吸成八成满,呼气时数1、2、3、4、5……数的速度要慢,吐字要清晰,嘴上用力不要紧张;发一个音后马上闭住别跑气、换气,喉要松,气要通,直至一口气数完,能数多少数多少,逐渐增加。

(3) 快吸慢呼

当看到一封使你意想不到的、高兴的信时,这时你会快而短促地急吸一口气,并在短时间内保持一个吸气的状态。这样快速的吸气,正是播稿中经常要用的快吸慢呼。

① 四声气息控制练习:巴 拔 把 罢　　低 答 底 大

可反复用慢吸气或快吸气来做,字音要清楚准确,可逐渐改变声音的高低、强弱、快慢,并调节好气息。

② 夸大的上声练习:好 美 满 想 仰 场 请 跑

③ 选择发音响亮的音节组成的人名,抢吸一口气,拖长腔喊。

(4) 气息绕口令

① 数旗:广场上,飘红旗,看你能数几面旗:一面旗,两面旗,三面旗,四面旗,五面旗,六面旗,七面旗,八面旗,九面旗,十面旗。十面旗,九面旗,八面旗,七面旗,六面旗,五面旗,四面旗,三面旗,两面旗,一面旗。

② 数枣儿:出东门,过大桥,大桥底下一树枣儿,拿着杆子去打枣儿,青的多,红的少:一个枣儿,两个枣儿,三个枣儿,四个枣儿,五个枣儿,六个枣儿,七个枣儿,八个枣儿,九个枣儿,十个枣儿。十个枣儿,九个枣儿,八个枣儿,七个枣儿,六个枣儿,五个枣儿,四个枣儿,三个枣儿,两个枣儿,一个枣儿。这是一个绕口令,一气儿说完才算好。

③ 数葫芦:南园一堆葫芦,结得滴里嘟噜,甜葫芦,苦葫芦,红葫芦,鼓葫芦,好汉数不出二十四个葫芦:一个葫芦,两个葫芦,三个葫芦,四个葫芦……

(5) 弱、强气息控制训练

(吸气深、呼气匀)缓慢持续地发出 ai、uai、uang、iang 四个音。

夸大声调,延长发音,控制气的训练:花红柳绿　　谈笑风生　　鸟语花香

控制气息,扩展音域的训练:

① 生当作人杰,死亦为鬼雄。至今思项羽,不肯过江东。

——(宋)李清照《绝句》

② 千里莺啼绿映红,水村山郭酒旗风。南朝四百八十寺,多少楼台烟雨中。

——(唐)杜牧《江南春》

③ 怒发冲冠,凭栏处,潇潇雨歇。抬望眼,仰天长啸,壮怀激烈。三十功名尘与土,八千里路云和月。莫等闲,白了少年头,空悲切。靖康耻,犹未雪;臣子恨,何时灭!驾长车,踏破贺兰山缺。壮志饥餐胡虏肉,谈笑渴饮匈奴血。待从头,收拾旧山河,朝天阙。

——(南宋)岳飞《满江红》

3. 口腔控制综合练习

编排　奔跑　爆破　背叛　匹配　坦荡　推动　态度

澎湃　冰雹　碰壁　玻璃　蓬勃　喷泉　批判　拍打

百炼成钢　　波澜壮阔　　壁垒森严　　翻江倒海

喷薄欲出　　普天同庆　　滔滔不绝　　斗志昂扬

乌鸦　　花絮　　挫折　　快乐　　吹捧　　汪洋
虚假　　宣纸　　菊花　　捐助　　雪恨　　辽远

鸟语花香　　和风细雨　　栩栩如生　　锦绣河山
山水相连　　山河美丽　　山明水秀　　花红柳绿

(1) 山上五棵树，架上五壶醋，林中五只鹿，箱里五条裤。伐了山上的树，搬下架上的醋，射死林中的鹿，取出箱中的裤。

(2) 学语言，用语言，学好语言不费难。播音员学语言，说话亲切又自然。

(3) 采莲南塘秋，莲花过人头。低头弄莲子，莲子清如水。

——《西洲曲》

(4) 小鸟给远航生活蒙上了一层浪漫色调。返航时，人们爱不释手，恋恋不舍地想把它带到异乡。可小鸟憔悴了，给水，不喝！喂肉，不吃！油亮的羽毛失去了光泽。是啊，我们有自己的祖国，小鸟也有它的归宿。人和动物都是一样啊，哪儿也不如故乡好！

——《可爱的小鸟》

(5) 其实幸福和世界万物一样，有它的征兆。幸福常常是朦胧的，很有节制地向我们喷洒甘霖。你不要总希冀轰轰烈烈的幸福，它多半只是悄悄地扑面而来。你也不要企图把水龙头拧得更大，使幸福很快地流失。而需静静地以平和之心，体验幸福的真谛。

——毕淑敏《提醒幸福》

(6) 在历史时代，国家间经常发生对抗，好男儿戎装卫国。国家的荣誉往往需要以自己的生命去换取。但在和平时代，唯有这种国家之间大规模对抗性的大赛，才可以唤起那种遥远而神圣的情感，那就是：为祖国而战！

——冯骥才《国家荣誉感》

4. 共鸣综合练习

武汉　　暗淡　　反叛　　散漫　　到达　　计划　　蹒跚　　航海
妈妈　　大妈　　光芒　　中央　　接纳　　头脑　　牛奶　　弥漫
泥泞　　美貌　　满面　　人民

(1) 蓝蓝的天上白云飘，白云下面马儿跑，挥动鞭儿响四方，百鸟齐飞翔。

(2) 我看樱花，往少里说，也有几十次了。在东京的青山墓地看，上野公园看，千鸟渊看……在京都看，奈良看……雨里看，雾中看，月下看……日本到处都有樱花，有的是几百棵花树拥在一起，有的是一两棵花树在路旁水边悄然独立。春天在日本就是沉浸在弥漫的樱花气息里！

——冰心《樱花赞》

(五) 声音弹性与语言表达训练

声音弹性不仅表现在声音的可变性上，而且表现在声音的对比层次上。因此，加强声音的对比训练是提高声音弹性和丰富声音色彩的有效方法。

声音弹性对比训练包括强与弱、高与低、刚与柔、明与暗、实与虚、厚与薄、粗与细、前与后等。声音弹性不只是以单项对比形式出现的，也常常以复合形式出现，如"刚"与"明"、"高"与"强"、"虚"与"柔"的复合形式等。

1. 声音弹性训练

(1)《白杨礼赞》 茅盾

那是力争上游的一种树,笔直的干,笔直的枝。它的干通常是丈把高,像加过人工似的,一丈以内绝无旁枝。它所有的丫枝一律向上,而且紧紧靠拢,也像加过人工似的,成为一束,绝不旁逸斜出;它的宽大的叶子也是片片向上,几乎没有斜生的,更不用说倒垂了;它的皮光滑而有银色的晕圈,微微泛出淡青色。这是虽在北方风雪的压迫下却保持着倔强挺立的一种树!哪怕只有碗那样粗细,它却努力向上发展,高到丈许,两丈,参天耸立,不折不挠,对抗着西北风。

这就是白杨树,西北极普通的一种树,然而决不是平凡的树!

提示:播读这一段时,应该用较明亮的实声,以体现"赞颂"之情。

(2)疆场上,他们是无畏的英雄,随时准备为祖国献出宝贵的生命。他们为国尽了力,流了血,然而疆场上可歌可泣的事迹,不过是他们在人生舞台上的一个序幕。在病床上,面临着比死亡还要严峻的考验:双目失明,断臂截腿,皮肉的痛苦,精神的折磨,这些常人难以想象、难以忍受的煎熬,怎么办?……但是,英雄毕竟是英雄,他们挺过来了,斗志昂扬、意气风发地重新走上生活之路。他们不仅满怀希望地规划自己的未来,而且毫不犹豫地在人生的征途上开始新的攀登。

提示:播读时应该用较为明亮的实声,但要结合文章的转折有所变化。

(3)《在沉痛悼念的日子里》 吴瑛

总理的灵车徐徐开来。灵车四周挂着黑黄两色的挽幛,上面佩着大白花,庄重,肃穆。人们怀着沉痛的心情,目光随着灵车移动。灵车所到之处,像是有一个无声的指挥,老人、孩子、青年、妇女都不约而同地站直了身体,摘下了帽子,向灵车致敬。哭泣着,顾不得擦去腮边的泪水,舍不得眨一眨眼睛。

提示:这段文字描写的是"十里长街送总理"的场景,播读时声音应较低沉。

(4)《海上的日出》 巴金

为了看日出,我常常早起。那时天还没有大亮,周围很静,只听见船里机器的声音。

天空还是一片浅蓝,很浅很浅的。转眼间,天水相接的地方出现了一道红霞。红霞的范围慢慢扩大,越来越亮。我知道太阳就要从天边升起来了,便不转睛地望着那里。

果然,过了一会儿,那里出现了太阳的小半边脸,红是红得很,却没有亮光。太阳像负着什么重担似的,慢慢儿,一纵一纵地,使劲向上升。到了最后,它终于冲破了云霞,完全跳出了海面,颜色真红得可爱。一刹那间,这深红的圆东西发出夺目的亮光,射得人眼睛发痛。它旁边的云也突然有了光彩。

有时候太阳躲进云里。阳光透过云缝直射到水面上,很难分辨出哪里是水,哪里是天,只看见一片灿烂的亮光。

有时候天边有黑云,而且云片很厚,太阳升起来,人就不能够看见。然而太阳在黑云背后放射它的光芒,给黑云镶了一道光亮的金边。后来,太阳慢慢透出重围,出现在天空,把一片片云染成了紫色或者红色。这时候,不仅是太阳、云和海水,连我自己也成了光亮的了。

这不是伟大的奇观么?

(5)《海燕》 高尔基

在苍茫的大海上,狂风卷集着乌云。在乌云和大海之间,海燕像黑色的闪电,在高傲地飞翔。

一会儿翅膀碰着波浪,一会儿箭一般地直冲向乌云,它叫喊着,——就在这鸟儿勇敢的叫喊声里,乌云听出了欢乐。

在这叫喊声里——充满着对暴风雨的渴望!在这叫喊声里,乌云听出了愤怒的力量、热情的火焰和胜利的信心。

海鸥在暴风雨到来之前呻吟着,——呻吟着,在大海上面飞窜,想把自己对暴风雨的恐惧,掩藏到大海深处。

海鸭也在呻吟着,——它们这些海鸭呀,享受不了生活的战斗的欢乐:轰隆隆的雷声就把它们吓坏了。

蠢笨的企鹅,胆怯地把肥胖的身体躲藏在悬崖底下……只有那高傲的海燕,勇敢地,自由自在地,在泛起白沫的大海上飞翔!

乌云越来越暗,越来越低,向海面直压下来,而波浪一边歌唱,一边冲向高空,去迎接那雷声。

雷声轰响。波浪在愤怒的飞沫中呼叫,跟狂风争鸣。看吧,狂风紧紧抱起一层层巨浪,恶狠狠地把它们甩到悬崖上,把这些大块的翡翠摔成尘雾和碎末。

海燕叫喊着,飞翔着,像黑色的闪电,箭一般地穿过乌云,翅膀掠起波浪的飞沫。

看吧,它飞舞着,像个精灵,——高傲的、黑色的暴风雨的精灵,——它在大笑,它又在号叫……它笑那些乌云,它因为欢乐而号叫!

这个敏感的精灵,——它从雷声的震怒里,早就听出了困乏,它深信,乌云遮不住太阳,——是的,遮不住的!

狂风吼叫……雷声轰响……

一堆堆乌云,像青色的火焰,在无底的大海上燃烧。大海抓住闪电的箭光,把它们熄灭在自己的深渊里。这些闪电的影子,活像一条条火蛇,在大海里蜿蜒游动,一晃就消失了。

——暴风雨!暴风雨就要来啦!

这是勇敢的海燕,在怒吼的大海上,在闪电中间,高傲地飞翔;这是胜利的预言家在叫喊:

——让暴风雨来得更猛烈些吧!

(6)《地理图》

去天津城隍庙啊?在丰台下车,奔长辛店、良乡县、窦店、琉璃河,奔涿州。你奔松林店、高碑店、定兴、徐水、保定府、石家庄、太原府,过黄河到陕西,过甘肃、新疆,有八百里瀚海,自带干粮自带水。不带干粮不带水?渴也把你渴死,饿也把你饿死。过了瀚海有个火焰山,过了火焰山你上飞机,一直往西北,走四十七个星期,下飞机您就瞧见了,那儿有一个小庙儿,匾上写着仨字儿:城—隍—庙。

(7)《报菜名》

全国大菜南北全席,我准备请你吃上:四干、四鲜、四蜜饯、四冷荤、三个甜碗儿、四点心。四干就是黑瓜子、白瓜子、核桃蘸子、糖杏仁儿。四鲜是北山苹果、郴州蜜桃、广东荔枝、桂林马蹄儿。四蜜饯是青梅、橘饼、圆肉、瓜条。四冷荤是全羊肝儿、溜蟹腿儿、白斩鸡、炸排骨。仨甜碗儿是莲子粥、杏仁儿茶、糖蒸八宝饭。四点心就是芙蓉糕、喇嘛糕、油炸丸子、炸元宵。

(8)《有的人——纪念鲁迅有感》 臧克家

有的人活着,/他已经死了;

有的人死了,/他还活着。

有的人/骑在人民头上:"呵,我多伟大!"
有的人/俯下身子给人民当牛马。

有的人/把名字刻入石头想"不朽";
有的人/情愿作野草,等着地下的火烧。

有的人/他活着别人就不能活;
有的人/他活着为了多数人更好地活。

骑在人民头上的,/人民把他摔垮;
给人民作牛马的,/人民永远记住他!

把名字刻入石头的,/名字比尸首烂得更早;
只要春风吹到的地方,/到处是青青的野草。

他活着别人就不能活的人,/他的下场可以看到;
他活着为了多数人更好地活着的人,/群众把他抬举得很高,很高。

2. 情声气训练
(1)《京城古木》 魏刚
  北京,作为五朝古都,在留有大量文物古迹的同时,也留下了数以万计的古老树木。
  这些古树名木不仅是活的文物、历史的见证,而且也在历史、文化、民俗、考古、旅游等诸学科中占有极为重要的地位。由于这些古树自身材质、性能、生长规律的特殊,与周围环境、自然条件紧密相连;历经沧桑,幸存至今,形成古老奇特的姿容,往往给人带来众多美丽而奇妙的故事、轶事、传说、掌故、神话、歌谣,引人入胜,催人遐想。人们从中陶冶情操,启迪思维,获得知识、兴味和欢乐。
  就拿千年古刹戒台寺来说吧,寺中一些古松就各具情态,久负盛名。您瞧,那须鳞怒展,意欲腾飞的叫"卧龙松",显得潇洒自如的叫"自在松",那拥抱着古塔的叫"抱塔松"。最奇妙的要算是"活动松"了。这棵油松"牵一枝而全冠动"。难怪清乾隆皇帝还为它题了一首诗,其中两句是:"咄哉谁为挈其领,牵动万丝因一丝。"
  柏树岁寒不凋,给人以高洁坚毅之感,自古为北京人所喜爱。相传明朝嘉靖年间,奸相严嵩来孔庙祭孔。下台阶时,他得意忘形,不提防纱帽被柏树枝触落。事隔多年,到明朝天启年间,权阉魏忠贤来孔庙游玩。行至树下,又被落下的柏树枝打中。后人赞扬这棵树"惩罚奸佞,意欲除之",又称它为"除奸柏"。
  像这样有着优美传说的古树名木,在北京可以说举不胜举。像北海公园的"遮阴侯""白袍将军",潭柘寺的"帝王树",天坛的"九龙柏",法海寺的古"白皮松",大觉寺中的"银杏王",居民院内的"酸枣王",卧佛寺内的"古腊梅",大觉寺内的"玉兰树"以及纪晓岚手植的"紫藤树",传说中文天祥手植的"枣树",中山公园内的"辽金古柏",都是赫赫有名的古树名木。香山、天坛、八大处等公园的古树林和周围的古建筑交相辉映,形成了自己独特的风格特色。而散落在居民院中街头巷尾的古树名木更是随处可见,成为历史文化名城的有力佐证。

尽管由于种种原因,保护古树的工作还不尽如人意,但是我们相信,随着全民物质与精神文明程度的不断提高,古树名木这一重要的"国宝",一定会得到更好的养护,重新焕发出勃勃生机。

(2)《平平淡淡才是真》 吕蒙

有人说:"生活就是咀嚼人生的酸甜苦辣。慢慢的,再多姿多彩的生活最终会趋向于平淡。平淡是蓝天的一片流云,轻轻盈盈地飘着,不紧不慢;平淡是山野中的一朵小花,安安闲闲地开着,不妖不艳……"

年轻的岁月是激情燃烧的岁月,我们肆无忌惮地享受青春赋予的活力,看着我们的父辈、爷爷奶奶们忙着柴米油盐,日出而作,日落而归,朝夕如出一辙,只觉得这样活着,太没味道了。当我问父亲:"你们这样生活有趣吗?"父亲拍拍我的肩膀,笑得挺慈祥地说:"孩子,人生本来就是一块白布,看你怎样给他涂上色彩。生活就是一杯淡淡的白开水,食之无味,却能缔造生命的奇迹。"

平淡是美丽的,它不是心如死灰、冷酷无情的苍白,不是造作虚伪、貌似平静的脆弱。平淡代表一种深厚博大,一种不愿被磨难摧垮、不愿被享受腐蚀的高贵理智。平淡就是能将人生的酸甜苦辣在心中过滤,换成松弛、自信与优雅,从此不再耿耿于怀,不再患得患失。平平淡淡总是真,无论你的生活是如何的轰轰烈烈,最终还是会趋于平平淡淡。人的一生不可能永远都轰轰烈烈,生活是平凡的,人也是平凡的,我们只能坦然地面对生活中的一切,平淡地对待他们,才能达到怡然悠闲的境界。人生的长河,需要波澜壮阔,需要汹涌澎湃的恢宏,也需要清风徐来时小波的轻柔;人生的季节,需要蓬蓬勃勃的春天、热热闹闹的夏日,也需要秋日的险境与平淡;人生的事业,需要叱咤风云,需要标新立异的开拓,也需要平平凡凡、兢兢业业的耕耘;人与人的交往,需要酒一样的热烈情怀,也需要小溪流水一般,缓缓的感情渗透,默默的心灵沟通。所以,还是那句话:平平淡淡才是真。

记得在还不是很大的时候吟唱过《平平淡淡才是真》这首歌,不过当时不知愁、不识人间滋味的我,是领略不到作词者那洞悉人生的内心感悟的。如今生活的路一路走来,我也逐渐明白了作词者那历经沧桑、品味人生百味后对人生的重大感悟。真的,平淡是真,平淡是福!

当你试着领略宠辱不惊,看庭前花开花落去留无意,望碧霄云卷云舒的境界时,当你学会不以物喜、不以己悲的豁达大度时,你就逐渐领略到了平淡带给你的个中滋味。

人的一生注定是不完美的,人生是不能被保证的。也许你今天还意气风发,明朝就可能山穷水尽。生命中的很多因素都是无法预料的。或许你这一生都注定平平淡淡地度过,生时带给少许人快乐,死时留给少许人悲伤,你平平凡凡地度过了一生的岁月,但是,谁能说这不是一种生活方式?

(3)《小妇人——杨玉环》

在想当初,唐朝,有一位胖美女,此人姓杨名玉环字太真,只因唐明皇之子寿王李瑁(mào)选妃,杨玉环被召入宫。寿王一见大喜,即刻纳为妃子。二人上殿面君,明皇一见玉环花容月貌,真乃闭月羞花、沉鱼落雁,体态丰盈、面容姣好,胜似后宫粉黛三千!暗想:"朕身为君主,富有天下,却无这样美貌的妃子,若得玉环侍寝,我愿足矣。"回宫之后,明皇坐卧不宁神思不定。旁有高力士窥见,那高力士久在深宫,谙习万岁心思,心想,我何不如此如此,必合万岁心意。忙问万岁,如此惆怅,莫非爱惜一人?明皇道,正是。力士嘿嘿笑道,普天之下莫非王土,吾皇爱惜一人一物,皆可纳入囊中,又何必惆怅。明皇叹道,爱卿有所不知,吾所爱者,关乎人伦,若强取之,岂不被天下耻笑?力士言道,万岁不必忧虑,某有一计,可遂万岁心愿。明皇忙问,何计?力士言道,岂不闻,明修栈道,暗度陈仓乎?明皇点头曰,好计,卿真有栋梁之材。次日明皇口称龙体有恙,唤王道姑扶乩(jī)。王道姑言道,万岁此乃早年杀戮太重,以致上天见罚,须得有一皇族替万岁出家,上天方可宽宥。明皇乃召寿王夫妻言道,须得玉环代朕出家,一可保寡人龙体康泰,二可见卿夫妻孝道。不容分说,命人与玉环换上道装,遣至道观出家。玉环出家三年,明皇暗与私通款曲。三年后,玉环还俗,明皇不许寿王接玉环回府,自将玉环带入宫中。从此夜夜笙歌,不理朝政,天下大乱。后来安禄山造反,无人抵挡,明皇仓皇逃窜,逃至马嵬(wéi)坡,兵将哗变,逼死玉环。后人有诗叹之曰:玉环玉貌可倾城,明皇廉耻一旦空,禄山兵马压边界,一抔黄土葬娇容。这个胖妞儿你比得了吗?

3. 情景再现训练

情景再现训练旨在加强依据语言材料激发形象感受、调动情感活动的能力,是培养词语感受能力的一个重要方面。情景再现的展开必须要以信息传播的目的为引导和制约,以稿件为依据,产生于具体的感受中,以情为主,情景交融,以保证情景再现的方向性、丰富性和实用性。

(1) 宽阔的天安门广场沐浴在灿烂的阳光中,显得分外雄伟庄严。

(2) 人们在倾听、倾听,倾听着震撼世界的声音:中华人民共和国成立了!中国人民从此站起来了!

(3) 天热得发了狂,太阳刚一出来,地上已经像下了火。院子里一点儿风也没有,闷得人透不过气来;柳树也像得了病,叶子在枝上打着卷儿;马路上干巴巴地发着白光,烫着人的脚;真是处处干燥,处处烫手,处处闷得人喘不过气来。

正在这时,大雨点噼里啪啦地打下来。

(4) 别嚷,快看呐!太阳露出头顶了,太阳露出眉毛和眼睛了,太阳跳出来了,太阳离开了大地,升起来了!升起来了!

(5) 曲曲折折的荷塘上面,弥望的是田田的叶子。叶子出水很高,像亭亭的舞女的裙。层层的叶子中间,零星地点缀着些白花,有袅娜地开着的,有羞涩地打着朵儿的;正如一粒粒的明珠,又如碧天里的星星,又如刚出浴的美人。微风过处,送来缕缕清香,仿佛远处高楼上渺茫的歌声似的。

(6) 在一只渔舟上,我们大开了眼界。一个白发老渔人从舱里捧出一捧珍珠来,只见那颗颗珍珠,有大如羊奶子头的,有小如红豆的,光华夺目,熠熠生辉。

(7) 我打猎归来,沿着花园的林荫路走着。狗跑在我前边。

突然,狗放慢脚步,蹑足潜行,好像嗅到了前边有什么野物。

风猛烈地吹打着林荫路上的桦树,我顺着林荫路望去,看见一只嘴边还带着黄色、头上生着绒毛的小麻雀,分明是刚出生不久,从巢里跌落下来的。它呆呆地伏在地上,孤立无援地拍打着两只羽毛还未丰满的小翅膀。

——屠格涅夫《麻雀》

（8）盼望着，盼望着，东风来了，春天的脚步近了。

一切都像刚睡醒的样子，欣欣然张开了眼。山朗润起来了，水涨起来了，太阳的脸红起来了。

小草偷偷地从土里钻出来，嫩嫩的，绿绿的。园子里，田野里，瞧去，一大片一大片满是的。坐着，躺着，打两个滚，踢几脚球，赛几趟跑，捉几回迷藏。风轻悄悄的，草软绵绵的。

——朱自清《春》

（9）巴尼·罗伯格是美国缅因州的一个伐木工人。一天早晨，巴尼像平时一样驾着吉普车去森林干活。由于下过一场暴雨，路上到处坑坑洼洼。他好不容易才把车开到路的尽头。他走下车，拿了斧子和电锯，朝着林子深处又走了大约两英里路。

巴尼打量了一下周围的树木，决定把一棵直径超过两英尺的松树锯倒。出人意料的是：松树倒下时，上端猛地撞在附近的一棵大树上，一下子松树弯成了一张弓，旋即又反弹回来，重重地压在巴尼的右腿上。

——《难以想象的抉择》

4．内在语训练

播音创作所依据的文字稿件常常是"言有尽而意无穷"，作者不可能也没必要把稿件包含的具体内容和思想感情全部写成文字，但在播音创作时，我们必须由表及里，在语句的有尽之言中挖掘无尽之意、无尽之美，这是播音创作的内涵所在。语句的弦外之音、味外之味就是我们所说的内在语，是那些在播音稿件中所不便表露、不能表露或没有完全显露出来的语句关系和语句本质。

（1）《如果我错了》

我们的青年人似乎缺少这样一种声音，它从童心里发出，却是成熟的标记，它所蕴含的善良、高尚、诚挚、谦逊的品格，令人肃然起敬。它不是每一个人都能启齿表达，因而成为稀有之物，弥足珍贵。"我错了"，这种质朴的声音不是离我们太远了吗？

人非圣贤，孰能无过，可不知为什么，承认错误，这种自自然然的事情，随年龄和阅历的增长渐渐地和我们疏远了。我们在做错了事时，惧怕在朝夕相处的同事面前，更惧怕在素不相识的生人面前，认认真真地说句："我错了。"实际上，在社会生活中，我们常常因为欠考虑而误解人，因粗心而做错事，因孤陋寡闻而持有狭隘偏见，人本来不能十全十美，可我们却时常缺乏自知之明，不习惯自我批评。

我喜迎这种纯朴的声音："我错了。"我们理应明白，公开承认错误是高尚之举，而承认错误的果断、改正过失的迅速，正表明一个人的聪明睿智。如果我们做错了事，我愿意在任何场合、任何人的面前，郑重地说一句："我错了。"

（2）《知音难得》

从前，有一个皇帝特别喜欢弹琴，弹琴成了他唯一的嗜好。可是他弹不成调，听的人简直无法忍受。他在皇宫找不到一个知音，十分苦恼。

有一天，皇帝突然想出了一个主意。他叫太监找来一个等待处死的犯人，对他说："只要你说我的琴弹得好，我就免你一死。"

皇帝开始弹琴，犯人站在一旁听着。一曲未尽，犯人便跪在地下请求："圣君，求您别再弹了，奴才宁愿早死！"

(3)《都走了》

有位大夫姓陈,医术很好,就是不会说话。

陈大夫六十岁生日那天,在临街的一家饭铺里举行宴会为自己庆祝生日。他请了好几十位朋友,可临到宴会开始时,客人只来了一小部分。陈大夫急得一个劲儿地搓手:"唉,应该来的还没来。"

客人们一听,多心了。他们以为主人是说自己是"不应该来的",很难为情,于是走了二十多人。

陈大夫一看,急得搓手顿脚,说:"不该走的又走了。"剩下的十位客人一听,以为自己是"应该走的",于是又走了几个。

只剩下一位最好的朋友。他对陈大夫说:"你说话太不注意了,把这么多客人都气走了。"陈大夫似笑非笑地说:"那些话我不是冲他们说的啊!"

这位朋友一听心想,不是冲他们说的,那一定是冲我说的。于是这最后一位客人也走了。

(4)《教孩子心存善念》

这是一位父亲的教子故事。这是一个震撼心灵的故事。您听——

我越来越醒悟这世界是个残酷的角斗场。我觉得这辈子自己已经亏了,便指望儿子能有长进,做个硬汉铁人,于是从小灌输给他"恨"和"斗"的哲学。儿子今年六岁,我的"教育"初见成效,比如,他不太会哭了,在有人夸他乖时他会受辱似的反驳:"我不乖!"他会跟人以牙还牙了……

邻居家的儿子阿包显然也是接受这种"教育"的产物,不过更"杰出"得多,使我很有点妒忌。阿包比我儿子大一岁,继承了他爸粗壮的体魄和他妈火爆的性子。他是这里的孩子王,真有点儿无法无天、生死不怕的劲头,打架时即使人被压在底下了,还反问上面的人:"敢不敢了?"至于像扯小姑娘辫子、踩死人家的鸭子、淹死人家的兔子等这类恶作剧,数也数不清。还敢犯上作乱,跟大人对骂,吐大人口水。叫人又愤恨又叹气。我儿子虽然知道跟他针锋相对,但总恨不如人,几乎每仗必输。有两次被打得头破血流,一次被推下楼梯,额上还被划过一刀,留下了永久的纪念。我唯一欣慰的是,尽管如此,我儿子也没有哭,只是受伤时狠似的叫过几声。

"你儿子会不得好死!"我母亲和这里几乎所有的婆娘在跟阿包他妈骂街时都这样诅咒过,却不幸真被言中。

那年初夏,阿包第一个跑到潭里游泳,被淹死了。也许他根本就不会游泳。尸体两天后才浮上来,情景惨不忍睹。

"哼,这下阿包真的死定了!"我六岁的儿子胜利似的宣言。

我猛然一惊!一下子,我便全盘否定了我对他一贯施行的那种所谓硬汉教育。

薄暮时分,我悄悄把儿子领到阿包被淹死的那口深潭边。当时水天阴郁,凉风无声,芦苇萧萧,树木森然,归鸟黑影一样飞过,潭里像有鬼气。儿子下意识地偎紧我。

"阿包就淹死在这儿。"我对儿子说,"你知道淹死吗?""不知道。""好,闭上嘴,捂住鼻子,不准透气,看能顶多久,我计时。"儿子照做,很快就憋不住了,放手张嘴,劫后余生似的喘息。"你获救了。"我说,"可阿包没有,他就这样憋下去,水还直往他肚里灌。他往下沉,他蹬脚,喊救命,没人听见。不,他根本就喊不出声。他不想死,他害怕,他求饶,可是不行……"儿子大睁着眼望着阴森的水潭。

我把儿子带到阿包家门口。阿包他妈嗓子早哭哑了,可还在哭。

"她是世界上最伤心的妈妈……阿包回不来了。"……我摩挲着儿子额上那块疤,"他甚至不能再跟你打架,也来不及跟你好了。这是阿包留给你唯一的纪念。"

我们走进阿包的灵堂。微暗的烛光下,阿包在骨灰盒上的相框里憨赖地笑望着我们。

我神态俨然,有板有眼地给阿包上了一炷香。……

我要儿子照做。他也有板有眼地做了。……

"想跟阿包说几句话吗?"我悄声说,"他能听到的。"

"阿包……"儿子讷讷地说,"我不恼你了,我跟你好……当时我要是在潭边,一定会拉你上来,我不会水,我就喊人,大声喊……"

儿子的泪珠滚落下来,在烛光下晶莹发亮。

5. 对象感训练

对象感是指在播音过程中意识到对象的存在并与之进行交流、呼应的感受。播音员、主持人在播音时,面前一般是没有实在的传播对象的,也就是"目中无人",但是,心中必须要有人,要让传播对象始终在脑海里浮现着,好像和他们面对面地说话一样。不仅要意识到对象的存在,而且还要意识到他们的"反应",与之进行思想感情上的交流和呼应。既"存在",又"交流",这就是对象感。

(1)《不妨伸个懒腰》

科学证明,伸懒腰时,两手上举,肋骨上拉,胸腔扩大,使膈肌活动加强,引起深呼吸。这既可减少内脏对心肺的挤压,有利于心脏的充分活动,又能促进全身血液循环,从而改善睡眠和紧张工作学习后的血液分布。尤其是人脑组织,虽其重量仅占体重的五十分之一,但需氧量却占全身需氧量的四分之一。可以说,伸懒腰是消除疲劳、焕发精神、促进体力和健康的一种积极活动。

(2)《我们祖国的语言》(广播稿)

小朋友,我现在说话,用的是什么语言?对了,是汉语,是汉民族的语言。汉语的历史很长,在三千多年以前,咱们中国就有了汉字。汉语产生在汉字以前。汉语让广大人民使用了这么多年,真是经过了千锤百炼,使它成了更丰富、更优美的语言。

……

我们的汉语是十分丰富、十分优美的。就拿声音来说吧,苏联诗人吉洪诺夫说:"只有用音乐才能传达汉语的声音。"意思是说,汉语的声音好像音乐那样好听。这话很对,比如拿 ba 这个音来说吧,可以念成"八、拔、把、爸"四个音,声音高低不同,这叫四声。有了四声,读起来就好听了。像"今天的红领巾,明天的红旗手",多好的一句话,要没有四声,念成"今—天—的—红—领—巾,明—天—的—红—旗—手"(全念阴平声),小朋友,你们说,这样好听吗?(略停)对了,不光是不好听,还觉得挺别扭。

你们再听听这几句:"英雄好汉""钻研苦干""山河美丽""资源满地"。多好听啊!你们爱读诗歌吧!诗歌常常是押韵的,念起来又顺口又好记。比如"杨靖宇将军的故事"那篇课文里,提到当时游击队员爱唱的一支歌,那歌里有这样的词:"……没有吃,没有穿,自有那敌人送上前!没有枪,没有炮,敌人给我们造。……"

小朋友,你们读过"送牛入社"这篇课文吗?那里面有一段关于大黄牛的描写:"在董村西街里,只要一提起长波喂的那头大黄牛,人们都会跷起大拇指称赞说:'那真是百里不挑一的好牛!'这头牛个儿大,膘肥,一迈步,大腿裆里的厚肉膘子就哆里哆嗦的,四条腿像木头柱子一样;淡黄色的毛油光光地发亮;一对黑眼睛滴溜溜圆;两支不很长的犄角,微微向里弯着,虎头虎脑的,实在招人爱。"这段话总共不过一百二十多个字,可是对这条大黄牛描写得多具体多生动啊!说到大家称赞大黄牛,就说大家"跷起大拇指称赞""是百里不挑一的好牛"。在一百个当中只能挑出一个,那已经是了不起了,这头牛呢,连一百个里边也挑不出一个来,这么一说,就显得这牛确实好。再说得具体点儿,怎么好法呢?"个儿大,膘肥……四条腿像木头柱子一样。"小朋友,你听,腿像柱子一样,那站在地上是稳稳的啰,这牛一定是又高又大又壮。在这段描写里又说,这牛长得"虎头虎脑的,实在招人爱"。可不是吗,牛长得像老虎那么壮,干活一定很棒,这怎么能不招人喜欢呐?

汉语里的词多极了,丰富得很。差别很小的意思,也可以用不同的词表示出来。你们好好推敲一下,挺有意思。比如用眼睛看,汉语里就能用不同的词来表示不同的看法,比如"二虎子"那篇课文写二虎子怎样在日本鬼子面前,用计策救出了区干部老王,里面写二虎子在日本鬼子面前,"瞪着一对黑溜溜的小眼睛","瞪"表现了二虎子对日本鬼子的恨。鬼子呢,他一边说话,一边用眼光"往男的一边溜,想看出谁是干部来","溜"是斜着眼睛看,写出了鬼子贼头贼脑的样子。后来一个小孩认走了他的爹妈,鬼子又"把他们打量了一番","打量"就是上上下下地看,就像要看出什么问题似的。"瞪眼睛""用眼光溜""打量",都是看,可是看法不同,所以用的字眼儿也不一样。用在这三个地方,就很恰当地表示了不同的意思。

小朋友们,我们祖国的语言,是多么优美、丰富啊!小朋友,你在写作文的时候,能最生动、最细致、最恰当地运用祖国语言表达任何的意思吗?

小朋友,要想掌握和运用我们祖国优美、丰富的语言,就要学好语文,学懂,学透,一点儿也不能含糊。

6. 重音与停连训练

(1)据西方通讯社报道,世界著名拳王穆罕默德·阿里,前天在美国内华达州拉斯维加斯进行的一次希望第四次赢得世界重量级冠军的比赛中,经过十个回合的战斗,败在世界拳击协会重量级冠军、美国的拉里·霍姆斯手下。

(2)一九三六年十二月十二日,国民党爱国将领张学良将军和杨虎城将军在我党"停止内战,一致抗日"的政策的感召下实行"兵谏",逮捕了蒋介石以及当时聚集在西安的几十名蒋帮军政大员,发动了震惊中外的"西安事变"。

(3)随行人员有马科斯的两个女儿、卡洛斯·罗慕洛外交部长、政府其他部长、省长和其他高级官员等。

(4)眼前,这"雷神爷"为何又甩帽?人们目瞪口呆!只见他在台上来回踱了两步又站定,双手叉腰,怒气难抑。终于,炸雷般的喊声从麦克风传出:"我的大炮就要万炮轰鸣,我的装甲车就要隆隆开进!我的千军万马就要去杀敌!就要去拼命!就要去流血!可刚才,有那么个神通广大的贵妇人,她竟有本事从几千里之外,把电话要到我这前线指挥所!……"

(5)大雨像一片巨大的瀑布,从西北的海滨横扫着广袤平原,遮天盖地地卷了过来。雷在低低的云层中间轰响着,震得人耳朵嗡嗡地响。闪电,不时用它那耀眼的蓝光,划破黑沉沉的夜空,照出在暴风雨中狂乱地摇摆着的田禾、一条条金线似的鞭打着大地的雨点和那在大雨中吃力地迈动着脚步的人影。一刹那间,电光消失了,天地又合成了一体,一切又被无边无际的黑暗吞没了。对面不见人影,四周听不到别的响声。只有震耳的雷声,和大雨滂沱的噪声。

(6)《小评论:廉政建设不能刮风》

过去,有些工作常常是一阵风,风来了,山摇地动,风过了,戛然而止,有些坏事情和坏风气,往往在"风"过不久就死灰复燃。

对惩治腐败,搞廉政建设,群众既喜且忧,喜的当然是这样做很符合民意,有利于党风好转,有利于国家的长治久安,忧的就是一阵风,半途而废,不能完全彻底。因为在我们以前的工作中确实存在着"刮风"的毛病,有些违法犯罪分子掌握了我们的规律,他们经历了风浪,变得更狡猾了,有的甚至成了"避风"的"专家"和见风使舵的"老手",一次次地"化险为夷"。……

光靠刮一阵风,是刮不走我们生活中某些腐败现象的。谁要是以为发一两个号召,组织几次学习,制定几条廉政措施,处理那么几个人,抓几个典型登登报,就把问题解决了,这只能是天真的良好愿望。

(7)《想和做》 胡绳

有些人只会空想,不会做事。他们凭空想了许多念头,滔滔不绝地说了许多空话,可是从来没认真做过一件事。

也有些人只顾做事,不动脑筋。他们一天忙到晚,做他们一向惯做的或者别人要他们做的事情。他们做事的方法只是根据自己的习惯,或者别人的命令,或者一般人的通例。自己一向这样做,别人要他们这样做,一般人都这样做,他们就"依葫芦画瓢",照样做去。到底为什么要做这件事,为什么要这样做,有没有更好的办法,他们从来不想一想。

我们瞧不起前一种人,说他们是"空想家",可是往往赞美后一种人,说他们能够"埋头苦干"。能够苦干固然是好的,但是只顾埋着头,不肯动动脑筋来想想自己做的事情,其实并不值得赞美。

这种埋头做事不动脑筋的人,简直是——说得不客气一点——跟牛马一样。拉磨的牛成年累月地在鞭了下绕着石磨转,永远不会想一想为什么要做这件事,为什么要这样做,有没有更好的办法。能够这样想的只有人。人在劳动中不断地动脑筋,想办法,才清清楚楚地知道自己做这件事为什么目的,有什么意义,有什么缺点,才渐渐想出节省劳力、提高效率的方法。人类能够这样劳动,能够一面做,一面想,所以人类文化能够不断地进步。要不,今天的人类就只能像几万年以前的人类一样,过着最原始最简单的生活了。

一事不做,凭空设想,那是"空想"。不动脑筋,埋头苦干,那是"死做"。无论什么事情,工作也好,学习也好,"空想"和"死做"都不会得到进步。想和做是分不开的,一定要联结起来。

……在学校里,有些同学很"用功",可是不会用思想。他们学习语文,就硬读课文。因为只读不想,同一个语言文字上的道理,在这一课里老师讲明白了,出现在别一课里,他们又不理解了。他们学习数学,就硬记公式。因为只记不想,用这个公式算出了一道题,碰到同类的第二道题就又不会算了。从旧经验里得到的道理,不能应用在新事物上,这就是不会用思想的缘故。另外也有些同学,他们能想出些省力的有效的方法,拿来记住动植物的分类,弄清历史的年代。我们固然不赞成为了应付考试想出一些投机取巧的方法,但是我们承认,在学习各种功课和训练记忆力上,是可以有一些比较省力的有效的方法的。这些方法也得从学习的经验中取得。假如只是埋头苦读,不动脑筋想一想,那就得不到。除了学习功课以外,做种种课外活动,也要把想和做联结起来。例如开会、演说、办壁报、组织班会和学术团体,这些实际的行动,如果光凭一腔热情,埋头苦干,不根据已有的成绩和经验,想想怎样才能把这些事情做得更好,更有效果,那么,结果常常会劳而无功。

无论什么人,不管他怎样忙,都应该抽点工夫来想一想。想什么?想他自己做过的事情,想自己做事得到的经验。这样,他脑子里所有的就不是空想,他的行动也就可以不断地得到进步。

7. 语气、节奏练习

(1) 春风吹遍了山川,春雨洒满了田园,春风春雨带来了美丽的春天。百鸟和鸣清脆婉转,百花盛开桃红李艳。

(2) 沉着、自制,就是能够约束自己的情感,掌握自己的情绪,在复杂的情况下保持冷静,不会发生无谓的冲动。苏轼有句很精辟的话:"匹夫见辱,拔剑而起,挺身而斗,此不足为勇也。天下有大勇者,卒然临之而不惊,无故加之而不怒。"这句话的意思是说,遇事要冷静……

(3) 天上那层灰气已散,不甚憋闷了,可阳光也更厉害了许多;没人敢抬头看太阳在哪里,只觉得到处都闪眼,空中、屋顶上、墙壁上、地上,都白亮亮的,白里透着点红;由上至下整个的像一面极大的火镜,每一条光都像火镜的焦点,晒得东西要发火。在这个白光里,每一个颜色都刺目,每一个声响都难听,每一种气味都混含着由地上蒸发出来的腥臭。街上仿佛已没了人,道路好像忽然加宽了许多,空旷而没有一点凉气,白花花的令人害怕。

——老舍《骆驼祥子》

(4) 院子是东西长而南北短的一个长条,所以南北房不能相对;假若相对起来,院子便被挤成一条缝,而颇像轮船上房舱中间的走道了。南房两间,因此,是紧靠着街门,而北房五间面对南院墙。两间东房是院子的东尽头;东房北边有块小空地,是厕所。南院墙外是一家老香烛店的晒佛香的场院,有几株柳树。幸而有这几株树,否则祁家的南墙外便什么也没有,倒好像是火车站上的房子,出了门便是野地了。

——老舍《四世同堂》

(5) 竹篱的那边是两家很精巧的华美的洋房。篱畔的落叶树和长青树,都悠然自得地显着入画的奇姿。平坦的淡黄的草园,修饰的浅黑的园径,就好像一幅很贵重的兽毯一样敷陈在洋房的下面。

红的砖,绿的窗棂,白的栏杆,淡黄的瓦……

——郭沫若《亭子间中》

(6) 突然在汹涌起伏的波涛中出现了一个黑点,它忽大忽小,慢慢地升到浪涛的顶端,又一下子跌落在浪谷里。小船离岸越来越近了……我紧张地望着那只可怜的小船,看它怎样像鸭子一样钻到水里,又像振翼高飞的鸟儿似的飞快划动着双桨,从深渊里的浪花中蹿出来。啊呀,我想这下子它要猛冲到岸上,撞个粉碎了,不料它却灵活地侧转过来,安全地驶进一个小湾。

——莱蒙托夫《当代英雄》

(7)《珍珠鸟》 冯骥才

真好!朋友送我一对珍珠鸟,我把它们养在一个竹条编的笼子里。笼子里有一团干草,那是小鸟又舒适又温暖的巢。

有人说,这是一种怕人的鸟。

我把笼子挂在窗前。那儿有一盆茂盛的法国吊兰。我让吊兰的长满绿叶的藤蔓覆盖在鸟笼上,珍珠鸟就像躲进幽深的丛林一样安全,从中传出的笛儿般又细又亮的叫声,也就格外轻松自在了。

阳光射进窗来,把吊兰的一串串小叶照得如同碧玉。小鸟的影子就在这中间隐约闪动,看不完整,有时连笼子也看不见,却见它们可爱的鲜红小嘴儿从绿叶中伸出来。

我很少扒开叶蔓瞧它们,它们便渐渐敢伸出小脑袋瞅瞅我。我们就这样一点点熟悉了。

三个月后,那一团愈发繁茂的藤蔓里边,发出一种尖细又娇嫩的叫声。我猜到,是它们有了雏儿。我呢?决不掀开叶片往里看,连添食加水时也不睁大好奇的眼睛去惊动它们。过不多久,忽然有一个小脑袋从叶间探出来。正是它们的雏儿!

这个小家伙能轻易地由笼子里钻出身。瞧,多么像它的母亲:红嘴红脚,灰蓝色的毛,只是后背还没有生出珍珠似的圆圆的白点。它好肥,整个身子好像一个蓬松的球儿。

起先,这小家伙只在笼子四周活动,随后就在屋里飞来飞去,一会儿落在柜顶上,一会儿神气十足地站在书架上,啄着书背上那些大文豪的名字,一会儿把灯绳撞得来回摇动,跟着又跳到画框上去了。只要大鸟在笼子里叫一声,它立即飞回笼里去。

我不管它。就是打开窗子,它最多只在窗框上站一会儿,决不飞出去。

渐渐地,它胆子大了,有时落在我的书桌上。

它先是离我较远,见我不去伤害它,便一点点挨近,然后蹦到我的杯子上,低下头来喝茶,再偏过脸瞧瞧我的反应。我只是微微一笑,依旧写东西,它就放开胆子跑到稿纸上,绕着我的笔尖蹦来蹦去,跳动的小红爪子在纸上发出嚓嚓的响声。

我不动声色地写,默默享受着这小家伙亲近的情意。这样,它完全放心了,索性用那涂了蜡似的、角质的小红嘴,"嗒嗒"啄着我颤动的笔尖。我用手抚一抚它细腻的绒毛,它也不怕,反而友好地啄两下我的手指。

白天,它这样淘气地陪伴我;天色暗下来,它就在父母的再三呼唤中,飞向笼子,扭动滚圆的身子,挤开那些绿叶钻进去。

有一天,我伏案写作时,它居然落到我的肩上。我手中的笔不觉停了,生怕吓跑它。过了一会儿,扭头看看,这小家伙竟扒在我的肩头上睡着了,银灰色的眼皮盖住眼睛,小红脚刚好给胸脯上长长的绒毛盖住。我轻轻抬一抬肩,它没醒,睡得好熟!还咂咂嘴,难道在做梦?

我笔尖一动,写下一时的感受:信赖,往往创造出美好的境界。

(8)《白杨礼赞》 茅盾

白杨树实在不是平凡的,我赞美白杨树!

当汽车在望不到边际的高原上奔驰,扑入你的视野的,是黄绿错综的一条大毯子。黄的是土,未开垦的荒地,几百万年前由伟大的自然力堆积成功的黄土高原的外壳;绿的呢,是人类劳力战胜自然的成果,是麦田,和风吹送,翻起了一轮一轮的绿波,——这时你会真心佩服昔人所造的两个字"麦浪",若不是妙手偶得,便确是经过锤炼的语言的精华。黄与绿主宰着,无边无垠,坦荡如砥,这时如果不是宛若并肩的远山的连峰提醒了你(这些山峰凭你的肉眼来判断,就知道是在你脚底下的),你会忘记了汽车是在高原上行驶。这时你涌起来的感想也许是"雄壮",也许是"伟大",诸如此类的形容词,然而同时你的眼睛也许觉得有点倦怠,你对当前的"雄壮"或"伟大"闭了眼,而另一种味儿在你心头潜滋暗长了——"单调"!可不是,单调,有一点儿吧?

然而刹那间,要是你猛抬眼看见了前面远远有一排——不,或者只是三五株,一株,傲然地耸立,像哨兵似的树木的话,那你的恹恹欲睡的情绪又将如何?我那时是惊奇地叫了一声的!

那就是白杨树,西北极普通的一种树,然而实在是不平凡的一种树!

那是力争上游的一种树,笔直的干,笔直的枝。它的干通常是丈把高,像加过人工似的,一丈以内绝无旁枝。它所有的丫枝一律向上,而且紧紧靠拢,也像加过人工似的,成为一束,绝不旁逸斜出;它的宽大的叶子也是片片向上,几乎没有斜生的,更不用说倒垂了;它的皮光滑而有银色的晕圈,微微泛出淡青色。这是虽在北方风雪的压迫下却保持着倔强挺立的一种树!哪怕只有碗那样粗细,它却努力向上发展,高到丈许,两丈,参天耸立,不折不挠,对抗着西北风。

这就是白杨树,西北极普通的一种树,然而决不是平凡的树!

它没有婆娑的姿态,没有屈曲盘旋的虬枝。也许你要说它不美。如果美是专指"婆娑"或"旁逸斜出"之类而言,那么白杨树算不得树中的好女子。但是它伟岸,正直,朴质,严肃,也不缺乏温和,更不用提它的坚强不屈与挺拔,它是树中的伟丈夫!当你在积雪初融的高原上走过,看见平坦的大地上傲然挺立这么一株或一排白杨树,难道你就觉得它只是树?难道你就不想到它的朴质,严肃,坚强不屈,至少也象征了北方的农民?难道你竟一点也不联想到,在敌后的广大土地上,到处有坚强不屈,就像这白杨树一样傲然挺立的守卫他们家乡的哨兵?难道你又不更远一点想到,这样枝枝叶叶靠紧团结,力求上进的白杨树,宛然象征了今天在华北平原纵横决荡,用血写出新中国历史的那种精神和意志?

白杨不是平凡的树。它在西北极普遍,不被人重视,就跟北方农民相似;它有极强的生命力,磨折不了,压迫不倒,也跟北方的农民相似。我赞美白杨树,就因为它不但象征了北方的农民,尤其象征了今天我们民族解放斗争中所不可缺的朴质、坚强、力求上进的精神。

让那些看不起民众、贱视民众、顽固的倒退的人们去赞美那贵族化的楠木(那也是直挺秀颀的),去鄙视这极常见、极易生长的白杨罢,我要高声赞美白杨树!

三、训练记录方式与评价

可使用录音设备进行听音、录音、比较,以达到正音与改善的目的。

可采用学生自我评价、小组内互评、小组间互评及教师评价的方式,及时予以客观评价和适当引导,提高学生听音与辨音能力。学生应及时、客观记录,找出自己在吐字归音和语言表达中的明显问题,反复练习,达到播音与语言表达的训练目的。

1. 通过检查文稿标注情况,督促、检查备稿情况,强化备稿习惯。

学习者不应形成"拿来就播"的不良习惯,这首先是工作态度的问题,其次,这一行为习惯一定会对播音效果产生极坏的影响,甚至影响播音员专业能力的发展。

2. 播音表达质量评价。

包括是否能较好地独立完成备稿工作,较好地把握稿件内容和主题思想的表达、停连的处理、语句的轻重层次处理、词的轻重格式处理、感情基调的处理等。

训练二：新闻播音

广播电视的发明和应用是20世纪人类最伟大的科学技术成就之一，也是信息传播媒介最伟大的变革。

1916年，美国在世界历史上第一次成功实现新闻广播。作为一种新兴行业，广播引起人们的普遍关注并在社会生活中产生巨大的影响。20世纪30年代，无线电广播几乎遍及世界，一系列重大事件报道成就了广播的社会影响力，以爱德华·默罗为代表的第二次世界大战时期的战地广播更加彰显广播新闻报道方式的传播优势，广播节目数量不断增加。

1936年11月2日，英国广播公司(BBC)在伦敦以北的亚历山大宫的电视演播室以一场大型歌舞开始了电视节目的正式播出，从而宣告世界电视业的正式诞生。第二次世界大战结束后，世界各国电视台恢复正常播出，全球电视事业开始飞速发展，各国重新开始电视方面的研发和建设。电视节目形态日趋多样，电视新闻节目不断发展与成熟，电视产业市场日趋成熟。

新闻是广播电视节目系统中的第一语言，其传播作用是不容置疑的。广播有着迅速准确的新闻报道、广泛的信号覆盖、随时随地方便快捷的收听方式、独特的情感陪伴作用等特点，尤其在新闻信息传播上具有传播优势；电视新闻则具有画面丰富真实、可感性强和视听双重信息传递的优势与特点。

一、广播电视新闻播音员与广播电视新闻记者

新闻播音是广播电视传媒中播音员、主持人最重要的工作内容之一，新闻播音质量的高低直接影响到宣传与新闻信息传播的效果。新闻节目以其独特的专业标准、工作原则和道德规范约束着所有的新闻从业人员。

广播电视新闻记者的日常工作是收集、撰写、制作声音和图像形式的新闻报道。事实上，新闻播音员的记者身份也是不容置疑的。从事广播电视新闻工作，必须具备许多专业的技巧和才能。广播电视新闻记者必须具备高度的新闻敏感，及时了解自然、社会中发生的重大事件及其影响，并具有迅速判断新闻价值的能力；广播电视新闻记者必须做到知识面广，对所有学科都有所了解；广播电视新闻记者必须具备出色的写作能力，而且要着重培养使用具有可听性的广播语言进行写作的能力；现代广播电视新闻播报要求信息快捷、准确、无误，所以，能利用新的远程通信设备进行现场口头播报的能力也成为现代广播电视新闻记者必备的素质；采集新闻信息时，记者还必须具有经过精心打磨的人际交往技巧，随时应对可能发生的各种困难的采访情况。

在实际工作中，广播电视新闻记者的实际知识、与人沟通和令对方信服的能力是能否获得工作机会的决定性因素。知识、可信度、活力、权威性等要素的具备，是广播电视新闻记者走向成功的主要原因。

二、广播电视新闻播音

(一) 新闻类稿件与新闻播音总体要求

目前,广播电视新闻口播基本上是直播。由于广播电视新闻节目制作播出的要求和特点,常会出现新闻稿出稿时间晚或播出中随时插播稿件的情况,加上电视新闻播音员还需要为出镜准备化妆、服装等,因而,广播电视新闻播音员的备稿时间有可能相当短。这就对播音员的广义备稿能力提出了更高的要求,需要播音员有对各方面知识的长期积累,对时政、科技、文化体育、社会生活等动向的了解,对社会热点、焦点问题的分析、解读,对专业术语、人名、地名、字音的了解与掌握。自信,是成为一名合格的广播电视新闻播音员的重要条件之一,只有心里有底才自信,这也是人所共知的道理。狭义备稿更多的是检验一名播音员的工作责任心与专业技能。为了追求高质量的传播效果与提高工作效率,要加强狭义备稿,调整好自己的播出状态,启动自己的内心情感,激活思维,引发语言表达上相应的变化,使新闻口播准确、自如、有深度。

在具体备稿时,要注意下面几个问题:

1. 抓住每条新闻的目的、针对性与新鲜点,立足整体,获得准确的口播基调与重点。

2. 注意新闻的结构与编排处理,找准口播新闻与新闻片的衔接点,把握口播的位置与任务。

3. 无提词器口播时,初学者应根据稿件的内容、目的、重点等,适当划出抬头点,某些抬头点的短句要尽可能背下来,有助于抬头交流。(关于电视新闻中无提示口播"抬头"的介绍,参见本书附录4。)

(二) 广播电视新闻播音工作意识

由于广播电视新闻节目的播出特点,播音员的出镜率、知名度和影响力在某种程度上甚至超过电影演员,以至于部分年轻人(包括学习播音主持专业的部分学生)对这一工作产生了某种认识上的偏差,在学习阶段一心向往将来成为"明星"的生活,或者干脆把自己当成了演艺明星。这种心态反映在新闻播音工作中的结果往往是过分注意自己的外表和穿着打扮,工作时或搔首弄姿,或拿腔拿调、表现肤浅,从根本上背离了新闻播音工作的性质。

广播电视新闻播音员不是艺术工作者,而是新闻工作者。广播电视新闻播音表达方式因其工作性质的特殊而受到方方面面的限制,不能完全凭自己的喜好或习惯选择语言表达方式或语言样式。即使在目前新闻播报方式多样化的情况下,也应坚持正确的工作定位意识,使广播电视新闻播音体现出新闻播报的本体规律,即形象、明快、庄重、规整,以积极向上的精神面貌和热情的心态来完成自己的工作,真正起到党和政府的喉舌与人民群众代言人的作用。要做到这一点,除了应具备扎实的广播电视新闻传播和播音专业技能外,还要不断加强对党和政府各项方针政策的学习与掌握,加强对国内外政治、经济、社会、文化的关注与了解,亲身实践,洞悉社情民意。只有这样,才能真正具备干好广播电视新闻工作的基础。

（三）广播电视新闻播音的特点

1. 广播电视新闻播音形式多样化

广播电视新闻传播具有信息传播技术的先进性、传播方式的非唯一性、表现手段的丰富性、表现形式的多样化等特点，所以，广播电视新闻播音有多种形式，如出镜口播、新闻节目配音、现场新闻报道、演播室对话等。

2. 广播电视新闻播音稿件内容多样化

公文类：如各种重要的政府公报、决议、政令通知和新闻通稿发布等。

导语、串词类：某一电视新闻的导语或串联新闻节目的串联词，串联词在新闻节目中有承上启下的作用。

快讯类：极具实效性和报道价值的消息，一般先以口播形式播出，以突出新闻的实效性。

背景、知识类：为使受众更好地理解一些消息的内容或意义而配发的相关资料，如有关历史、地理的各种知识、背景等内容。

新闻评论类：新闻编后语、电视评论、报刊评论等内容。

3. 广播电视新闻播音关注点多

广播新闻播音在工作中一般只关注文稿和有声语言表达。电视新闻传播中，播音员要关注的方面比较多，除了关注有声语言表达外，还要关注副语言（如服装、发型、表情、姿态等）的运用，注意提词器的操作和监视器里镜头画面的情况，关注耳机中导播的工作指令等。

4. 广播电视新闻播音具有多重制约性

广播电视新闻播音不仅受制于稿件的内容，还受制于广播电视新闻播音形态的多种因素。

（四）播音员的形象与造型

播音员进行电视新闻播音时，声音与形象往往同时呈现给观众，画面主景别是"近景"。景别源自距离，景别也源自心理。虽然是通过电视屏幕间接交流，但"近景"画面带给观众的是近似面对面倾谈的交流感，语言表达上，讲述的感觉更强。所以，在播音时，播音员要设想自己的交流对象较少，离观众较近，交流更直接。在语言表达上要注意避免用声过强、感觉不具体、表达不自如。实际工作中，要注意口播新闻时声音处理的分寸感，即播出声音的高低、快慢、强弱等，咬字力度要稍作加强（发声力度稍弱于广播新闻播音，强于电视新闻配音），语速要稍放慢（语速稍快于广播新闻播音，稍慢于电视新闻配音），帮助观众听清、听懂。另外，在电视口播新闻中，播音员还要注意自身形象的把握，咬字动作和力度太过，自然会影响画面形象的美观，但咬字力度太弱，又可能会影响发音的清晰和准确。

有关电视化妆与造型，可以在教师指导下学习，初步掌握电视着装、佩戴饰物与化妆的基本方法与要求。

有关播音员形象塑造的一些建议，参见本书附录5。

（五）熟悉广播电视播音工作环境

1. 了解电视新闻口播与电视新闻信息传递的主要方式

电视新闻口播，即播音员在电视屏幕上出镜播报新闻稿件的电视新闻播音。它以有声语言作为传递新闻信息的主要手段，同时，辅以电视播音员（新闻主播）的表情、神态、体态动作等体态语（副语言）。

在现代电视播音实践中，为了增强电视新闻口播的明晰性、生动性，多维度扩大新闻信息量，还时常运用抠像技术或虚拟演播室技术，结合口播新闻的播报内容，呈现出新闻现场的视频图像、新闻照片、字幕、图表等。

2．了解电视新闻播音工作环境

电视新闻演播室的规模不一，一般配备有多台摄像机、提词器、话筒、监视器等设备，设置有新闻栏目景板。不少电视台新闻演播室还采用工作状态的新闻采编工作室为背景，以营造"紧张"的新闻编播工作氛围（见图4-1）。

图 4-1　电视新闻演播室

（六）电视新闻播音员的镜前工作状态与工作要求

1．学习、熟悉播音员镜前工作状态

（1）认真审视自己的服装、化妆、发型等，关闭无线通信工具

应多带几套衣服以适应演播室环境，如背景、布景、道具，还要注意与工作伙伴或嘉宾所穿着服装的搭配。应将准备上镜穿的、熨烫平整的衣物挂在西装挂衣袋中，而不应随意放在箱包中，以避免衣服、饰物在节目正式拍摄前取出时出现明显皱褶，难以处理。无规则的压痕、皱褶在一定程度上既反映出个人生活的"不拘小节"，也影响观众对你的看法和评价。

为了你的专业形象，播音正式开始前，应该从监视器里审视一下自己的妆容。若是有人提醒你整理一下头发或是衣服的领子、领带、纱巾或是略作补妆等，都是善意的建议。

录音时，应切记关闭无线通信工具，以免对拾音、录音工作造成影响。还要注意避免室内较强的气流（如空调产生的气流）影响声音质量。

（2）合理选择与设置话筒

在电视播音工作中选择话筒，不仅要考虑话筒的电声性能，还要顾及话筒的出镜效果。比如，话筒外部材质是否会导致出现强反光点，话筒外形是否影响画面构图效果，话筒上是否需要设置台标或栏目名称的标牌或标识等。还要考虑话筒的放置方式,是手持话筒,还是使用桌面话筒架或立式话筒支架、领夹式话筒、话筒吊杆等。要综合考虑各种因素,从而既实现拾音清晰的目的,也不影响电视画面美观。较常出现的问题有:话筒遮挡播音员或主持人脸部,影响人物形象;话筒金属杆出现强反光点,影响观众的注意力;话筒外形或摆放的位置影响电视画面整体构图效果等。在室外进行新闻播报时,要注意给话筒套上合适的风罩,以减少外界环境因素的影响,保证拾音质量。

(3) 保持良好的身体姿态

身体语言是播音员手势、姿态、体态的综合体现,它反映了播音员的工作情绪,也反映了播音员对听众(观众)的态度。在话筒或摄像机前,身体要一直保持良好的姿态,使听众(观众)感觉到你积极的情绪和强健有力的体魄(见图4-2、图4-3)。

无论采用坐姿或站姿都应对身体动作有所控制,身体稍向前倾,略颔首,身体不松垮、不歪斜,坦率、庄重、大方。身体动作幅度不宜过大,不要让你的动作引发观众的不安情绪。

从身体姿态中传达出来的信息会传递给受众和节目嘉宾。在练习中,应通过观摩录像资料,审视自己的身体语言表达中是否存在一些无意识的小动作,如耸鼻、撇嘴、甩头发,或用手指拨弄头发、抖动身体等。要知道,镜头会夸大这些看似不起眼的小动作,这些都会影响观众的注意力,也会损害传播者个人形象。做访谈节目时,双臂紧抱在胸前也是不可取的,要注意戒除。

图 4-2　播音姿态 1:身体完全朝前坐

图 4-3　播音姿态 2:身体转过 1/4 位置

(4) 在实际拍摄时,注意镜头位置与视线关系

播音时,采用过分的仰视或过分的俯视姿态都是不可取的。应采取平等交流的姿态,用身体语言充分传达一种感兴趣的态度,上身朝摄像机镜头的方向略微前倾,给人以精力充沛和兴致盎然的印象。

2. 在镜头前正确播读稿件

(1) 掌握新闻播读的要求,做到叙事清楚、新鲜感强、语言朴实、节奏明快

注意充分表达文稿作者的真实意图,正确运用有声语言与身体语言进行播音实践,努力使播音"生动化、可信化和人性化"。

新闻的力量在于真实可信,这就要求播音员的用声必须朴实、自然、明快、清晰、流畅。朴实自然才能使人产生亲切感,愿意听你播讲下去。在生活中,说话装腔作势、拿腔拿调或嗲声嗲气都是令人厌恶的。如果用矫揉造作的声音播音,就会拉大与受众心理上的距离,受众拒绝收听(收看)你的"表演"也就顺理成章了。

(2) 播音员在镜头前的发挥

初学者要使自己适应在镜头前的工作,需注意下面一些问题:

① 表现出对工作的激情和对话题的兴趣。

面对摄像机,你的激情可能衰减了。可试想一下,如果你都不关心你自己在读的内容,听众(观众)们为什么要关心呢?所以,工作时多一点激情,少一点慵懒和冷漠,对播音员的工作是有益而无害的。

新闻播音员对自己不理解的题材无法表现出真正的兴趣。对工作任务的积极性和对新闻事件(素材)的关注能帮助你判断新闻事件,并表现出真正的兴趣。

② 正确处理视线。

往镜头里面看,保持正确的目光接触——无论是使用提词器还是直接依据纸质文稿播读,都应与观众保持正确、良好的目光接触。看镜头时,要直接盯着它(往镜头"里面"看),这样,无论观众从什么角度看画面,都会觉得你在看着他。工作时,你视线的微小变化观众都会清晰地察觉到。练习时需要培养自己具有超前阅读一句或两句稿子的能力。播读时,迫使自己提前浏览前面的内容,并消化整体看到的内容。朗读拿在手里的稿件时,要避免老是看稿件的某个地方。

正确移动视线——在与人对话时,有些人习惯偶尔朝旁边扫视一眼。在平常,这一动作没什么特别不好,也可能并未引起人们的关注,但若把这个习惯带到镜头前,电视观众会很明显地察觉到你的这种"目光躲闪"。尤其当你在镜头前视线左右来回瞥时,会给观众造成特别不好的印象。所以,不看镜头时,眼睛朝下看比朝旁边瞥要好看得多。

学会照顾多机拍摄——当演播室内采用多机拍摄时,播音员还要学会适应摄像机位的改变,自然地将注视的目光从一台摄像机转移到另一台摄像机上,而不是僵硬地、面无表情地转动脑袋。其实,训练中我们可以想象一下同时和几个人谈话时,自己的视线是如何自然地从在场的一个参与者转到另一个参与者身上的,把这样的经验带到多机拍摄的工作中,经过一段时间的练习后,一定能自如地转换视线。

③ 善于利用监视器。

播音时,偶尔扫视一下演播室内的监视器屏幕,就可以知道目前正处在什么样的镜头中。尤其是处于特写镜头中时,必须小心控制自己动作姿态的幅度,因为摄像机会放大你的微小动作。

④ 对使用提词器的提示。

利用提词(见图4-4)器帮助自己读稿时,下面的提示也许对你有帮助:

注意避免太直接地盯着提词器上的文字,尤其是对那些视力不佳的播音员来说,过分地紧盯提词器上的文字,屏幕上会明显地显现出你视线的移动,观众会因此分散注意力。

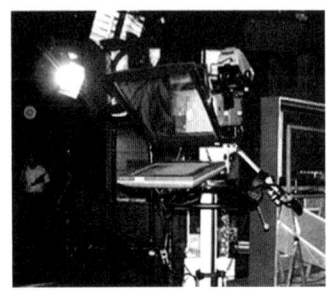

图 4-4　提词器

应采用稳定的语速进行播音,使提词器操作员能适应和配合你的播读速度。决定语速快慢的是播音员,而不是提词器操作员,在工作中要避免卷入互相追逐的"游戏"中。通过一段时间的训练与适应,你可能会发现看着提词器上某一行字时,播读效果特别好。试着从第三行字往下读,这样做可以使你在阅稿时上下有些缓冲,并帮助提词器操作员稳定地操作设备。

不时地看看手中的稿件,保证让自己处于根据手中稿件进行播音的状态。这样,既可缓解紧张情绪,也不致在提词器突然发生问题时找不到文稿中的相应位置。

三、训练注意事项

1. 注意正确操作摄像机,记录符合技术要求的图像与声音。
2. 在与其他信息符号配合时,注意对新闻播音员的画面构图。
3. 培养、训练稳定的播音语速。播音员应注意理解播讲内容,讲清事实,真实地表达感情和情绪。特别应注意的是,感情的表达不应是脆弱的,更不应是虚伪的。
4. 注意审视自己的播音姿态。

四、训练评价

1. 对录像记录的片段进行评价,含个人评价、小组评价与教师评价。
（1）镜前工作的形体与装饰效果（画面效果评价）。
（2）语言传播效果（语言效果评价）。
2. 参考各方面评价意见,提出改善方法。

训练三：不同文体播音

播音发声的综合训练是一种整体驾驭，有别于各局部控制的训练，它是播音发声各局部控制的相互融合、相互协调的阶段。对播音发声的处理把握能力不能仅仅停留在音节层面，播音内、外部技巧的学习及训练和有声语言作品的表达，最终都要落实到语言表达的综合性和整体感中。

要求：

① 发准每一个音节的声韵调，并符合语调的要求。

② 发声状态、气息、口腔、共鸣要有一定的控制能力，为适应不同内容的要求，声音要有弹性变化。

③ 深入理解内容，加强感受（包括形象感受、逻辑感受、局部感受和整体感受等），真正做到有感而发，用情真实、自然，表达流畅。

④ 以情带声，以声传情，声情并茂，做到情、声、气的完美结合。

一、故事类

1. 播读要求

故事类作品的语言一般有叙述语言、人物语言两部分。叙述语言要以讲述的语气为主，用声在自如声区的中部，随着情节的发展利用虚实、明暗、强弱、高低、快慢等多种对比因素的变化加强对内容的表达，避免语势平淡。语言要有感情，流畅自然。语速要适度，慢不能拖，要有重点，快不能赶，要让人听清楚，在速度适宜的语流中引领人们进入内容所设置的氛围里。

人物语言要有独特风貌，就要根据人物条件进行声音塑造，利用声音弹性变化和不同的吐字发声手段来表现。例如：男性发音靠后，气息充足，吐字稍硬朗；女性气息柔和，咬字轻巧；孩子用声较高，吐字偏前，声音甜润；老人声音低沉，气息松散，吐字较松。总之，尽量把握语言的心理依据，通过对语言形式的微调，力求与特定人物的语气神似。还可调节共鸣腔声区，达到区别不同人物的目的。叙述语言与人物语言应有机交融，衔接过渡自然。

2. 练习

（1）皮鞋匠静静地听着。他好像面对着大海，月亮正从水天相接的地方升起来。微波粼粼的海面上，霎时间洒遍了银光。月亮越升越高，穿过一缕缕轻纱似的微云。忽然，海面上刮起了大风，卷起了巨浪。被月光照得雪亮的浪花，一个连着一个朝着岸边涌过来……

皮鞋匠看看妹妹，月光正照在她那恬静的脸上，照着她睁得大大的眼睛。她仿佛也看到了，看到了她从来没有看到过的景象，月光照耀下的波涛汹涌的大海。

——《月光曲》

（2）一天猎人带着猎狗去打猎。猎人一枪击中一只兔子的后腿，受伤的兔子开始拼命地奔跑。猎狗在猎人的指示下飞奔去追赶兔子。可是追着追着，兔子跑不见了，猎狗只好悻悻地回到猎人身边。猎人开始骂猎狗了："你真没用，连一只受伤的兔子都追不到！"猎狗听了很不服气地回道："我尽力而为了呀！"

再说兔子带伤跑回洞里,它的兄弟们都围过来惊讶地问它:"那只猎狗很凶呀!你又带了伤,怎么跑得过它的?""它是尽力而为,我是全力以赴呀!它没追上我,最多挨一顿骂,而我若不全力地跑,我就没命了呀!"

人本来是有很多潜能的,但是我们往往会对自己或对别人找借口:"管它呢,我们已尽力而为了。"事实上尽力而为是远远不够的,尤其是现在这个竞争激烈的年代。我常常问自己:我今天是尽力而为的猎狗,还是全力以赴的兔子呢?

——《兔子和猎狗的故事》

(3)有一只苍蝇,整天嗡嗡地到处乱飞。不管它飞到哪里,大家都十分厌恶它,追打它。对此,苍蝇怀恨在心,但自己又极无能,所以很是苦恼。

一天,一只老虎吃饱睡着了。苍蝇壮大了胆子飞过去,饱餐一顿老虎的残羹剩食后,索性飞到老虎的头上。它发现许多动物见了睡虎,都蹑手蹑脚远远地绕过去,心里很是高兴。待老虎醒来时,它装出一副无限虔诚的样子,趴在老虎的耳边说:"尊敬的百兽之王,您走起路来山呼海啸,您大吼一声地动山摇!您是这无边森林的主宰,这里的一切都归于您!"

老虎听了这番话很得意,觉得这只小苍蝇很可爱,于是说:"你这个小东西挺会说话的,就留下来跟我唠嗑,解解闷儿吧。"

就这样,苍蝇变成了老虎的参谋和宠儿。从此,谁也不敢再惹它了。因为它不再是一只普通的苍蝇,而是一只老虎头上的苍蝇了!

(4)一只乌鸦得到了一块奶酪,躲在一棵大树上,准备好好地享享口福了。正在这时候,大树下来了一只狐狸,一阵香味钻进了它的鼻子。它停下脚步,舔舔嘴巴,眼珠子一转,计上心来。它卷起尾巴,细声细气地说:"哎呀,这是一只多么美丽的鸟啊!那脖子,那眼睛,简直像天堂上的梦!那羽毛,太迷人啦。"

乌鸦听了这几句奉承,心里美滋滋的,真想张开嘴说一声谢谢,可是又舍不得嘴里的奶酪。

狐狸清了清嗓了,又说上了:"你是神仙,你是天使。你唱出歌来,一定比天使还好听。唱吧,亲爱的,别害臊啊,小妹妹。你长得这么漂亮,再一唱歌,就变成鸟里的皇后啦!"

听了这些话,乌鸦什么都忘了。它扇扇翅膀,把嘴张开,亮出美妙的歌喉:"啊——"

随着这一声刺耳的声调,奶酪掉下去了。一转眼,奶酪和狐狸都没有了。

记住,千万别让拍马屁的人,钻了我们心里的空子。

——《乌鸦和狐狸》

二、诗歌类

1. 播读要求

诗歌具有独特的体裁样式,在形式上是分步分行,有韵有律。无论五言七言,还是唐诗宋词,都非常注重规整性和匀称性。它们的共同特点是:语言精练、内容丰富、含义深邃并且节奏感强。在播读诗歌时要根据内容的要求,或热情奔放,或真挚深沉,或舒缓轻快,但都必须讲究吐字,字字如珠,注意声音的平仄、色彩,表现出诗歌的韵律美感。

2. 练习

（1）

乡　愁
余光中

小时候，乡愁是一枚小小的邮票，
　　我在这头，母亲在那头。
长大后，乡愁是一张窄窄的船票，
　　我在这头，新娘在那头。
后来啊，乡愁是一方矮矮的坟墓，
　　我在外头，母亲在里头。
而现在，乡愁是一湾浅浅的海峡，
　　我在这头，大陆在那头。

（2）

在山的那边
王家新

一

小时候，我常伏在窗口痴想
——山的那边是什么呢？
妈妈给我说过：海
哦，山那边是海吗？

于是，怀着一种隐秘的想望
有一天我终于爬上了那个山顶
可是，我却几乎是哭着回来了
——在山的那边，依然是山
山那边的山啊，铁青着脸
给我的幻想打了一个零分！

妈妈，那个海呢？

二

在山的那边，是海！
是用信念凝成的海

今天啊，我竟没想到
一颗从小飘来的种子
却在我的心中扎下了深根
是的，我曾一次又一次地失望过

当我爬上那一座座诱惑着我的山顶
但我又一次次鼓起信心向前走去
因为我听到海依然在远方为我喧腾
——那雪白的海潮啊,夜夜奔来
一次次漫湿了我枯干的心灵……

在山的那边,是海吗?
是的!人们啊,请相信——
在不停地翻过无数座山后
在一次次地战胜失望之后
你终会攀上这样一座山顶
而在这座山的那边,就是海呀
是一个全新的世界
在一瞬间照亮你的眼睛……

(3)

雨　　巷

戴望舒

撑着油纸伞,独自
彷徨在悠长,悠长
又寂寥的雨巷,
我希望逢着
一个丁香一样地
结着愁怨的姑娘。

她是有
丁香一样的颜色,
丁香一样的芬芳,
丁香一样的忧愁,
在雨中哀怨,
哀怨又彷徨。

她彷徨在这寂寥的雨巷,
撑着油纸伞
像我一样,
像我一样地
默默彳亍着,
冷漠,凄清,又惆怅。

她静默地走近
走近,又投出
太息一般的眼光,
她飘过
像梦一般地,
像梦一般地凄婉迷茫。

像梦中飘过
一枝丁香地,
我身旁飘过这女郎;
她静默地远了,远了,
到了颓圮的篱墙,
走尽这雨巷。

在雨的哀曲里,
消了她的颜色,
散了她的芬芳,
消散了,甚至她的
太息般的眼光,
丁香般的惆怅。

撑着油纸伞,独自
彷徨在悠长,悠长
又寂寥的雨巷,
我希望飘过
一个丁香一样地
结着愁怨的姑娘。

(4)

相 信 未 来

食指

当蜘蛛网无情地查封了我的炉台,
当灰烬的余烟叹息着贫困的悲哀,
我依然固执地铺平失望的灰烬,
用美丽的雪花写下:相信未来。
当我的紫葡萄化为深秋的露水,
当我的鲜花依偎在别人的情怀,
我依然固执地用凝霜的枯藤,
在凄凉的大地上写下:相信未来。

我要用手指那涌向天边的排浪，
　　我要用手掌那托住太阳的大海，
　　摇曳着曙光那支温暖漂亮的笔杆，
　　用孩子的笔体写下：相信未来。
　　我之所以坚定地相信未来，
　　是我相信未来人们的眼睛——
　　她有拨开历史风尘的睫毛，
　　她有看透岁月篇章的瞳孔。
　　不管人们对于我们腐烂的皮肉，
　　那些迷途的惆怅、失败的苦痛，
　　是寄予感动的热泪、深切的同情，
　　还是给以轻蔑的微笑、辛辣的嘲讽。
　　我坚信人们对于我们的脊骨，
　　那无数次的探索、迷途、失败和成功，
　　一定会给予热情、客观、公正的评定。
　　是的，我焦急地等待着他们的评定。
　　朋友，坚定地相信未来吧，
　　相信不屈不挠的努力，
　　相信战胜死亡的年轻，
　　相信未来，热爱生命。

（5）

满江红
岳飞
　　怒发冲冠，凭栏处，潇潇雨歇。
　　抬望眼，仰天长啸，壮怀激烈。
　　三十功名尘与土，八千里路云和月。
　　莫等闲，白了少年头，空悲切。
　　靖康耻，犹未雪；臣子恨，何时灭？
　　驾长车，踏破贺兰山缺。
　　壮志饥餐胡虏肉，笑谈渴饮匈奴血。
　　待从头，收拾旧山河，朝天阙！

（6）

将进酒
李白
　　君不见黄河之水天上来，奔流到海不复回。
　　君不见高堂明镜悲白发，朝如青丝暮成雪。
　　人生得意须尽欢，莫使金樽空对月。

天生我材必有用,千金散尽还复来。
烹羊宰牛且为乐,会须一饮三百杯。
岑夫子,丹丘生,将进酒,杯莫停。
与君歌一曲,请君为我倾耳听。
钟鼓馔玉不足贵,但愿长醉不复醒。
古来圣贤皆寂寞,唯有饮者留其名。
陈王昔时宴平乐,斗酒十千恣欢谑。
主人何为言少钱,径须沽取对君酌。
五花马,千金裘,呼儿将出换美酒,与尔同销万古愁。

三、新闻类

新闻稿件,涵盖了新闻消息、新闻专稿、新闻评论以及新闻故事等。新闻类文稿播读的总体要求是:

① 正确理解稿件的内容与精神实质。
② 体现新闻节目的时效性和时机性。
③ 准确把握播读分寸。
④ 根据节目与稿件需要实现播读风格的多样化。

基于新闻稿件的特点要求,播读时要以概述为主。语音规范,简洁明快,重音准确;声音运用集中在实声、中音区,不拖腔甩调;把握好吐字的力度,字正腔圆、干脆利落;结合胸腹联合呼吸方法,使语句流畅,表意清晰。对待长句子要事先安排好停连,及时地运用换气的技巧,呼吸无声,不急不促,平稳顺畅地表达语意。语速不可太快,因为太快容易导致声韵含糊,还会使气息下意识地上提,使整体语气浮躁,造成事实播报不清。语速要平稳适中,注意多连少停,体现出消息类文稿的紧凑明快的节奏。在一组新闻中,还应注意把握不同内容基调的变化,或关注、或欣喜、或担忧,以恰切的语气来表达。

(一)新闻消息类

新闻消息的播读应该是在最短的时间内用最简洁的语言、最快的速度把新闻事实传播出去。在事实清楚的基础上,格式正确,轻重恰当,逻辑严密,不涩不黏,不浓不淡,语势平稳。在播稿时,语流要紧凑,句与句的衔接要紧密,以避免散乱。最容易出现的问题就是"一个劲儿",缺少变化,不紧不慢,不加理解,漫不经心。切忌拉杂、拖沓。

新闻播报不是单纯的念稿子,新闻播报同样渗透了播音员对新闻的理解,要把这种理解、感受真切地传达给受众。新闻消息播读的具体要求是:

① 叙事清楚——时间、地点、人物、事件、原因、结果都不许出现事实上的差错,只有认真才能准确。

② 层次清楚——消息一般都是由导语、主体、结尾构成的,层次之间要留出停顿的时间,以避免播成一片。

③ 节奏明快——什么样的稿子就有什么样的形式,播的是新闻,就得像新闻。节奏不完全是快慢的问题,但它有快慢的问题。句子与句子之间紧凑,句段之间关系要明白晓畅。

④ 语言朴实——以第三人称叙述事件，没有任何夸张、渲染。正确传达，直接面陈。

⑤ 新鲜感强——基于新闻广播的特点，播音员要满怀新鲜感，传达新闻的"新"，除了在备稿过程中找到新鲜点之外，播报时还要有精气神，并使这精气神分寸得当。

1. 实例

（1）澳大利亚悉尼市数万户商家和居民3月31日晚7时30分（北京时间17时30分）开始集体断电一小时，以引起人们对温室气体排放导致全球变暖的关注。天黑之后，悉尼歌剧院等标志性建筑纷纷熄灯。

这一活动名为"地球时间"，由世界自然保护基金会和澳大利亚最有影响的报纸之一《悉尼先驱晨报》联合发起。大约2000家企业和53万户居民报名参加了"地球时间"活动，自觉断电一小时。除标志性建筑外，悉尼城区许多高楼也纷纷熄灯，整个城市变黑了不少。不过路灯和应急照明装置仍没有熄灭，港口的照明也一切如常。"熄灯"对悉尼人的生活并无太大影响。

除此之外，还有人利用全城不少地方熄灯的便利观看星空。几百名市民提前预约，在熄灯期间前往悉尼天文台，利用这一小时更好地观看星空。天文台负责人说，很多市民都为有在黑暗中观察地平线的机会感到激动。

播读提示：

这条消息的标题是"悉尼全城熄灯一小时"，副标题是"为减少温室气体排放"。看过这条消息后要确定重点在什么地方。在标题中我们已经了解了消息的新鲜点所在，这就是受众所关注的新闻事实的要点。

再看消息的层次，三个段落自然形成三个层次，三个层次为我们播读时理清脉络提供了基础，三个层次之间要作短暂的停顿处理，切忌一气呵成。连成一片会使受众听得茫然。

第一个层次是消息的导语，播得要醒目。什么时间，什么地点，什么人，什么事，什么原因，原文交代得很清楚。一般来说，消息要素中的发生了什么事是重点。其他的新闻要素并不是不重要，同样要求依次交代清楚。这条消息导语交代事件的主次顺序应该是这样的：① 集体断电一小时；② 澳大利亚悉尼市数万户商家和居民；③ 以引起人们对温室气体排放导致全球变暖的关注；④ 3月31日晚7时30分；⑤ 天黑之后，悉尼歌剧院等标志性建筑纷纷熄灯。可以用声音的高低、吐字力度的强弱来区分。

第二个层次把新闻事实稍加梳理后，弱强调"'熄灯'对悉尼人的生活并无太大影响"。

第三个层次是新闻的结尾段，也是对新闻事实的补充，播清楚即可，声音运用可在中声区稍靠下部分，稍偏低些。

（2）"我没有资格回答这个问题。"上周六下午，诺贝尔物理学奖得主丁肇中同几十家媒体记者见面。对自己不清楚的领域，他用这句话作了回答。

"我始终认为，在一个领域的成功，不能代表对所有领域都了解。"丁教授回答记者的问题，始终都遵循着他说的这句话，"在我的实验室，我要求跟随我做实验的百余名各国科学家都能做到不随便回答自己不了解的问题。"

当有记者问"家长如何培养孩子对科学的兴趣"时，丁肇中教授回答"我没有资格回答这个问题"。他认为，所谓的考试只是在考别人做过的东西，而科学进展正是要推翻别人做过的东西。丁教授认为，他能回答的只是觉得应该把"考第一名，念好书"这种观念改变。

播读提示：

这是一条观点性消息，它会给受众以思想认识的启迪。消息由三个自然段组成，实际上只有两个部分——导语部分及主体部分，应该说没有结尾。第一段就是导语部分，其余两段是消息的主体部分。

在导语部分"丁肇中"三个字是响当当的，当然要把它当成主要重音来处理。"我没有资格回答这个问题"是他的主要思想观点，是播读的醒目部分。另外也不能忽视下面这句"对自己不清楚的领域，他用这句话作了回答"。"不清楚"也要作为次重音进行处理，让受众进一步了解丁肇中的思想境界。

主体的两个段落，先说了什么后说了什么，播读前思路要清楚。第二段的表述重点应该是"在一个领域的成功，不能代表对所有领域都了解"及"不随便回答自己不了解的问题"，这里的"不能"和"不随便"要作为重音来处理。下面一段"所谓的考试只是在考别人做过的东西，而科学进展正是要推翻别人做过的东西"，播读时要把它的逻辑关系清楚地表述出来，"推翻"应该作为主要重音加以强调。

（3）昨天，在伦敦马拉松赛中，中国选手周春秀以2小时20分38秒的优异成绩夺得女子组冠军，这一成绩排名今年世界第一，同时这也是中国选手首次在伦敦马拉松赛中折桂。

伦敦马拉松赛是世界最著名的马拉松赛之一，它与芝加哥、纽约、波士顿的马拉松赛并称为世界四大马拉松赛。尽管是首次亮相伦敦马拉松赛，但是周春秀从比赛的一开始就显示出了良好的竞技状态。在比赛还剩3公里的时候，周春秀显示出了良好的冲刺能力，从大部队中脱颖而出，并将领先的优势保持到了最后。最终以2小时20分38秒、领先第二名选手一分多钟的成绩冲过终点。女子组的亚军被埃塞俄比亚名将、去年柏林马拉松赛冠军瓦米夺得，她的成绩是2小时21分45秒。

现年29岁的周春秀来自江苏，在去年的首尔马拉松赛上，周春秀以2小时19分51秒的成绩获得了冠军，而且创造了当年第二个世界最好成绩，成为田径历史上第七个突破2小时20分大关的女运动员。另外，周春秀还创造了一年内四次跑出2小时30分以内的纪录。在去年的多哈亚运会上，周春秀获得了冠军，而这次伦敦马拉松赛事成功折桂，也再次证明了周春秀具备强大的实力，有望在奥运会上成为中国田径队的又一个夺金点。

男子组冠军最终被肯尼亚的名将利尔获得，他最终的成绩是2小时7分41秒。

播读提示：

这是一条体育新闻，是振奋人心的消息。播音的整体把握应该是热情的、激励的基调。节奏上要明快，体现出一种积极向上的精神。

全文分四个自然段，第一自然段是导语，它是受众的听觉器官（及视觉器官）首先感受到的，因此是播读着意进行处理的重点段，要先声夺人。"中国选手周春秀""伦敦马拉松赛中""夺得女子组冠军""首次在伦敦马拉松赛中折桂"等句，播读时应依次成为表达的重点语句，其中"周春秀""马拉松""冠军"自然是重音了。另外一个时间"2小时20分38秒"，一般的受众不太关心它，反正是冠军就成了。这个数字只有体育爱好者及专业工作者才关注，播读清楚便达到了目的。

第二段是周春秀夺冠的经过，文字很简洁，播读要锦上添花。它由五句话组成，播读时脑子里要有数，这样才能形成链条。第一句话是该项赛事的规模背景，"四大"这个词要加以突出。第二句是技术的发挥程度，在这里注意句子的转折，"良好的竞技状态"

要使用赞扬的语气。第三句的"冲刺能力"及"脱颖而出"播读时要有动态的表现力,句子才会简洁生动。第四句是她的成绩,作为过渡句处理即可。第五句是谈其他名次,削弱处理至结束。

消息的第三段是周春秀的运动背景介绍及其运动前景的展望,播音选择的重点应该落在运动前景的预测上。第四段简单介绍了男子组的情况,声音渐收,弱化至结尾。

2. 练习

(1) 传统体育展现高原少数民族新风采

为期四天的青海省第三届少数民族传统体育运动会8月1日开幕,分为主会场和赛马会场两个举办地。来自青海各地市州的藏、蒙、回、撒拉、土族等少数民族的体育健儿在比赛中,本着"共同团结奋斗、共同繁荣发展"的宗旨,以比赛促团结,以运动促进步,充分展现高原各民族的新风貌。

(2) 万众期待的亚运会开幕式焰火表演设备安装9日晚上宣告完毕,据说,开幕式焰火总数为16万发,比北京奥运会、上海世博会多,而其中三项特别的创意将申请吉尼斯纪录。

根据相关人士透露,开幕式的焰火主要有三个章节,分别在倒计时、国家领导人宣布开幕和圣火点燃部分绽放,三部分都有不同的特色。

此外,广州亚运会开幕式焰火的总燃放量是16万发,正好与第16届亚运会相吻合,在规模上已经超过北京奥运会的8万余发和上海世博会的10万余发,将成为国内烟花燃放史上规模最大的一次盛会。

(3) 中新网消息:中央气象台22号早6点发布寒潮预警,新疆南疆、甘肃西部、内蒙古中西部等地的部分地区降温幅度可达14至18摄氏度,内蒙古东北部、黑龙江西北部的局部地区有大到暴雪。这一次寒潮蓝色预警预计,10月22号8点到24号8点,新疆大部、内蒙古大部、甘肃中西部、青海北部、宁夏、陕西北部、华北北部等地将出现6至12摄氏度的降温,其中,新疆南疆、甘肃西部、内蒙古中西部等地的部分地区降温幅度可达14至18摄氏度。

(4) 欧洲航天局昨天发表公报指出,卫星照片显示,南极洲上空臭氧层空洞在8月份突然异常扩大,增大了1000万平方公里。一些专家认为,南极洲臭氧层空洞的扩大与气候、温度、人类活动等多种因素有关。

(5) 压力大少交流,子女与父母疏离

上海市心理咨询中心最近完成的一项调查显示,现在的孩子同自己的父母越来越疏远,甚至从不与父母交谈。该调查数据显示,约有69%的学生感到无法与父母交流和沟通,对于成长过程中遇到的困惑、烦恼和问题,42%的学生认为难以与父母交流,27%的学生表示从不与父母交流。

随着工作节奏不断加快,竞争压力日益增大,许多家长不得不将更多的时间和精力投入到工作中,致使他们无暇顾及甚至忽视对孩子尤其是处于青春期孩子的教育和指导,这已成为目前普遍存在的一个社会现象。心理卫生专家提醒广大家长,孩子要获得心理和谐的发展,家庭教育至关重要。

(6) 据中央电视台报道,10月16日晚,河北省保定市某单位实习生李启铭在河北大学醉酒驾车肇事后,口出狂言"有本事你告去,我爸是李刚"。事件被报道后,引起了许多网友的关注。而昨天,某网站的一些网友开始了一项"'我爸是李刚'造句大赛"。尽管"大赛"开始于昨天凌晨4点左右,但到了当天早上7点,已有700多名网友通过电脑或手机参与。许多网友的词句也颇为用心:"考试不及格,我爸是李刚";"工作没着落,我爸是李刚";"珍爱生命,远离我爸是李刚"。随着事件"当事人"的逐渐现身,河北大学校园车祸事件迷雾渐散。这场源起"官二代"的校园车祸,因肇事者一句"我爸是李刚"而引起轩然大波,不仅让"李刚"一夜成名,更将事发地河北大学推到风口浪尖。

(二)新闻专稿(通讯类)

1. 播读要求

新闻专稿播读的具体要求如下。

① 准确:主题明确、线索清晰、细节精准。

② 具体:感受具体、表述具体。

③ 生动:情感细腻、形象鲜活、表达灵活。

新闻专稿的语言相对于新闻消息更加口语化、自然,情感鲜明浓重,节奏从容舒展,总体起伏较大,是以强烈的参与意识进行的有声语言创作。新闻专稿一般以播讲语气为主,根据内容变化融合描人、绘景、状物、抒情等多种表现手法来增强表现力,亲切自然、生动活泼。

用声使用中音区实声,音量适中,声音色彩明朗,根据稿件的内容风格差异,以声音的虚实、明暗等对比变化为技巧,适应新闻专稿表情达意的需要。"气随情动",新闻专稿的呼吸用气需要较高的技巧,因为内容的感情特点,需要呼吸的急徐、深浅以及就气、抢气等多样的呼吸形式带动语气、色彩的变化,以表现特定的状态。吐字刚柔、发音圆扁、口腔控制松紧的对比变化要复合加以运用,使传情达意更准确充分、细腻传神。

2. 练习

(1) 长江源头第一桥

这长江源头第一桥,便是自北而南跨越沱沱河的大桥。桥长320米,宽12米,是青藏公路,即从青海西宁至西藏拉萨必经的要津。这里海拔虽然已达4700米,但地势平坦,谷地宽阔,水流缓慢,沙洲随起,岔道时分时合。站在桥上远眺,波光粼粼的河水,一条一条的宛如姑娘头上的发辫,煞是好看。

(2) 【人物专稿】据媒体报道,贝克汉姆不仅是位超级球星,更是名模范丈夫兼父亲。他酷爱浪漫情调和文身,喜欢下厨和做家务。

全世界有数以万计的网站在报道这位传奇人物的个人生活。近日,一家媒体在报道中揭开了贝克汉姆的"50个秘密"。

对于这位28岁的前曼联队队员来说,妻子"辣妹"维多利亚与两个儿子布鲁克林和罗密欧在他的生活中占有最重要的位置。

贝克汉姆将大儿子布鲁克林和小儿子罗密欧的名字分别文在了自己的后腰和脖颈上。他在后背上文了一个很大的天使图案来保护两个儿子。小贝还在左前臂内侧文上了维多利亚的名字,右臂上则刺着一个罗马数字"7",这是他的幸运数字。

这位巨星很喜欢烹饪和亲自去超市购物。为了让妻子多睡一会儿,他会早起为两个儿子准备早餐。他还会在家里到处点上散发香味的蜡烛。

贝克汉姆非常喜欢整洁。住酒店时,他会将自己认为位置不当的椅子重新摆放。而在家里,他总是爱将家具摆在一条直线上。

朋友们说他是一个高尚、真诚、观点鲜明的人。他还对服装设计感兴趣。贝克汉姆曾说他的衣服比维多利亚的还要多,他的衬衫要按不同的颜色分开来放。

他化妆,涂指甲油,修眉。他每年要花费7万欧元修饰自己的发型。

体育运动是贝克汉姆童年时的一大爱好,音乐是他上学时最喜欢的课程之一,然而他的数学成绩一直都很差。

除了足球,小贝现在对汽车也很感兴趣。他最喜欢的电视节目是体育类节目。

在饮食方面,他偏爱意大利菜和中餐。

小贝喜爱从流行到古典的各种风格的音乐。他还有一个梦想,那就是挂靴之后能够进行一次月球之旅。

(三)新闻评论类

1. 播读与主持要求

新闻评论类内容播读与话题主持的基本要求是:

① 要坚持正确的舆论导向;② 要坚持正确的创作道路;③ 要符合语言表达的基本要求。

对广播电视新闻评论类节目主持人语言的基本要求是:准确、鲜明、生动、规范。具体要做到:

① 掌握新闻评论类节目的基本特征:新闻性、政论性和群众性。

② 把握新闻评论类话题操作中关键性的两个问题:选题和立论。

③ 掌握两种新闻评论类话题操作的基本形式:点评和"独立成篇"的言论。

④ 注意话题的结构,安排布局要合理,层次要明晰,逻辑要顺畅。

⑤ 把握新闻评论类话题语言的基本特点:a. 语言要平实。b. 在叙事的基础上点评,形成夹叙夹议的特点。c. 大量采用口语,减少书面化语言。

2. 练习

(1)说到旅游不文明行为,这两天网上的热门新闻之一就是11万人到天安门广场看升旗,保洁员清理出5吨垃圾。我们再搜索一下前几年的新闻,每年国庆日天安门广场上的垃圾量都很可观,2012年垃圾量8吨,2011年稍微少一点,0.94吨,2010年有20吨。虽然从垃圾量上来看,今年并没有继续攀升,但仍然触目惊心。

(2)因为一座真维斯楼的横空出世,刚刚度过百年华诞的清华大学再一次被推到了风口浪尖,冷嘲热讽纷至沓来,甚是热闹。

冠名赞助,原本不是什么新鲜事。真维斯楼之前,清华校内已经有了富士康纳米研究中心、罗姆电子工程馆,更不用说以富商名字命名的逸夫楼、何善衡楼、伍舜德楼等等。企业出钱支持教育,作为被捐助方的学校给人冠名、树牌、立碑等,几乎在全国乃至全世界的高校都有。

1718年,英国东印度公司高层官员伊莱休·耶鲁先生向一所教会学校捐赠了9捆总价值562英镑12先令的货物、417本书以及英王乔治一世的肖像和纹章,为了表达感谢,这所学校更名为耶鲁学院,也就是耶鲁大学的前身。熟悉美国大学史的人应该知道,类似耶鲁这样的案例,在美国几乎比比皆是,哈佛大学、斯坦福大学、康奈尔大学、杜克大学等名校,无不是以捐助者命名。走在美国大学里,随处可见捐助者的塑像、铭牌。

而此番真维斯楼引起诸多争论,尤其清华学子忿忿不平,很重要的原因在于大家觉得真维斯这个品牌还不太上档次,跟清华大学这样的学术机构不太搭界。这样的心理未免过于矫情,富士康楼、罗姆楼可以,真维斯楼为啥就不行?倘若真维斯楼换作李维斯楼,甚至阿迪达斯楼,是不是就行了呢?拿了人家的钱,总得有点表示,冠名这种事情,也就是学校对捐助者的一点象征性的回报,与大学精神并无关系。由此推及大学功利化、拜金主义甚至大学精神沦丧云云,这虽然是当前中国大学教育存在的问题,但与真维斯楼挂起钩来,就未免上纲上线了。

办教育需要花钱,读书人也得吃饭穿衣,没有说教育跟商业联系起来就不行的道理。特别是在当前我国教育投入还不是很多的情况下,企业家慷慨捐资助学,应该得到社会的认同才是。国外大学的校长,很重要的任务就在于拉赞助,保证有充足的资金来支持高水准的学术教育和研究。哈佛大学基金会管理着高达200多亿美元的资金,相比之下,清华大学基金会仅有十几亿人民币的家当,这是现实的实力差距,不得不正视。

当然光有钱不行,机制也是重要的保证。而具体到此次真维斯风波,恰恰是清华在冠名之前,没有任何协商的机制。等学校师生发现的时候,烫金大字已经贴到教学楼上了。给建筑物冠名,虽不事关宏旨,但也至少应当让大伙儿事先知道。比较合理的方式是成立理事会,学校领导、出资企业负责人、教授代表、学生代表、校友代表和社会贤达等坐在一起协商,保证大学在处理类似问题时,能够听到多元意见,这对于保证大学的自主性有积极意义,也是现代大学制度的核心。作为国内一流高校,清华不妨参考借鉴,以为示范。

(3)央视评论:"怎么放假"考验"小康中国"

"十一"长假,故宫、九寨沟等全国重点景区普遍再现爆堵、滞留等危情,既令人惊诧,也在意料之中。持续高涨的旅游需求,举家为主的旅游习惯,与供给有限的长假,构成了激烈矛盾。这不仅降低了国民旅游质量,更严重危及公共安全。

从旅游管理层面反思,有太多经验教训。提前预警,主动限流,大客流应急等,需改进之处很多。但面对"十一"期间蜂拥而至的超大客流,再有力的管理也往往于事无补。问题的根源,不在景区管理本身。显然,正走在全面建成小康社会之路上的中国,在"怎么放假"这个问题上,出了问题。

核心争议,聚焦两点:法定公共假日到底该有多少,怎么个放法?带薪休假制度怎么落实,靠谱不靠谱?

带薪休假制度:远水不解近渴

落实带薪休假制度,怎么那么难?两个原因。其一,带薪休假是个理论上的好制度,但它有一个重要前提:劳动力供需总体平衡,各单位岗位设置普遍有冗余度,管理者的劳动力成本压力不大。显然,我国实情离此很远。其二,劳动者权益保障制度必须较为健全。毋庸讳言,我国一线劳动者的权益保障,目前还停留在争取"五险一金"等基本保障阶段,带薪休假保障也很重要,但要真正实现,显然仍需时日。

没有人说带薪休假不好。但,一来它是远水不解近渴,要靠它解决眼前的现实问题,等于是画饼充饥;二来它即便得以落实,也仍有局限性。尤其在中国,中国人的文化传统是喜欢举家出游、扶老携幼。带薪休假之下,孩子们上学期间无法举家出游,仅剩的寒暑假里,寒假忙于过年,暑假酷热并洪涝台风频发。因此,在春秋旅游黄金季节里,实现带薪休假并举家出行的概率,实在不高。

"五一"长假有必要恢复吗?

"十一"长假的景区爆堵,恶化在近几年。特别是在"五一"长假消失之后,全国人民只剩下了一个举家长途出游的可选时段:"十一"。这导致很多家庭明知"十一"满世界爆堵,仍不得不硬着头皮出门。

"五一"长假消失在2008年。当时新增的清明、端午、中秋三个小长假一共占走了三天法定假日,有关部门决定增加一天假日,再把"五一"的三天减为一天。由此,"五一"再无长假。当年,公众的注意力一度被新增的三个小长假所吸引。但几年下来发现,三天小长假里,很难安排举家中远途出游。小长假再多,也替代不了七天长假的作用。

我国的法定假日总量,自2008年起变成了11天。对照全球,多数国家比我们多,大多在14到20天之间。若恢复"五一"七天长假,在其他假日不变的情况下,只需增加两天法定假日即可做到。

实事求是"多放假"体现发展质量

一个国家给国民放多少假、怎么放假,体现着这个国家的发展质量。过去我们"严控"法定假日总量,是因为有一个顾虑:放假太多影响国民经济增长。而今,随着中国经济的转型,放假不仅不拖累增长,反而促进增长——假日是老百姓集中花钱的时候,不仅消费见增,而且有助于服务业开足马力。

逐步增加法定假日与逐步落实带薪休假,并不矛盾。随着带薪休假制度在艰难中逐渐落实,部分人群可以增加休假的自主性、选择性。这是我们期待的局面。但它显然不能满足所有需求。中国人一向重家庭、孝老爱幼,举家出游的习俗将长期存在。而在春秋两个最适合出门旅游的时间段里,增加法定假日,实际上是以国家休假制度的方式,强制性地约束各企事业单位给劳动者放假。

劳动者因此受益,服务业因此受益,"全民全年挤'十一'"因此得到缓解,何乐而不为?那种因为"十一"爆堵而呼吁干脆彻底取消黄金周的论调,是一种面对喷薄旅游需求只"堵"不"疏"的思维,显得极为荒谬。实事求是地给国民"多放假",兼顾法定假日与带薪休假的不同作用,兼顾理论设计、理想目标与实际可能,这是正道。

小康不小康,"怎么放假"是个看得见、摸得着的标尺。

四、散文类

1. 播读要求

散文有形散神不散的结构特点,我们进行有声语言创作时要进行具体分析,恰当地运用抒情、描绘、叙述、议论等语言样式,抓住散文的思路,把握好主次,根据内容的发展变化把语句化开,使语意抱团。表达要舒展,在平稳中讲求活脱、条理,有利于语气的畅达、自然。

在吐字方面既要注意防止吃字、"吐噜"字影响语意的连贯、清晰,又要避免字字用力、笨拙费力,影响整体的畅达,应该讲究字长气连,声调完满,突出散文的音韵美。

用声不宜过高过实,散文更多是作者内心真实情感的流露,可采取气舒声柔的方式,用声松弛,气息绵长,语言舒展,声音轻柔,语速适中,以产生娓娓道来的、细腻的内在效果,但也要防止虚声虚气、嗲声嗲气。

2. 练习

(1)盼望着,盼望着,东风来了,春天的脚步近了。

一切都像刚睡醒的样子,欣欣然张开了眼。山朗润起来了,水涨起来了,太阳的脸红起来了。

小草偷偷地从土里钻出来,嫩嫩的,绿绿的。园子里,田野里,瞧去,一大片一大片满是的。坐着,躺着,打两个滚,踢几脚球,赛几趟跑,捉几回迷藏。风轻悄悄的,草软绵绵的。

——朱自清《春》

(2)我打猎归来,沿着花园的林荫路走着。狗跑在我前边。

突然,狗放慢脚步,蹑足潜行,好像嗅到了前边有什么野物。

风猛烈地吹打着林荫路上的桦树,我顺着林荫路望去,看见一只嘴边还带着黄色、头上生着绒毛的小麻雀,分明是刚出生不久,从巢里跌落下来的。它呆呆地伏在地上,孤立无援地拍打着两只羽毛还未丰满的小翅膀。

我的狗慢慢地向它靠近。忽然,从附近一棵树上飞下一只黑胸脯的老麻雀,像一颗石子似的落到狗的眼前。老麻雀全身倒竖着羽毛,惊恐万状,发出绝望、凄惨的叫声,接着向露出牙齿、大张着的狗嘴扑去。

——屠格涅夫《麻雀》

(3)对于一个在北平住惯的人,像我,冬天要是不刮风,便觉得是奇迹;济南的冬天是没有风声的。对于一个刚由伦敦回来的人,像我,冬天要能看得见日光,便觉得是怪事;济南的冬天是响晴的。自然,在热带的地方,日光是永远那么毒,响亮的天气,反有点叫人害怕。可是,在北中国的冬天,而能有温晴的天气,济南真得算个宝地。

设若单单是有阳光,那也算不了出奇。请闭上眼睛想:一个老城,有山有水,全在天底下晒着阳光,暖和安适地睡着,只等春风来把它们唤醒,这是不是个理想的境界?

——老舍《济南的冬天》

(4)有个塌鼻子的小男孩儿,因为两岁时得过脑炎,智力受损,学习起来很吃力。打个比方,别人写作文能写二三百字,他却只能写三五行。但即便这样的作文,他同样能写得很动人。

那是一次作文课,题目是《愿望》。他极其认真地想了半天,然后极认真地写,那作文极短,只有三句话:

我有两个愿望。第一个是,妈妈天天笑眯眯地看着我说:"你真聪明。"第二个是,老师天天笑眯眯地看着我说:"你一点也不笨。"

于是,就是这篇作文,深深地打动了他的老师,那位妈妈似的老师不仅给了他最高分,在班上带感情地朗读了这篇作文,还一笔一画地批道:你很聪明,你的作文写得非常感人。请放心,妈妈肯定会格外喜欢你的,老师肯定会格外喜欢你的,大家肯定会格外喜欢你的。

捧着作文本,他笑了,蹦蹦跳跳地回家了,像只喜鹊。但他并没有把作文本拿给妈妈看,他是在等待,等待着一个美好的时刻。

那个时刻终于到了,是妈妈的生日——一个阳光灿烂的星期天。那天,他起得特别早,把作文本装在一个亲手做的美丽的大信封里,等着妈妈醒来。妈妈刚刚睁眼醒来,他就笑眯眯地走到妈妈跟前说:"妈妈,今天是您的生日,我要送给您一件礼物。"

果然,看着这篇作文,妈妈甜甜地涌出了两行热泪,一把搂住小男孩儿,搂得很紧很紧。

是的,智力可以受损,但爱永远不会。

——张玉庭《一个美丽的故事》

(5)晋太元中,武陵人捕鱼为业。缘溪行,忘路之远近。忽逢桃花林,夹(jiā)岸数百步,中无杂树,芳草鲜美,落英缤纷。渔人甚异之。复前行,欲穷其林。

林尽水源,便得一山,山有小口,仿佛若有光。便舍(shě)船,从口入。初极狭,才通人。复行数十步,豁(huò)然开朗。土地平旷,屋舍(shè)俨(yǎn)然,有良田美池桑竹之属。阡(qiān)陌(mò)交通,鸡犬相闻。其中往来种作,男女衣着(zhuó),悉如外人。黄发垂髫(tiáo),并怡然自乐。

见渔人,乃大惊,问所从来。具答之。便要(yāo)还家,设酒杀鸡作食。村中闻有此人,咸来问讯。自云先世避秦时乱,率妻子邑(yì)人,来此绝境,不复出焉,遂(suì)与外人间(jiàn)隔。问今是何世,乃不知有汉,无论魏晋。此人一一为具言所闻,皆叹惋(wǎn)。余人各复延至其家,皆出酒食。停数日,辞去,此中人语(yù)云:"不足为(wèi)外人道也。"

既出,得其船,便扶向路,处处志之。及郡(jùn)下,诣(yì)太守,说如此。太守即遣(qiǎn)人随其往,寻向所志,遂迷,不复得路。

南阳刘子骥(jì),高尚士也,闻之,欣然规往,未果,寻病终。后遂无问津者。

——(东晋)陶渊明《桃花源记》

(6)黎明即起,洒扫庭除,要内外整洁;既昏便息,关锁门户,必亲自检点。一粥一饭,当思来处不易;半丝半缕,恒念物力维艰。宜未雨而绸缪,毋临渴而掘井。自奉必须俭约,宴客切勿流连。器具质而洁,瓦缶胜金玉;饮食约而精,园蔬逾珍馐。勿营华屋,勿谋良田。

三姑六婆,实淫盗之媒;婢美妾娇,非闺房之福。童仆勿用俊美,妻妾切忌艳妆。祖宗虽远,祭祀不可不诚;子孙虽愚,经书不可不读。居身务期质朴,教子要有义方。勿贪意外之财,勿饮过量之酒。

与肩挑贸易,毋占便宜;见贫苦亲邻,须加温恤。刻薄成家,理无久享;伦常乖舛,立见消亡。兄弟叔侄,须分多润寡;长幼内外,宜法肃辞严。听妇言,乖骨肉,岂是丈夫;重资财,薄父母,不成人子。嫁女择佳婿,毋索重聘;娶媳求淑女,勿计厚奁。

见富贵而生谄容者,最可耻;遇贫穷而作骄态者,贱莫甚。居家戒争讼,讼则终凶;处世戒多言,言多必失。勿恃势力而凌逼孤寡;毋贪口腹而恣杀生禽。乖僻自是,悔误必多;颓惰自甘,家道难成。狎昵恶少,久必受其累;屈志老成,急则可相依。轻听发言,安知非人之谮诉,当忍耐三思;因事相争,焉知非我之不是,须平心暗想。

施惠勿念,受恩莫忘。凡事当留余地,得意不宜再往。人有喜庆,不可生妒忌心;人有祸患,不可生喜幸心。善欲人见,不是真善;恶恐人知,便是大恶。见色而起淫心,报在妻女;匿怨而用暗箭,祸延子孙。

家门和顺,虽饔飧不济,亦有余欢;国课早完,即囊橐无余,自得至乐。读书志在圣贤,非徒科第;为官心存君国,岂计身家。守分安命,顺时听天。为人若此,庶乎近焉。

——《朱子治家格言》

●●● 五、主持稿件 ●●●

1. 播读要求

主持类稿件往往采用语句简短、通俗的口语,规整却随意自由,符合受众的语言习惯。形式主要以日常口语为主,细说慢谈,娓娓道来,以直接明了的语言指向受众,交流感大大增强。口语化不等于完全随意,而是规范的口语,有控制的吐字。用声多采取弱控制,吐字要清晰流畅,不能吃字吞字,干扰表达的准确性。语气平和,节奏趋缓,无大起大落,停连多、重音少、弱强调,体现出有声语言的生活气息。

2. 练习

(1) 周末好!本周,不少艺术类院校开始了专业课考试,不知道有多少幸运儿留了下来,又有多少同样怀着远大抱负的年轻人被那道高高的门槛儿挡在了门外。我相信,将来的某一天在这人山人海的考生中肯定会出一两个影视巨星,可对于绝大多数人来说,他们的明星梦很可能实现不了。毕竟,自古以来"成功"只属于少数人。说到这,我想跟您好好说说"成功"这两个字。

(2) 关注天下财经,感受财富生活。

这里是由小莉为您带来的中央人民广播电视台"经济之声"。

清晨7点30分,天下财经为您打开财富资讯的窗户。

昨天看到零点调查公司刚刚公布的一项对北京、上海、广州等城市的调查结果,在现代女性心目中,最重要、最珍惜的仍是家人的健康,最骄傲的事是家庭美满幸福,而择偶的首要期望仍旧是"家庭责任感"等传统要求。与此同时,被调查的女性,认为职业最重要、最应受珍惜者也占据了较高比例。

这反映了现代女性既继承了"贤妻良母"的传统价值观,同时又向着"职业女性"的现代价值观转变。

从这个调查结果也可以看到,城市女性虽然有了更多的追求和选择,但在很多人心目中,家人的健康仍然是最重要的。

(3) 央视"新闻1+1"

(解说词)语文总分"增",英语总分"减",北京中高考改革框架方案开始征求意见。

(被采访学生1)"我因为自己英语比较好,就觉得自己已经没有优势了。"

(被采访学生2)"我对这个政策是持支持态度的。"

(解说词)北京、山东、江苏,拟降低分值、扩大听力比重。

(北京市教委新闻发言人)"我们并不希望学生用很多的精力,很多的时间,投放到英语的语法、重复练习。"

(解说词)考试、招生分离,高校自主招生,学生多次选择,我们距离国家教育改革目标还有多远?新闻1+1近日关注"教育改革,先从考试'破冰'"。

【主持人】晚上好,欢迎您收看正在直播的新闻1+1。昨天,在北京市教委的网站上,人们看到了中、高考改革征求意见的一种方案。那么,这个方案出来以后,不管是学生、家长,还是学校、社会,最关注的是英语这科会发生什么样的变化。那这科的变化会在多大程度上影响未来高考的变化呢?我们先来看看这个方案公布之后人们的反映都是什么样的。

昨天,北京市教育委员会在官方网站上发布2014—2016年中考、中招改革框架方案和2014—2016年高考、高招改革框架方案,向社会进行为期七天的征求意见。控制特长生招生比例,重点高中名额向一般高中倾斜,调整高考填报志愿方式。据北京市教委介绍,此次改革主要指向"考试"这根指挥棒,通过试卷结构、命题思路的调整来带动整个系统的教育教学变革。而在其中,人们关注最多的无疑是高考英语分值上的巨大变化。

（北京市教委新闻发言人）"像英语学科，我们把它从150分调到100分，分值的结构中进一步扩大听力的比例。我们并不希望学生用很多的精力，很多的时间，投放到英语的那种语法呀、重复练习呀那种学习过程中，孩子最后还张不开嘴，听不懂，说明我们在这方面的教育教学和整个的这种考试方案上需要有系统的调整。"

训练四：影视作品配音

● ● ● ● 一、影视作品的造型表意元素 ● ● ● ●

（一）画面造型元素

画面是电影（电视）的本体语言，镜头是影视作品（节目）不可或缺的造型表意元素。画面形象要具体、直观，富于变化。影视导演（编导）把拍摄的一个个镜头按一定的组合顺序，采用一定的组接技巧，有逻辑地、艺术地编配起来，构成一个整体。用镜头的组合讲出一个个动人的故事，表达出丰富的思想和情感。

画面造型元素包括：具体的景物形象，画面构图的元素与方法，造成画面动感的因素（被摄景物的运动、摄影机的运动、镜头剪辑率——即镜头长短变化带来的动感），拍摄角度，色彩，光影，图形，文字（含字幕）等。不同的画面造型形式反映的都是画面表意的功能。

（二）声音造型元素

在影视作品中，声音的存在形式是极其丰富多样的。声音造型元素包括：语言（含解说、同期声）、音乐、音响。广义上说，在影视作品后期制作过程中，对任何声音要素进行处理加工的艺术创造活动都叫作配音，如音乐的选配，音效的制作，解说、台词的录制，最后的合成等。狭义上的影视配音艺术指的是专为对白、旁白、独白、内心独白、解说以及群声等语言的后期配置而进行的一系列艺术创作活动。

有声语言的表达，无论何种样式和形态，都遵循着"言为心声"的创作规律，都遵循着"深刻理解—具体感受—形之于声—及于受众"的创作途径。进行配音创作时，必须积极调动内心情感，用心磨炼影视配音的专业语感，在扎实的语音专业基本功训练的基础上，通过大量的、有目的的听、看、想、练，有意识、有比较地感受影视配音创作中不同节目、不同语境中的语言的样式形态，区分不同的感觉，体会不同的内心情感状态和心理节奏，品味不同的吐字力度、轻重层次、语气语调、停连顿挫等外部技巧的运用。

在实际工作中，影视配音艺术创作的时间是十分有限的，要想在短暂的时间内深刻理解作品，准确把握人物，提高创作效率，平时学习的用心积累与创作实践的坚持不懈非常重要，这是影视配音艺术创作准备的基础，这也正是我们在前面章节中谈到过的"广义备稿"。

● ● ● ● 二、电视纪录片解说 ● ● ● ●

电视纪录片的内容表现以真实为原则，内涵丰富，创作表现形式多样。与所有电视作品表现元素一样，电视纪录片信息传递的符号系统包含画面造型元素和声音造型元素两大部分（分属视觉与听觉两大传播符号体系）。解说词依赖画面而存在并发挥其作用，它不是简单的重复画面或直白描述画面，而是与电视画面高度配合，点题、补充背景资料、渲染气氛、强调、引导观察,共同表达主题。

(一) 认真备稿,熟悉并理解稿件内容,作出适当标注

1. 了解电视纪录片解说的备稿特点

电视纪录片解说的备稿,应遵循一般播音稿件的备稿原则。

备稿时,应认真分析确定内容段落、层次的划分,提炼和把握主题、目的,了解背景,明确重点,把握基调、风格。

2. 了解电视纪录片解说的特点与作用

解说词有别于一般的文学体裁,其特征是不连贯、不强调逻辑关系,也不强调写作结构上的完整,它不适合单独作为文学作品在印刷媒介上发表,也不适合单独拿来朗读。解说词一般是不能脱离画面而单独存在的,解说词的任务和功能是与画面相辅相成,共同传递信息、表达情感。

解说词与画面的关系,不能很简单地以谁主谁辅来下个绝对的定论,在电视纪录片中,声画关系是互为主辅、相辅相成的,它们在片中地位也处于不断变化与运动中。

电视纪录片解说的作用可大体表为为:提示说明,补充丰富;引导观察,深化主题;烘托气氛,营造意境;还有就是作为连接、转换画面的因素,帮助画面形成层次结构。在进行解说词备稿时,应该注意全方位地把握,具体分析并进行声音设计。

3. 熟悉电视纪录片画面内容,思考声画对位关系及处理方式

纪录片解说的备稿,要注意在备稿时把握画面图像信息的表达,应透过画面语言把握纪录片编导的整体创意,考虑如何使解说词与纪录片所有声画表现(段落层次、镜头组、具体镜头内容)较好配合的问题,尤其是一定要对准画面的部分必须做到准确无误。

电视纪录片解说的备稿,一般应涉及——

三个方面:全篇创意、解说本体与画面图像。

两个阶段:整体把握与具体把握。

一个循环:看解说词(每段到整体)——观画面——了解创意——再回到解说词(整体到每段)。

电视纪录片解说应注意把握的问题有:① 与片子的内容风格相贴切;② 与画面的情绪气氛相和谐;③ 与镜头的运动方式、景别、场景相适应;④ 与画面的段落、位置相吻合;⑤ 与音乐的情绪、节奏相融合;⑥ 与音响效果、同期声有机配合。

应该注意的是纪录片解说词的重音处理,不能单凭文稿作出判断,而是必须参考画面。一般规律是:画面上一目了然的东西,解说词并不需要过分强调,用自然语气带出即可;画面上有却表达得不是很清楚的东西,解说词应予以强调;画面上没有、观众从画面上观察和体验不到的东西,解说词偏要强调的话,很可能会给纪录片声画表达带来副作用。

(二) 电视纪录片配音实践与训练

1. 电视纪录片配音时的用声与用气

一般来说,电视纪录片解说词用声,一定要非常集中、小而实(需要时可加大),尤其是以第一人称解说时,要注意给人以亲切、自如的感觉。即使是采用第三人称的解说,也应给人

以声音依附画面的感觉,做到"为看而播,为听而播"。解说用声一般比广播低,也低于电视新闻口播,否则,就会产生"语言浮出画面"之感,一般用自如声区中、低部为多。随电视纪录片基调色彩不同,可以结合自己的声音特点,调整声音位置。千篇一律地使用一种声音,无助于解说词的创作。

电视纪录片解说用气,是一般播音与文艺作品演播用气的结合。它既有一般播音用气的深、匀、稳,也有文艺作品演播时用气的灵活多变与显露气息。

2. 配音时应该注意的问题

(1) 注意身体姿态,保持姿态稳定,呼吸顺畅。

(2) 注意播读时声画对位的要求,尽量控制解说词声音的"入点"和"出点",若实践中出现声画不对位的情况,应适当作出相应调整。

(3) 播读时,注意音量前后基本保持一致,不要忽高忽低。

(4) 注意呼吸和气息的控制,避免有明显的呼吸声、翻纸声等被录入,影响录音效果。

3. 复听混音输出,判断声画表现的综合效果

复听时,要对照稿件,认真审听在录音过程中有无语音错误,有无明显的声画不对位的情况,有无与播读内容感情基调明显不符的语音处理情况,若出现上述问题,及时进行补录改正。

4. 补录或重录

根据实际工作要求,如果需要进行补录或重录,这时应特别注意声音效果与开始录音工作时已有较为明显的不同,应注意调整声音的平衡。

最好不要只是在原录音中插入一小部分,如几个字或一个短句,而应把较长的一段重新录音,这样不致产生语音存在明显差异的录音效果。

5. 练习

(1)《话说运河》第1回《一撇一捺》解说词

各位观众,请仔细看一下中国的地图。这是山海关,万里长城从这里向西南延伸到中国的腹地,高高低低,途经七个省、市、自治区。

这是北京城,京杭运河从这里伸向东南的大海之滨,深深浅浅,流经四个省、两个市。

我们从地图上粗略地看,长城跟运河所组成的图形真是非常有意思,它正好是中国汉字里一个最最重要的字眼——"人",人类的人,中国人的人。

请看,这长城是阳刚、雄健的一撇,这运河不正是阴柔、深沉的一捺吗?长城和运河是中国人为人类所创造的两大人工奇迹。

"愚公移山"多么令人可钦可佩,但毕竟是先人编纂的故事,而万里长城和京杭运河可就不同了。它们是人类历史上由中国人设计并施工的两项最大的建筑工程。

巍峨的长城,是我们祖先用自己的骨和肉铸造的;

深沉的运河,是我们祖先用自己的血和汗灌注的。

我们的祖先为什么要以如此巨大的代价,在如此辽阔的中华大地上书写这个"人"字,它又是何等可敬可畏、可歌可泣的事业呢?说来实在话长了。我们这套节目暂且按住长城这个话题不表,而单单话说京杭运河的来龙去脉,并且较多地展示运河两岸的风土人情。

运河的南端是杭州,北端是北京,中间由南到北穿过浙江省、江苏省、山东省、河北省和

天津市,全长1700多公里。我国河流众多,绝大多数都是由西向东流的。京杭运河是我国唯一南北走向的长河。它和公路、铁路一样,不存在源头,而是两端互为首尾。它是世界上人工挖掘的一条最长的河流。它比苏伊士运河长10倍,比巴拿马运河长20倍。

挖掘运河与筑长城的用意是完全不同的。筑长城是为了设置难以逾越的障碍,而挖运河是为了最大限度的沟通。

京杭运河横穿海河、黄河、淮河、长江和钱塘江,因而使我国这五大河连成一个江河网。

在铁路、公路出现之前,京杭运河固然可以用来运送兵员、粮草,但是,在漫长的岁月中,它还担负着运送来往客商、柴米油盐、绫罗绸缎等等等等,当然也就密不可分地使祖国南北互相交流着思想、感情、科技、文化……

在中国,提到长城,人们就会联想到秦始皇,而说到运河,人们也同样会联想到隋炀帝,甚至还有不少人以为京杭运河就是隋炀帝下令开挖的。其实,这个说法是片面的。

……

遥想当年,隋炀帝下令挖运河,可能和秦始皇下令筑长城一样是很残酷的。但是也无可否认,千百年来,运河毕竟给中华民族的发展带来了难以估量的裨益。人们都知道,吴王夫差、隋炀帝、元世祖忽必烈,他们只是发号施令而已,运河终究是古代数以百万计的民众靠双手挖成的。正是在这个含义上,我们说:京杭运河是我们祖先用自己的血和汗灌注的。

……

长城是人类的奇迹,长城是中国人的骄傲,长城是中华民族高高的丰碑、长长的丰碑。它激励着世世代代的中国人要捍卫中华民族坚韧不拔的民族性。因此,多少年来,多少人在心底里呼喊着:"不到长城非好汉!"现在,又有数以万计的中国人疾呼呐喊:"爱我中华,修我长城!"

殊不知,运河也是人类的奇迹,也是中国人的骄傲,也是中华民族的丰碑。长城与运河是名副其实的一对孪生兄妹。

长城高耸在群山之巅,人们怀着崇敬之意去瞻仰,运河流淌在平原洼地,继续为人类效力流汗,到可以任人踩躏糟蹋。这岂不是真的拣软的捏吗?这公平吗?

殊不知运河也是稀奇的文物,只不过它不仅"经久",而且还"耐用"就是了。运河的不少地段已不成样子了。凡是有责任心的中国人,在这讲求"精神文明"和"物质文明"的岁月里,是不是也应该大声疾呼"爱我中华,修我运河"呢?

阳刚的一撇是万里长城,

阴柔的一捺是京杭运河,

这才是一个顶天立地,有血气、有温情的中国人。

(2)《舌尖上的中国》第7集《我们的田野》解说词摘编

作为最后一集,本集将带领观众完成一个回归——从餐桌回归大地。以餐桌上的美食为出发点,继而将视线投向生产出各种美食原材的广袤田野,探究美食的来源,它们是如何被人类以各种方式培育出来,并突出体现生态环保的农业生产方式,正是这样的方式才能为美食提供至关重要的品质保证——优良和清洁。

这一集在呈现中国美食多样性、地域差异性和农业多样性的样貌同时,讲述了中国人为了食物顺应自然、改造自然的故事。

中国人说：靠山吃山、靠海吃海。这不仅是一种因地制宜的变通，更是顺应自然的中国式生存之道。他们精心使用着脚下的每一寸土地，获取食物的非凡智慧，无处不在。

贵州省从江县，侗族、苗族和壮族聚居的山区，这里的人自古以糯米为主食，在高山梯田里种植着近百种原始的糯稻。散落的村寨像一个个孤岛，深藏在大山深处。

十月，是糯稻成熟的季节，壮族聚居的下尧村，正在迎接一个专为稻谷丰收设置的节日——新米节。但糯稻并不是村民们唯一的收获，水田里还藏着其他的秘密。水稻田里可以同时养鲤鱼和鸭子，这种稻鱼鸭共作的古老体系，已被列入全球重要农业文化遗产。

獐子岛，黄海北部一个不足15平方公里的岛屿，却因为海域里的物产富甲一方。碧波之下，生存着一个兴旺的群体。被中国人视为海中珍品的海参、鲍鱼、海胆等无脊椎动物恰好占据了其中的多数。纯净的水体和活跃的洋流造就了它们非凡的品质。

三年前，数以亿计人工培育的海参幼苗被播撒在这片水域，它们和野生同类的成长轨迹完全相同。这是人类和大自然的携手合作，以生态的方式，实现了耕海牧渔的理想。45岁的潜水员王厚喜正在准备职业生涯中的最后一次入水。

河蟹，学名中华绒螯蟹。繁衍期，它们成群结队从栖息的支流和湖泊迁移到长江口。因为生态环境的改变，今天，野生中华绒螯蟹已经十分罕见。小太是人工繁育的一代。河塘里的水全部引自太湖，小太的食物是湖里的水草和小鱼虾，与吃饲料的同类相比，它拥有更长的生长期和更健壮的体魄。今天的中国，大闸蟹已经成为利益最高的养殖项目之一。

地处长三角北端的江苏兴化水乡，仿佛一片被时光遗忘的土地。盛夏的正午，夏俊台和王元凤把船划进了湖荡，给一种嗜水的高大蔬菜进行浇灌。他们脚下这块样貌独一无二的土地，叫垛田。

各种葱茏的蔬菜中，身形魁梧的芋头是绝对的多数。四面环水的垛田，恰好能够满足这个物种最大的嗜好：喝水。每天，老夏要给芋头浇四次水，每次浇够一个小时才能保证芋头的需水量。

在中国经济最活跃的地区，祖居兴化农村的夏俊台，可能是家族中最后一位从事农作的人。但这并不影响他安然享受这里的一切，天然的垛田、芋头，以及他和妻子的家。

青藏高原，世界的屋脊。喜马拉雅山横亘于南部，它的北面，雅鲁藏布江从雪山冰峰间流出，奔向藏南的谷底，开辟了西藏最富庶的农业区——日喀则。

村外，人们种植的青稞就要成熟了。在寒冷的极地，人们需要借助饮食来补充生命的能量。4000米以上的海拔，自然的馈赠并不丰富，有限的食物当中，青稞，成了人们最依赖的主食。望果节在青稞成熟前举行，是一年中最盛大的节日。祭台上，铺满青稞粉的手印，被赋予了强大的精神力量。青稞粉被抛向空中。

人们相信，祈祷的声音，可以直达天宇。

北京，繁华的国际化都市。林立的高楼，围绕着古老的紫禁城，也围绕着不同气质的老街小巷——胡同。

住在胡同的贵春有一个不平凡的理想：拥有一片自己的菜园。于是，贵春把他的理想搬上了屋顶。

种子在地下静静地沉睡着，春天的北京，看不到一点绿意，屋顶上的鱼池还留有去年冬天的残冰。夏天一到，贵春的屋顶完全换了容装。当都市中的人们涌向菜场，将远道而来的蔬菜带回家，贵春却可以像个自在的农夫，就地取材，自给自足。

都市里,成片的屋顶仿佛被遗弃的空间,了无生气。而贵春的屋顶菜园却是一片清凉世界。不足100平方米的绿色屋顶,用它的每一个叶片,净化着都市的空气。它们是贵春送给这个城市的礼物。

不同地域的中国人,运用各自的智慧,适度、巧妙地利用自然,获得质朴美味的食物。能把对土地的眷恋和对上天的景仰,如此密切系于一心的,唯有农耕民族。一位作家这样描述中国人淳朴的生命观:他们在埋头种地和低头吃饭时,总不会忘记抬头看一看天。

三、影视剧人物配音

在影视剧人物配音中,应找准依据,根据具体的场景情节,深入研究所配人物的性格特点,努力贴近人物形象气质。

练习:

(1) 动画片《狮子王》片段

辛　巴:爸、爸,快起来,我们要走了啦……噢,对不起……爸、爸、爸、爸……

母狮子:你儿子好像已经醒了。

木法沙:在天亮前他是你儿子。

辛　巴:爸、爸、爸、爸,拜托了……哎哟! 你答应过我的啊!

木法沙:好吧好吧,我醒了。辛巴,你看,阳光所照到的一切都是我们的国度。

辛　巴:哇噢!

木法沙:一个国王的统治就跟太阳的起落是相同的,总有一天太阳将会跟我一样慢慢下沉,并且在你当国王的时候与你一同上升。

辛　巴:这一切都是我的么?

木法沙:所有的一切。

辛　巴:阳光能照到的所有的东西……那有阴影的地方呢?

木法沙:那在我们的国度之外,你绝不可以去那个地方!

辛　巴:我以为国王可以随心所欲!

木法沙:你错了,国王也不能凡事随心所欲!

辛　巴:不能吗?

木法沙:呵呵! 辛巴,世界上所有的生命都有它存在的价值,身为国王,你不但要了解,还要去尊重所有的生命,包括爬行的蚂蚁和跳跃的羚羊。

辛　巴:但是,爸,我们不是吃羚羊吗?

木法沙:是的,我来跟你解释一下啊! 我们死后呢,尸体会化为草,而羚羊是吃草的,所以,在这个生命圈里都是互相有关联的。

沙　祖:早安! 陛下。

木法沙:沙祖,你早!

沙　祖:我来作早上的例行报告。

木法沙:你说吧。

沙　祖:(节奏轻快地唱起……)

木法沙:儿子你在干什么?

辛　　巴：捉东西。
木法沙：让老手示范给你看。
木法沙：尽量压低身子，趴在地上。
辛　　巴：压低身子，趴在地上。好，我知道了。
木法沙：嘘……别出声。
　　　　　慢慢来，向前一步，然后……
木法沙：哈哈哈哈哈，非常好啊！
土拨鼠：沙祖。
沙　　祖：什么事呢？
土拨鼠：地下传来消息。
木法沙：这一次呢？
沙　　祖：陛下，土狼到了荣耀石了！
木法沙：沙祖，带辛巴回家！
辛　　巴：我不能去么？
木法沙：不行！儿子！
辛　　巴：哼！什么地方都不准我去！
沙　　祖：别着急，小主人，将来你也会成为国王的。

(2) 电影《蝴蝶梦》片段

侍　　者：温斯特先生请您去他房间一趟。
温哈帕夫人：温斯特先生？——敢情好！
温斯特先生：这种求婚方式你没想到吧，照传统的礼俗，你该穿白纱，手捧红玫瑰，远处有人奏小提琴，我该在棕榈树下和你激情缠绵！呵呵，好可怜！别介意！
女：我不会！
温斯特先生：放心，尽管放心！你不必说话！
温哈帕夫人：真高兴你回我电，温斯特先生！
　　　　　恕我匆匆告别，今早才接到小女订婚的消息。
温斯特先生：无巧不成双，温哈帕太太！我也要通知你我订婚的事。
温哈帕夫人：天大的喜事，真浪漫！谁家小姐这么有福气？
温斯特先生：抢了你的同伴，向你道歉！但愿不致造成太大的不便。
温哈帕夫人：这是几时的事？
女：刚才的事，温哈帕太太，几分钟前的事！
温哈帕夫人：我简直不敢相信！
温哈帕夫人：你对我只字未提，真该打你屁股！我想到哪里去了，我该恭喜你们，真替你们高兴！婚礼什么时候在哪儿举行呀？
温斯特先生：在蒙城，尽可能快！
温哈帕夫人：太浪漫了！我可以把船期推迟一周。可怜的孩子没爹没娘的，我理当担起女方的一切！喜宴、接待我负责！快下楼叫脚夫把行李搬下车！
温斯特先生：慢着，您的盛情感激不尽！我们不想惊动大家，更不能让您更改船期。
温哈帕夫人：可是……

温斯特先生：不不……亲爱的，我先下去交代你的行李。

女：谢谢你，麦克辛！

温哈帕夫人：原来你趁我生病搞这件事！你手脚利落让我佩服！哪儿来的本事？真有你的！老实说，你有没有做败德的事？

女：我不懂你的意思！

温哈帕夫人：不提也罢，我说得没错，英国佬品味怪异！你倒真合了曼德林爵士的口味！不客气地说，你根本不配。你完全不懂当贵妇的经验和概念！你该知道他为什么娶你吧，别臭美以为他爱你！事实上，他是空屋独居才冲昏了头！经不起独居之苦罢了。

女：请你走吧，温哈帕太太！免得错过火车。

温哈帕夫人：哼，温斯特太太！再见了，祝你好运！

（3）哈姆雷特独白

生存还是毁灭？这是个问题。

究竟哪样更高贵，去忍受那狂暴的命运无情的摧残，还是挺身去反抗那无边的烦恼，把它扫一个干净？

去死，去睡，就结束了，如果睡眠能结束我们心灵的创伤和肉体所承受的千百种痛苦，那真是生存求之不得的天大的好事。去死，去睡，去睡，也许会做梦！

唉，这就麻烦了，即使摆脱了这尘世，可在这死的睡眠里又会做些什么梦呢？真得想一想，就这点顾虑使人受着终身的折磨，谁甘心忍受那鞭打和嘲弄，受人压迫，受尽侮蔑和轻视，忍受那失恋的痛苦，法庭的拖延，衙门的横征暴敛，默默无闻的劳碌却只换来多少凌辱。但他自己只要用把尖刀就能解脱了。

谁也不甘心，呻吟、流汗拖着这残生，可是对死后又感觉到恐惧，又从来没有任何人从死亡的国度里回来，因此动摇了，宁愿忍受着目前的苦难而不愿投奔向另一种苦难。

顾虑就使我们都变成了懦夫，使得那果断的本色蒙上了一层思虑的惨白的容颜，本来可以做出伟大的事业，由于思虑就化为乌有了，丧失了行动的能力。

第二篇

主持人能力训练与实验

第五单元　主持人思维训练与实验

实验一：发散思维

一、理论概述

1. 发散思维

随着中国电视开始步入良性运作，主持人理论也日臻成熟，播音主持的"个性""能力"是我们所有电视人、广播人共同关心和研究的课题，而在"个性"的挖掘和"能力"的培养过程中，发散思维贯穿始终。古希腊哲学家亚里士多德说："语言是思维范畴经验的表现。"人运用语言表达思想，语言是思维的外在表现，而思维则是语言的内在本质。著名的心理学家吉尔福特指出："人的创造力主要依靠发散思维，它是创造性思维的主要部分。"而对于播音主持人来说，发散思维的强弱是其优秀或平庸的标志，它也是主持人或播音员人格魅力的重要部分。"创造能力＝知识×发散思维能力"[①]，可见发散思维的重要性。

这里所说的发散思维是指与集中思维（聚敛思维）相对的一种思维方式。发散思维对问题从不同角度进行探索，从不同层面进行分析，从不同深度进行考量，从正反两极进行比较，因而视野开阔，思维活跃，可以产生出大量的独特的新思想。这种思维模式就如"空间爆炸状"，"即由一个点向任何空间放射出去，每一条轨迹，都可以形成思维过程，最终达到目标，则成为解决问题的办法"[②]。在播音主持方面则表现为在主持上轻松自如、得心应手，风格上新颖独特、从容不迫，个人魅力别具一格。这种思维更利于创造性思维的培养，而具备了创造性思维的主持人或播音员无疑会是出色的、独具个人魅力的，在工作上方式将更新颖，内容将更丰富，节目效果将更明显，更重要的是，在面对突发状况的时候能处理得更加得心应手。

发散思维之所以能够具有很大的创造性，是因为它可以让人在遇到问题时使思路迅速而灵活地朝着多个角度、多个层次拓展开来，从给定的信息中获得多个新颖的答案。由于部分主持人或播音员在接受传统教育的同时，也受到传统思维方式的影响和束缚，遇到问题时往往思路狭窄，想法局限，拓展不开，这成为影响发散思维的首要障碍，因而在处理实际问题的时候方法上显得生硬，效果显得微弱，这将严重影响媒体工作的进一步发展。

2. 主持人与发散思维

发散思维之于播音主持的意义在于"多、快、好、新"四个字。

首先，"多、快"体现出发散思维的流畅性，是对"量"和"速度"的追求。即对一个问题，在

---

① 吴郁.主持人思维与语言能力训练路径[M].北京：中国广播电视出版社，2005：2.
② 陈竹.节目主持人实用口语训练教程[M].杭州：浙江大学出版社，2006：108.

一定的时间里面,能否突破现有思维框架,从多方面、多层次展开构想,提出尽量多的新观念、新方法、新结论。这强调播音主持人的思维在空间上立体辐散,就像"八爪鱼"一样,触角尽可能地向外伸展;在时间上纵贯古今中外,把握纵深;在速度上有迅雷不及掩耳之势。这需要播音主持人在思维上能"对外开放",冲破固有桎梏。

其次,"好"体现出发散思维的质量和灵活性,是对"质量""品质"的追求。思维的跳跃带来各种想法的迸发,对材料和知识作适当的巧妙的迁移,能营造一个富有深刻内涵和哲理的氛围。这就是播音主持人所需要做的,用精妙的语言为受众提供一个舒畅、巧妙但蕴含启迪的意境。

最后,"新"体现出发散思维的新颖性,这是更高一层的追求,要求思维独特、精细。"高水平的说话者是从一般人认为是正确的观点、现象中发现谬论、不足之处,从传统认为是错误的观点、现象中发现真理的成分,会表现出鲜明的对传统的批判精神。"[①]在这个创新时代,播音主持人的独创精神越发显得重要,当他们的思维具有新颖性后,语言之于受众会显得更加生动有趣,这样也能充分展示主持人的个人魅力。

发散思维是主持人创造性工作的思维基石,从预稿、立题到写稿、改稿,从一个词的选用到一个句的修饰,从一个手势的比画到一个环节的衔接,几乎无不需要发散思维。思维发散得好,可供选择的东西就多,所选取的结果就新颖而富有创造性,所表达的内容与展现的个人特色风格也就会在各个方面给人以新意。所以主持人应该注重锻炼自己的发散思维,培养发散思维能力。第一,要用各种知识丰富自己,成为一位"博学大师",知识的积累是思维发散的基础;第二,要用过硬的业务能力武装自己,成为一位"专业人士",让专业素质成为思维发散的载体;第三,要用大量的实践锻炼自己,成为一位"优秀人才",实践是检验真理的唯一标准,不断的磨炼与适应是思维成熟的关键。

二、实 验 综 述

培养自己的发散思维,一定要以深刻分析问题、把握问题实质为前提,关键是要能够打破思维的定势,改变单一的思维方式,运用联想、想象、猜想、推想等,尽量拓展思路,从问题的各个角度、各个方面、各个层次进行或顺向、或逆向、或纵向、或横向的灵活而敏捷的思考,从而获得众多的方案或假设。所以,主持人应该冲破想象和思维的定势,在较短的时间内产生尽可能多的想法,在较窄的空间里产生尽可能独特的观点,更多地提出一些假设性的问题。播音主持人要使思维具有发散性,在工作以外要以深厚的文化作为积淀,以变通的思想作为基石。

发散思维是可以通过具体的实验训练逐渐培养的,这种实验总结起来可分为两大类。第一类属于不可操控性实验(即生活体验、日常练习)。在我们的日常生活中,当你面对一个问题时从不同角度去考虑问题,甚至会转换角色以深刻理解问题的内涵,还可能借鉴前人的解决方法等,这些都是一个人发散思维的表现。所以,经历多了,发散思维也就得到了相应的培养。同样,相对于主持和播音工作来说,当你身经百战的时候,你的发散思维能力也就随之增强了。另外,可在课堂上、课外日常生活中有目的性地作一些发散思维的针对性练

---

① 陈竹.节目主持人实用口语训练教程[M].杭州:浙江大学出版社,2006:75.

习。为此,本教材将在后面介绍三类相关的日常训练,主要针对发散思维"量"上的要求与"质"上的追求进行相关训练,练习后采取老师与学生当场点评方式进行"优点发现"和"纠错改进"评价,达到思维训练的目的。

第二类属于可操控性实验(即实验室实验训练),在实验室(包括专业实验室、虚拟演播室、演播厅等)中,模拟事件情景,让学生接触预先设计好的事件环节,达到训练和拓宽思维的效果,又或者设计一些思维速度、广度、深度的练习。这类实验无论是从人物到事件,还是从人员到道具,都是可操控的。环境逼真、现场感强、实战性强,能很好地锻炼学生的临场心理素质。实验目标十分明确,实验目的也能在较短的时间内达到。对于这类实验,本教材将在后面详细举例说明。我们将设计或假设特定的情景(如设计栏目或节目时段),在设计情景中,结合栏目或节目的需要,将发散思维融入其中,实现播音主持过程的一体化,最大限度、最宽层面地训练学生在播音主持上的发散性思维。

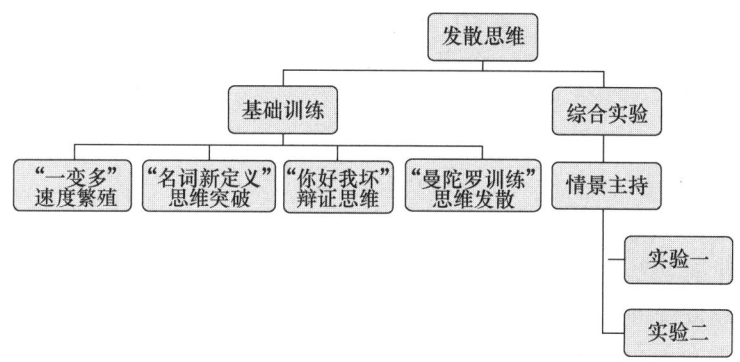

三、发散思维基础训练

1. 训练一:"一变多"之速度繁殖训练

(1) 训练目的

通过速度繁殖训练,培养学生思维的敏捷性、流畅性,使学生在面对某一个问题时,能尽量快地提出尽量多的概念和想法,从而让学生在播音主持中能收放自如。

(2) 训练要求

在规定的时间内(5—10分钟),以给定的一种事物或概念为依据,列举至少10项与此概念相关的或由此拓展、发展出来的事物或概念。要求速度快、数量多,尽量有多角度、多层面的效果。要求语音标准,表达流畅,有镜头感、对象感。

(3) 训练场地与器材

场地:教室;宿舍、家庭等私人场所。

器材:

① 教室:拾音设备(包括录音笔、MP3、MP4、智能手机等);摄像设备(摄像机、智能手机等)。

② 宿舍、家庭等私人场所:拾音设备(包括录音笔、MP3、MP4、智能手机等);镜子(实验者对着镜子进行练习,从而观察自己表达时的姿态、表情,改正自身不足之处);模拟镜头(实

验者可画一黑色实心圆形作为模拟镜头,将其贴于墙上等处,对着"镜头"进行练习,使实验者克服面对镜头表达时的不自然状态,见图5-1);可用智能手机对训练过程进行声画记录。

图 5-1　对着模拟镜头练习

(4) 训练方法与步骤

教室：

① 老师给学生提出一个特定的概念。

② 给予学生一定的准备时间(5分钟左右)。

③ 学生自由举手发言或老师随机点名发言。

④ 每位学生起身发言的时限为2分钟。

⑤ 老师当场或者事后重听录音、重看录像进行评价。

⑥ 学生举手发言,发表自己的看法与意见。

宿舍、家庭等私人场所：

① 自己设定一个概念。

② 给予自己一定的准备时间(5分钟左右)。

③ 面对模拟镜头或镜子进行表述,用拾音设备进行录音或用智能手机进行录像。

④ 重听录音或重看录像进行自我评价。

(5) 训练注意事项

学生在准备过程中不允许商量与讨论,学生发言的时候其他任何人包括老师不允许打断。学生发散的内容需要符合正面向上、文明健康的要求。老师或者学生的评价应做到实事求是,不应夸大或进行人身攻击。

(6) 训练记录方式

以拾音设备进行声音记录,以摄像设备进行画面记录。

(7) 训练讨论与评价

① 应该用发散思维的第一个特征("多、快"——流畅性)进行考查。在限定的时间内,从表达的速度和内容的数量进行评价。

② 思维能否多端辐散,思路是否开阔。

③ 表达是否全面、辩证。

④ 表达的内容是否合乎实际情况、合乎逻辑,是否文明健康。

⑤ 表达是否流畅,发音的准确程度是否受到影响。

⑥ 是否有较好的镜头感、对象感。

（8）实例

① 请列举一支铅笔的用途。

② 冰变成水的方法。

③ 由"火"你能想到的。

④ 由周恩来你能想到的。

⑤ 请列举飞机失事的原因。

⑥ 请列举能让人感到高兴的事物。

⑦ 请列举能代表女人的事物。

⑧ 请列举门打不开的原因。

⑨ 请列举给妈妈过生日的方法。

⑩ 一个人成功是因为什么？

⑪ 如何看待女权主义。

⑫ 说一下二维码的利与弊。

⑬ 说一下你所理解的民主。

⑭ 做事真的要三思而后行吗？

回答示例：

火，是我们生活中必不可缺的，它是人类文明发展进步过程中必不可少的东西。古代正是有了钻木取火，人类才得以生存，得以发展，得以延续。

火是一种物质。哲学上讲，世界的本原是物质，世界上形形色色的现象都是物质的种种形态；世界上除了物质以外，什么也没有；世界上的千差万别、形形色色的事物和现象，都是物质的种种表现形态。火也是其中一种物质的表现形态，因此火是一种物质。

火是燃烧产生的现象。从化学角度来讲，燃烧产生火，火能导致燃烧。在很多的化学反应中，火是很重要的一种反应条件。

火是一种巨大的能量。从物理角度来看，火这种巨大的能量能为物理现象提供条件。火能产生电，电能产生磁，因而火是众多物理转化的物质能源。

火是一种情绪，每个人内心深处都藏着一把火。它能温暖你的心，也能激发你内心的斗志，但在一些特殊的情况下，它能变成愤怒，一发不可收拾，把你内心的愤懑发泄于外。

2. 训练二："名词新定义"之思维突破训练

（1）训练目的

通过思维突破训练，培养学生思维的灵活性，使学生在面对同一个问题时，能从另类的角度给予新的、完美的诠释，灵活地利用自身知识积累作出巧妙迁移，训练思维的求异性。

（2）训练要求

对老师给出的名词，根据其本来意思，通过丰富的联想，运用明喻、暗喻、象征等修辞手法，以或独特、或幽默、或讽刺的形式重新解释、描述，给予名词新的定义，赋予概念崭新的感情色彩与深刻意味。另外，学生在语言表达时，要求眼神集中，有自设的假想对象，要改变平时讲话懒散的习惯。

（3）训练场地与器材

场地：教室；宿舍、家庭等私人场所。

器材：

① 教室：拾音设备（包括录音笔、MP3、MP4、智能手机等）；摄像设备（摄像机、智能手机等）。

② 宿舍、家庭等私人场所：拾音设备（包括录音笔、MP3、MP4、智能手机等）；镜子（实验者对着镜子进行练习，从而观察自己表达时的姿态、表情，改正自身不足之处）；模拟镜头（实验者可画一黑色实心圆形作为模拟镜头，将其贴在墙上等处，对着"镜头"进行练习，使实验者克服面对镜头表达时的不自然状态，见图5-1）；可用智能手机对训练过程进行声画记录。

（4）训练方法与步骤

教室：

① 老师给学生提出一个特定的概念。

② 给予学生一定的准备时间（5分钟左右）。

③ 学生自由举手发言或老师随机点名发言。

④ 每位学生起身发言的时限为2分钟。

⑤ 老师当场或者事后重听录音、重看录像进行评价。

⑥ 学生举手发言，发表自己的看法与意见。

宿舍、家庭等私人场所：

① 自己设定一个概念。

② 给予自己一定的准备时间（5分钟左右）。

③ 面对模拟镜头或镜子进行表述，用拾音设备进行录音或用智能手机进行录像。

④ 重听录音或重看录像进行自我评价。

（5）训练注意事项

学生在准备过程中不允许商量与讨论，学生发言的时候其他任何人包括老师不允许打断。学生对名词的创新阐述需要符合逻辑，用语表述要得体。同一个"名词新定义"不能同时使用于超过4名学生，以免学生重复阐述，遇到思维发散的瓶颈。老师和学生的评价应做到实事求是，不应带过多的个人情感与偏见。

（6）训练记录方式

以拾音设备进行声音记录，以摄像设备进行画面记录。

（7）训练讨论与评价

① 应该用发散思维的第二个特征（"好"——质量和灵活性）进行考查，评价学生对一个名词在限定的时间内所作的知识迁移是否恰当、独特与巧妙。

② 学生所表达的内容是否能营造一个富有深刻内涵和哲理的氛围，给人以新颖的感觉。

③ 语音是否标准，表达是否流畅，肢体语言是否恰当。

④ 是否有较好的镜头感、对象感。

（8）实例

男人、爱情、友谊、婚姻、花花公子、暧昧、情人、论坛、流行、娱乐、红包、隔离、大妈、包袱等。

回答示例：

友谊：是一瓶美酒，年份越久越醇香浓厚，若没有保存好就会过早地变质。

情人：结婚前公开，结婚时公证，结婚后寻觅。

流行：一种现代跟风行为艺术，也是商家故意炒作的成果。

红包：过去主要指过年给小孩发压岁钱，今天的意义已多元化，且手段多样。

大妈：对大龄妇女的称呼，大妈通常是一个快乐的群体，"大妈"(Dama)被作为一个新词收录进《牛津英语词典》。

包袱：包衣物等用的布，又指经过细密组织、铺垫，达到的喜剧效果。人们常说"抖包袱"。

3. 训练三："你好我坏"之辩证思维训练

（1）训练目的

通过思维的辩证训练，培养学生思维的新颖性，使学生在面对同一个事件时，能从相反的角度，运用逆向的思维对事件进行异于传统认识的解释或定义，表现思维的独创性，培养学生对传统的批判精神以及独创精神，从而让学生在播音主持中能形成独特的个人风格与个人魅力。

（2）训练要求

对于老师给出的事件或名词概念，当一方说出观点时，另一方从另一个角度或者从反面进行陈述。陈述应当合情合理，不可过于牵强。

（3）训练场地与器材

场地：教室；虚拟演播室。

器材：

① 教室：拾音设备（包括录音笔、MP3、MP4、智能手机等）；摄像设备（摄像机、智能手机等）。

② 虚拟演播室：专业摄录一体机，三脚架，录音话筒，螺纹聚光灯（若干），天幕灯（若干），柔光灯（若干），筒子灯（若干）。

（4）训练方法与步骤

教室：

① 学生分组，两人一组，各担任正方与反方的角色。

② 老师给出一个特定的事件或者名词。

③ 给予学生一定的准备时间（5分钟左右）。

④ 学生正方（反方）发言，紧接着反方（正方）进行反驳陈述，如此进行一述一辩的阐述，时限为3分钟左右。

⑤ 阐述结束后，在场学生可以进行补充。

⑥ 老师进行及时点评综述。

⑦ 不清楚的地方可以重听录音或重看录像再进行评讲。

虚拟演播室：

① 学生编号、分组。

② 老师给出一个特定的事件或名词。

③ 给予学生一定的准备时间（5分钟左右）。

④ 学生按编号，两两面对镜头进行发言，发言时间限定在3分钟以内。

⑤ 老师和学生重看录像，老师进行评讲。

⑥ 学生相互讨论，发表自己的意见与看法。

(5) 训练注意事项

学生在准备过程中不允许商量与讨论,学生发言的时候其他任何人包括老师尽量不打断其辩论阐述。学生对事件或名词作逆向或正向阐述时,发言不宜过长,简明扼要才更显语言的力度。每一个主题的辩论都不能同时用于两组以上学生,以免学生重复阐述。对事件的正向或逆向的阐述或辩论都要符合逻辑,防止曲解原意,切忌流于表面。

(6) 训练记录方式

以拾音设备进行声音记录,以摄像设备进行画面记录。

(7) 训练讨论与评价

① 应该用发散思维的第三个特征("新"——新颖性)进行考查,观察学生思维的独特性、精细性以及新颖性。

② 注意把握思维的宽度与深度,看其发散思维的内容是否富有内涵,是否深刻、具积极意义。

③ 评价学生语音的标准程度、语言表达的流畅程度、语调以及肢体表现的得体程度。

④ 是否有较好的镜头感、对象感。

(8) 实例

① 乌龟:生命的长者,善于保护自我——缩头乌龟,怕事者

② 粉笔:为学生牺牲自我方得满板文字——数次撞墙不知回头终于粉身碎骨

③ 狐狸:头脑绝顶聪明,语言表达能力强——狡猾透顶,花言巧语的骗子

④ 流星:用自己短暂的生命给人希望——随意飞行,稍纵即逝,消失于茫茫天际

⑤ 春蚕:为人类抽尽了丝,才悄然离去——作茧自缚,实在可悲

⑥ 电扇:在狂热的季节,让人们保持清醒的头脑——一旦被人利用,就摇头晃脑起来

⑦ 仙人掌:用尖利的刺,捍卫自己的尊严——沾了点儿"仙气",就触摸不得?①

⑧ 瓦:手挽手,肩并肩,辛勤地为人们遮风挡雨——一生总喜欢爬到高处抛头露面

⑨ 佛系:无欲无求、不悲不喜、云淡风轻而追求内心平和的生活态度——不求上进,没有积极进取的思想

⑩ 杠精:网络流行语,指经常通过抬杠获取快感的人、总是唱反调的人、争辩时故意持相反意见的人——这个人鬼点子多,聪明、机灵,不容易上当受骗

⑪ 整容:谁都喜欢漂亮,追求完美是一种人生境界——还是原生态的好,整容可能还会把自己给整毁了,不要自欺欺人

4. 训练四:"曼陀罗训练"之思维发散训练

(1) 训练目的

"曼陀罗"这个词源于梵语,有找到本质之意。这种思维训练的方法是通过思维发散的训练,培养学生思维的全面性,使学生在面对一个问题时,能够利用已有的成熟模式,加上自身的知识储备,全面地对问题进行思考,训练更加开阔、周全的思考方式。

(2) 训练要求

在规定时间内,对老师所给出的每一个主题事物,往六个方面思考,以 who(谁)为中心,发散思考 what(做了什么)、why(为什么)、when(什么时间)、where(什么地点),同时在思考

---

① 实例5—7摘自:吴郁.主持人思维与语言能力训练路径[M].北京:中国广播电视出版社,2005:34.

每个点时加上 how(怎么做)。要求语音标准,每个方面的表述之间要合理过渡,不可过于生硬,以自身知识储备为主,不可将此方法当作模板。

(3) 训练场地与器材

场地:教室;宿舍、家庭等私人场所。

器材:

① 教室:拾音设备(包括录音笔、MP3、MP4、智能手机等);摄像设备(摄像机、智能手机等)。

② 宿舍、家庭等私人场所:拾音设备(包括录音笔、MP3、MP4、智能手机等);镜子(实验者对着镜子进行练习,从而观察自己表达时的姿态、表情,改正自身不足之处);模拟镜头(实验者可画一黑色实心圆形作为模拟镜头,将其贴于墙上等处,对着"镜头"进行练习,使实验者克服面对镜头表达时的不自然状态);可用智能手机对训练过程进行声画记录。

(4) 训练方法与步骤

教室:

① 老师给学生提出一个特定的概念。

② 给予学生一定的准备时间(5 分钟左右)。

③ 学生自由举手发言或老师随机点名发言。

④ 每位学生起身发言的时限为 2 分钟。

⑤ 老师当场或者事后重听录音、重看录像进行评价。

⑥ 学生举手发言,发表自己的看法与建议。

宿舍、家庭等私人场所:

① 自己设定一个概念。

② 给予自己一定的准备时间(5 分钟左右)。

③ 面对模拟镜头或镜子进行表述,用拾音设备进行录音或用智能手机进行录像。

④ 重听录音或重看录像进行自我评价。

(5) 训练注意事项

学生在准备过程中不允许商量与讨论,学生发言的时候其他任何人包括老师不允许打断。学生发散的内容需要符合正面向上、文明健康的要求。在训练时,学生要将这一方法当作参考,不可将其当作模板,生硬地在任何题目上都套用这一方法。在训练时要多利用自身的知识储备填充各个方面,而不是用大白话简单地对几个方面进行描述。

(6) 训练记录方式

以拾音设备进行声音记录,以摄像设备进行画面记录。

(7) 训练讨论与评价

① 应用发散思维的全面性进行考查。在限定时间内,从表达的开阔和全面等角度进行评价。

② 思维是否多端辐射,思路是否开阔。

③ 思维是否合乎实际、合乎逻辑、积极健康。

④ 语言表达是否流畅。

⑤ 评价内容时覆盖六大方面。

(8) 实例

① 彩礼:遏制农村天价彩礼陋习

② 传销还是成功学?

③ 大连城市 logo 被指抄袭迪士尼,抄袭作品为何能拿奖?

④ 乡村教师

四、发散思维综合实验——情境主持

1. 实验一

(1) 实验目的

通过真实情景的设计,为学生提供真实的训练机会,让学生身处其境,尝试面对播音主持人的常见问题,运用自身所学的专业知识去解决问题;让学生把发散思维运用于播音主持实践中,以感受发散思维在播音主持业务中的重要性;训练和提高学生在主持方面的临场应对能力。

(2) 实验要求

假定情景是一个电视栏目,需要主持人说一段 2—3 分钟的开场白。实验中需要学生在有限的时间(8—10 分钟)内,理解栏目或节目性质,组织节目"串词"开场白,以富于个人特色的语言表达和主持风格展现于摄像机面前,以增加节目氛围或使节目更顺畅地进行。

(3) 实验场地与器材

场地:虚拟演播室(或演播厅),非线编实验室。

器材:

① 虚拟演播室(或演播厅):数字切换台,录像机,摄录一体机,三脚架,录音话筒,灯光调控台,螺纹聚光灯(若干),天幕灯(若干),柔光灯(若干),筒子灯(若干)。

② 非线编实验室:(略)

(4) 实验方法与步骤

① 学生随机编号。

② 老师讲解特定情景的相关设定。

③ 给予学生一定的准备时间(8—10 分钟)(见图 5-2)。

图 5-2　学生准备

④ 学生面对摄像机表达,相关设备开启,学生语言表达时限为 3 分钟(见图 5-3)。

图 5-3　学生表达

⑤ 按学生编号进行逐一录像。
⑥ 老师与学生前往非线编实验室,根据录像片段进行评价,提出改进意见(见图 5-4)。

图 5-4　评价

(5)实验注意事项

学生在准备过程中不允许与在场其他学生商量与讨论。学生面对摄像机发言的时候其他任何人包括老师不得发出任何声响,以免打扰录像过程。当学生离表述时限还剩 10 秒时,老师应向学生示意,并在规定的时限(3 分钟)到达时关机停止录像。在规定的时限内,学生可依个人需要重新录像一次。对设备的使用要遵循"会用、适用、精用"的原则。

(6)实验记录方式

以拾音设备进行声音记录,以摄像设备进行画面记录。

(7)实验讨论与评价

① 老师应该按照发散思维的三个特征("多、快""好""新")进行评价:内容的多少、速度的快慢;表达的流畅程度;独特性和新颖性。

② 评价学生表达内容与栏目主题的切合程度。

③ 评价学生发音是否清晰准确。

④ 评价学生是否具有良好的镜头感。

(8) 实验报告

格式参见本书附录6。

(9) 开场白示例

大家好,欢迎大家来到《吐槽大会》,欢迎你们。"吐槽是门手艺,笑对需要勇气",大家好,我是今天的主持人×××。

首先还是再次介绍《吐槽大会》是什么。每期我们都会请到一位饱受热议的明星大咖,来到这个舞台,他再请到他圈内圈外的好友作为嘉宾,大家共同以吐槽的形式,来终结这段友谊。每一个嘉宾还要竞赛,看谁能得到 Talk King 的奖杯,成为本期的吐槽王。

今天呢,需要隆重介绍的,我给大家说一说,他来自香港,红遍大江南北,个头不大,但是能量无限,而且我真的要说,如果要没有他,今天的这场《吐槽大会》根本就办不起来,让我们一起大声说出他的名字。他的名字是念慈庵……没错没错,各位说得对。本期的主咖王祖蓝……请看 VCR。

大家终于看到了,王祖蓝和他的妻子,李亚男。

在生活当中,两个人可能会有不如意,两个人可能会有争吵,但是我确定,他们真的没有动过手,因为如果动手,吃亏的也是祖蓝,不过祖蓝,就算是动手,你也不用担心,因为我们有一部非常重要的法律,叫《未成年人保护法》……

2. 实验二

(1) 实验目的

通过真实情景的设计,为学生提供真实的训练机会,让学生身处其境,尝试面对播音主持人的常见问题,运用自身所学的专业知识去解决问题;让学生把发散思维运用于播音主持实践中,以感受发散思维在播音主持业务中的重要性;训练和提高学生在主持方面的临场应对能力,考验学生在真实节目中的心理素质以及对节目的把握与控制。

(2) 实验要求

设计的特定情景是一个饮食节目,此期节目的菜式推荐是"黄瓜炒肉片",其中有一个"一料多搞"的环节,需要主持人以介绍黄瓜的其他用处为主,说一段2—3分钟的串词。在串词中,主持人需要尽量多地列举黄瓜的其他用处,而每个用处之间的衔接需要自然顺畅。在语言表达方面,需要注意基础性问题,强调语音标准、语言的流畅程度,注意表达是否带有自身固有的语言习惯(如固有的口头禅、语速过快过慢)。串词内容需要符合逻辑,有关联性。最后串词需要过渡到节目的结束语,以自然的方式结束这一期节目。在面对镜头表达时,要求学生有良好的对象感。

(3) 实验场地与器材

场地:虚拟演播室(或演播厅),非线编实验室。

器材:

① 虚拟演播室(或演播厅):数字切换台、录像机、摄录一体机、三脚架、录音话筒、灯光调控台、螺纹聚光灯(若干)、天幕灯(若干)、柔光灯(若干)、筒子灯(若干)。

② 非线编实验室:(略)

(4) 实验方法与步骤

① 学生随机编号。

② 老师讲解特定情景的相关设定。

③ 给予学生一定的准备时间(8—10分钟)。
④ 学生面对摄像机表达,相关设备开启,学生语言表达时限为5分钟。
⑤ 按学生编号进行逐一录像。
⑥ 老师与学生前往非线编实验室,根据录像片段进行评价,提出改进意见。

(5) 实验注意事项

学生在准备过程中不允许与在场其他学生商量与讨论。学生面对摄像机发言的时候其他任何人包括老师不得发出任何声响,以免打扰录像过程。当学生离表述时限还剩10秒时,老师应向学生示意,并在规定的时限(5分钟)到达时关机停止录像。在规定的时限内,学生可依个人需要重新录像一次。对设备的使用要遵循"会用、适用、精用"的原则。

(6) 实验记录方式

以拾音设备进行声音记录,以摄像设备进行画面记录。

(7) 实验讨论与评价

① 老师应该按照发散思维的三个特征("多、快""好""新")进行评价:内容的多少、速度的快慢;表达的流畅程度;独特性和新颖性。
② 评价学生表达内容与栏目主题的切合程度。
③ 评价学生发音是否清晰准确。
④ 评价学生是否具有良好的镜头感。

(8) 实验报告

格式参见本书附录6。

实验二：聚敛思维

一、理论概述

1. 聚敛思维

聚敛思维又称集中思维，是指某一问题有且仅有一种正确的答案或最佳方案，为了获取最佳的答案或方案，每一步的思考方向都要求从不同的方面集中指向同一个目标，其最终目的是得出由现有信息产生的和习俗所接受的最好结果。在聚敛思维中，推理严格地遵照逻辑进行，是深化思想和挑选方案常用的思想方法。

聚敛思维"以某种研究对象为中心，将众多的思路和信息汇集于这个中心点，通过比较、筛选、组合、论证从而得出在现有条件下解决问题的最佳方案"[1]，所以，聚敛思维的基本特征可归纳如下。

（1）聚集性

聚敛思维不再是想法的任意组合，而是把发散后得到的想法集中起来，选择最佳组合，通过定向、定点的思考，使思维达到一定深度，具有更敏锐的聚合思考能力，从而揭示问题的实质。

（2）全局性

聚敛思维要求着眼于系统整体的状态和功能而不拘泥于局部，追求系统整体的最佳效果而不要求各个局部最佳。系统的整体功能是各个部分功能在相互联系和相互作用中产生的新功能，即 1 加 1 不等于 2，系统整体功能大于各个部分功能的总和。

（3）应用性

聚敛思维以可行性为标准选择解决方案。以问题为中心，围绕中心组织信息，从不同方面向中心收敛，以达到解决问题的目的。要克服思维定式，不局限于常规，力求提出解决问题的新思路、新理论。

聚敛思维和发散思维的不同之处在于，发散思维可以使一个问题有尽可能多的解决方案，而聚敛思维则要得出唯一的解决办法。但在解决实际问题时，两者的关系又往往是相辅相成、辩证统一的。在发散思维中，由于其鼓励思维的流畅性和鼓励尽可能多提出问题解决思路，所以思维过程的每一环节都可能产生较为新奇的想法，而在发散思维加工之后，必须在聚敛思维的过程中对这些想法进行合理化的检验。一个看似复杂的问题，在经过聚敛思维的合理化检验之后，往往就变得简单明了了。

2. 主持人与聚敛思维

时至今日，主持人在节目中已不仅仅是担任新闻或节目的串联与播出角色。随着广播电视事业的发展，行业对主持人的综合素质的要求也日益提高，越来越多的主持人参与到节目的采编、制作甚至是节目的策划之中，每天要选择、处理大量的新闻信息。因此，"作为一个主持人是否具有思辨能力，是否能够从大量的信息中理出主线，抓住本质，思维是否具有

---

[1] 兴盛乐.超常思维的诀窍[M].北京：企业管理出版社，2006：44.

集中性和深刻性就显得尤为重要"①。

聚敛思维强调思维的开阔度和闪光点,能使主持人的思维更具逻辑性、条理性,同时有助于提高主持人的判断能力,使其更能抓住重点,敏捷地从错综复杂的现象中,找出较合适的解决办法,从而丰富节目内容、深化节目内涵,并看到问题具有特殊意义的层面,从已有的知识中浓缩提炼出更新或更深入的看法。

下面我们介绍几种聚敛思维的运用方法。

(1) 寻找共同点

如果同一现象在不同的场合出现,而各个场合有且只有一个相同条件,那么这个条件就是引起这种共同现象的原因。寻找共同点就是要从错综复杂的不同现象中,排除不相干的因素,找出共同的因素。这也是进行聚敛思维时经常用到的方法。

(2) 寻找不同点

如果一种现象在某个场合出现,在其他场合都不出现,而这个场合和其他场合只有一个不相同的条件,那么就可以判断这个条件就是这一现象出现的原因。在进行聚敛思维的分析和概括时,求异法有时可以收到意想不到的效果。

(3) 求同存异

即求同法和求异法的联合运用。先运用两次求同法,再运用一次求异法,然后得出结论。这种方法适用于在多种因素中找寻导致某种现象的真正原因。其思维过程可以通过以下例子来阐述。

假设有以下三个事件——某人遭到雷击、某人要自杀、某人结婚——发生,而导致这些事件的可能因素有下雨天、做了坏事、买了楼房、天气晴朗、闪电、亲人过世。要求是:找出导致这些事件的原因。我们可先用"求同法"找出三个事件中有共同点的两个——自杀和结婚——与主观因素关联较大,遭到雷击与客观因素关联较大。而在所给可能因素中,我们又可用"求同法"找出具有客观因素的选项,分别是下雨天、天气晴朗、闪电。再用"求异法"依次屏蔽三个因素中的某一个因素,此时有三种情况出现。屏蔽"下雨天",也就是说"天气晴朗"和"闪电"是遭雷击的原因;屏蔽"天气晴朗","下雨天"和"闪电"是遭雷击的原因;屏蔽"闪电",则"下雨天"和"天气晴朗"是遭雷击的原因。根据常识,可得出结论:"下雨天"和"闪电"可归为"某人遭到雷击"的原因。运用同样的思维过程,可分析出"自杀"和"结婚"两个事件出现的原因。

(4) 综述法

就思维的一般过程而言,分析理解是第一位的,综合概括是第二位的。先有分析,后有综合,分析的结果必须通过综合概括表现出来。综述就是把事物或对象的各个部分和属性联合为一个整体。具备良好的综述能力可以让我们完整、全面地认识事物,认识这一事物同其他事物之间的联系,从整体上去把握环境、事物存在条件与人物之间的关系,以提高自己解决问题的能力。

聚敛思维的方法多种,除上述介绍的以外,还有追问法(采取追问到底的态度,以便找出最终原因)、目标识别法(确定注意目标,进行观察并作出判断,通过不断的训练,促进思维识别能力的提高)、间接注意法(用一种间接手段,去寻找"关键"技术或目标,达到另一个真正

---

① 吴郁.主持人思维与语言能力训练路径[M].北京:中国广播电视出版社,2005:59.

目的)、层层剥笋法(对研究的事物进行层层分析,向问题的核心一步步地逼近,抛弃非本质的繁杂的特征,揭示出隐藏在事物表面现象内的深层本质)。①

●●●● 二、实验综述 ●●●●

本实验的目的在于让学生对聚敛思维的思维方法和思维过程有个初步了解,由浅入深,进而体会聚敛思维就是一种遇到问题考虑应该怎样解决、解决问题的程序是什么的这样一种思维方法。通过实验,发现聚敛思维和发散思维的关系是相互补充、相辅相成的。在训练发散思维的同时,培养聚敛思维能力,提高学生的思辨能力,使其学会从大量的信息中理出主线,抓住本质,提升学生思维逻辑的集中性和深刻性。在量的积累下,最终实现聚敛思维的自由运用,为成为一名具备积极灵活思维能力的主持人打下基础。

实验分为"基础训练"和"综合实验"两部分。

基础训练内容以简单的聚敛思维训练为主,内容涵盖基础的数学、逻辑推理学等学科知识,从简单的题目中找出蕴藏的规律、异同。本训练适合在课堂或课外等设备比较欠缺的条件下进行训练,随意性强,让学生初步掌握聚敛思维的基本方法,形成良好的思维习惯,为综合实验的进行打下一定的基础。

综合实验部分则对设备和场地的要求比较高,题目内容的深度和层次相对高级,甚至可以应用于现实问题的解决,目的在于训练学生在锻炼聚敛思维的同时,把自己的思维深度提高一个层次。思维的深度主要表现在:透过现象抓住本质,从事物的现状把握它的发展过程,从具体领域进入抽象领域,从原因探索结果,或者反过来从结果追溯原因等。实验要求学生在演播室等环境中,在面对镜头时消除紧张感,自然发挥聚敛思维。学生应注意自己在镜头前的姿态表情。学生可以根据自身风格和特点假设某类场景节目或栏目,围绕主题进行陈述,进行主持人模拟训练。

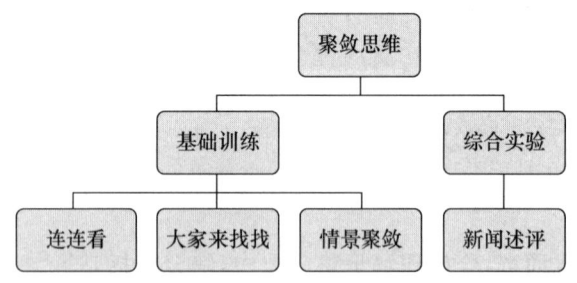

●●●● 三、聚敛思维基础训练 ●●●●

1. 训练一:连连看

(1)训练目的

通过聚敛思维的初步训练,培养学生运用思维的灵活性,使其认识聚敛思维、体会聚敛思维,为进行更深层次的训练打下良好基础。

---

① 兴盛乐.超常思维的诀窍[M].北京:企业管理出版社,2006:44—49.

(2) 训练要求

通过丰富的联想(1—2分钟的思考准备时间),将给出的一组名词串联成一个简单的故事,表达的时间在1分钟左右。学生在训练过程中需要注意培养自身的镜头感和对象感,并努力克服在随意谈话的状态下语音和表达质量降低的问题。

(3) 训练场地与器材

场地:教室;宿舍、家庭等私人场所。

器材:(略)

(4) 训练方法与步骤(以在教室为例)

① 老师给出一组名词。

② 给予学生一定的准备时间(1—2分钟)。

③ 学生举手发言或者老师按顺序点名发言,发言时间限定在1分钟左右。

④ 老师当场对学生的发言进行各方面的点评,或者课后听录音或看录像后进行点评。

⑤ 学生举手发言,发表自己的看法与意见。

(5) 训练注意事项

学生在准备过程中不允许商量与讨论,学生发言的时候其他任何人包括老师尽量不打断。学生对名词的创新串联需要符合逻辑,表述要得当。同一组名词不能使用于超过6名学生,以免学生重复阐述。老师或者学生对发言者的评价应做到实事求是,不应带有过多的个人情感与偏见。

(6) 训练记录方式

以拾音设备进行声音记录,以摄像设备进行画面记录。

(7) 训练讨论与评价

① 老师应该用聚敛思维的"聚集性"这一特点进行评价,考查学生在限定的时间内,对一组名词的组接和串联是否符合逻辑和思维习惯。

② 考虑其表达内容是否具有一定的创新意识、文学修养或哲理内涵,评价其巧妙性与独特性。

③ 学生语音的标准程度,表达的流畅性,面对镜头或模拟镜头时的面部表情、肢体语言自然、专注与否,也是讨论与评价的重点。

(8) 实例

① 菊花茶	毛巾	感冒药
② 玫瑰花	臭豆腐	鱼
③ 天空	澡堂	衣服
④ 咳嗽	戒指	电脑
⑤ 手机	杂志	袜子
⑥ 英语四级	背包	榕树
⑦ 绣花针	苍蝇	圣诞节
⑧ 马桶	大海	弹簧
⑨ 相框	青蛙	豌豆
⑩ 电吹风	橘子	蜻蜓

回答示例(针对第①组名词):

母亲患上了重感冒,碰巧是"十一"长假我回家的时候。我风风火火赶回家,马上放下东西走进母亲房间。她躺在床上,神智似乎有点不清。

我摸了摸她头上的毛巾,换上新的,轻轻叫了声:"妈。"

妈妈一听见我的声音,马上就努力坐起来,声音有些许沙哑地说:"噢噢!咱闺女回来了!难得你回来,我却躺在床上!我早已经计划好了等你回来就熬你喜欢的汤给你补补身子……哎呀!看你瘦得……怎么比上次见面又瘦了呢?……"她话还没说完,我和母亲的眼里都噙着泪水。

我赶紧递上感冒药:"妈,爸说你怕吃药,不肯吃,怎么像个小孩子似的。""哦哦,我这就吃,这就吃。"

"嗯,回头我给你煮点菊花茶,对感冒有益。"

"噢,你小时候最爱喝……"妈妈伸手摸摸我的脸,"我现在也很爱喝……"

2. 训练二:大家来找找

(1) 训练目的

通过快速简单的训练,使学生在短时间内掌握聚敛思维求共同点和不同点的方法,寻找出所给事物的相同与不同之处,并进行归纳综述。实验过程注重思维的流畅性和逻辑的合理性。

(2) 训练要求

给出一组事物名称,在规定时间内(1分钟左右),学生要找出题目中每一种事物与其他事物的不同之处,或找出两种或以上事物具有的共性,并说出理由。要求所列举的理由充分、合理,符合逻辑。学生在训练过程中需要注意培养自身的镜头感和对象感,并努力克服在随意谈话的状态下语音和表达质量的降低。

(3) 训练场地与器材

场地:教室;宿舍、家庭等私人场所。

器材:(略)

(4) 训练方法与步骤(以在教室为例)

① 学生分组,三人一组。

② 每组学生均由老师给出一组事物名称。

③ 每组学生思考的时间均为1分钟。

④ 第一位学生开始表达,时长1—2分钟,第二、第三位学生依次进行。

⑤ 老师当场进行点评或者课后听录音或看录像后进行点评。

⑥ 学生举手发言,发表自己的看法与意见。

(5) 训练注意事项

学生在准备过程中不允许商量与讨论,学生发言的时候其他任何人包括老师尽量不打断。学生表达的内容需要符合正面向上、文明健康的要求。老师或者学生的评价应做到实事求是,不应夸大或进行人身攻击,不应带有过多的个人情感与偏见。

(6) 训练记录方式

以拾音设备进行声音记录,以摄像设备进行画面记录。

(7) 训练讨论与评价

① 老师的评价应针对聚敛思维的三个基本特征——聚集性、全局性和应用性。在限定的时间内,学生能否合理地对所给事物的特征进行聚合思考,思路是否符合要求,是否具有

针对性,表达是否全面、辩证。

② 考查学生表达的速度和内容的逻辑顺序是否合乎标准;考查语音的标准程度、表达的流畅性和逻辑性,是否有失误或其他问题。

③ 学生面对镜头或模拟镜头时的面部表情、肢体语言自然、专注与否,也是讨论与评价的重点。

④ 学生表达的内容是否合乎事实,积极向上,文明健康。

(8) 实例

① 圆规	蜗牛	飞机	向日葵
② 相框	猪	眼镜	木棉树
③ 杂志	蚂蚁	洗面奶	手链
④ 扫帚	核桃	剃须刀	电脑
⑤ 厕所	水壶	证书	被子
⑥ 杯子	饼干	鸭子	粉笔
⑦ 梯子	灯泡	电视机	仙人掌
⑧ 牙膏	U盘	维生素片	枇杷
⑨ 钢琴	发夹	蚊子	笔记本
⑩ 塑料袋	西瓜	梳子	热带鱼

回答示例:

① 圆规　　蜗牛　　飞机　　向日葵

A. 选择一种独特的事物

圆规:唯一一种学习用品;蜗牛:唯一一种动物;

飞机:唯一一种交通工具;向日葵:唯一一种植物。

B. 选择几种具有某种共性的事物

蜗牛和向日葵:都是具有生命的事物。飞机和圆规:都是人类发明的工具。

3. 训练三:情景聚敛

(1) 训练目的

在情景中设定问题,让学生运用聚敛思维得出最佳方案,体会聚敛思维"从不同的方面集中指向同一个目标,其最终目的是得出由现有信息产生的和习俗所接受的最好结果"这一本质要求。

(2) 训练要求

由老师给出一个情景,设定问题,学生在规定时间内说出解决问题的最佳方案。学生在训练过程中需要注意培养自身的镜头感和对象感,努力克服在随意说话的状态下眼神游离的情况。

(3) 训练场地与器材

场地:教室;宿舍、家庭等私人场所。

器材:(略)

(4) 训练方法与步骤(以在教室为例)

① 老师给出一个情景,设定需要解决的问题。

② 给予学生一定的准备时间(2—3分钟)。

③ 学生举手发言或者老师按顺序点名发言，发言时间限定在2分钟以内。
④ 老师当场对学生的发言进行各方面的点评，也可以听录音或看录像后进行点评。
⑤ 学生举手发言，发表自己的看法与意见。

(5) 训练注意事项

学生在准备过程中不允许商量与讨论，学生发言的时候其他任何人包括老师尽量不打断。学生对解决方案的叙述需要符合逻辑和生活规律，用语表述要得体。同一问题不能使用于超过3名学生，以免学生思路重复，降低训练效果。老师或者学生的评价应做到实事求是，不应带有过多的个人情感与偏见。

(6) 训练记录方式

以拾音设备进行声音记录，以摄像设备进行画面记录。

(7) 训练讨论与评价

① 老师的评价应该依据聚敛思维为解决问题寻找唯一最佳方案的本质要求，考查学生所阐述的方法和步骤，通过比较分析判定最佳方案，要求客观公正。
② 若遇上个人难以定夺的方案，则可交给学生进行分析、讨论，通过投票来决定最佳方案。
③ 考查学生的答案是否合乎常理和逻辑，是否具有一定的创新性。
④ 学生面对镜头或模拟镜头时的面部表情、肢体语言自然专注与否，也是讨论与评价的重点。

(8) 实例

请你从厨房的日常用品中挑选一些物品（五种以内）来完成下列任务，注意步骤、物品从简的原则：

① 训练猫狗等宠物不要随地大小便。
② 把三个蛋糕装进四个盒子中并保持完整无缺。
③ 令发烧病人退烧。

回答示例：

① 步骤一：找一个装过饼干的扁平铁盒。
　步骤二：在铁盒旁边放一盆水。
　步骤三：准备猫狗爱吃的食物。
　步骤四：在猫狗有想要大小便的表现时带其去铁盒处让其解决。
　步骤五：解决后以食物奖励猫狗。
② 步骤一：把三个蛋糕分别装进三个盒子中。
　步骤二：把三个盒子一起装进一个大盒子中。
③ 步骤一：把毛巾弄湿，冷敷额头。
　步骤二：把水烧开，尽量让病人多喝热水。

四、聚敛思维综合实验——新闻述评

1. 假设情景

此为某电视台新闻时事评论节目，节目内容为本周发生的重大事件，并且需要将与该重

大事件相关的其他新闻事件串联在一起进行分析评述。主持人要对一些相关联的新闻事件作概述和简评。

2．实验目的

通过情景设计实验，使学生了解在何种节目或栏目中会相对较多地运用到聚敛思维；让学生置身于较为真实的主持环境中，积极应对节目所遇到的各种状况，训练其思维的流畅性和表达的逻辑性。

3．实验要求

老师给出一则最近发生的新闻事件以及与此事件相关联的一系列新闻信息，要求学生进行两分钟以内的概述和简评，每人有5—10分钟的准备时间。主持人可在节目中加入自我风格，自由发挥，但应不失新闻评论的简明扼要之要求。学生在实验过程中需要注意培养自身的镜头感和对象感。

4．实验场地与器材

场地：虚拟演播室（或演播厅），非线编实验室。

器材：（略）

5．实验方法与步骤

(1) 学生随机编号。

(2) 老师讲解特定情景的相关设定。

(3) 给予学生一定的准备时间(5—10分钟)。

(4) 学生面对摄像机进行表达，时限为2分钟(见图5-5)。

图5-5　学生表达

(5) 按学生编号进行逐一录像。

(6) 老师与学生根据录像片段进行评价。

6．实验注意事项

学生在准备过程中不允许与在场其他学生商量与讨论。学生面对摄像机表达的时候其他任何人包括老师尽量不发出任何声响，以免打扰录像过程。当学生离表述时限还剩10秒时，老师应向学生示意，并在规定的时限(2分钟)到达时关机停止录像。对设备的使用要遵循"会用、适用、精用"的原则。

7．实验记录方式

以拾音设备进行声音记录，以摄像设备进行画面记录。

8. 实验讨论与评价

（1）考查学生对聚敛思维的"综述法"的运用情况，看学生对几则新闻内容要点的概述是否全面到位、简明扼要及其评价是否客观公正。

（2）考查学生的评述是否具有新颖性和独创性。

（3）学生面对镜头时的面部表情、肢体语言自然、专注与否，也是讨论与评价的重点。

（4）考查学生语音、语言表达等方面的问题。

9. 实验报告

格式参见本书附录6。

10. 实例

消息一：

央视网消息：24日，美国多地民众举行示威活动，抗议种族歧视和警察暴力执法。美国媒体表示，涉弗洛伊德案警察定罪之后，类似案件仍不断发生，美国系统性种族主义根深蒂固。美国俄亥俄州16岁非洲裔女孩遭警察枪击身亡事件引发持续抗议。

24日，上百名示威者聚集在俄亥俄州议会大厦外举行抗议活动，抗议者指出，根深蒂固的系统性种族主义是造成非洲裔遭警察暴力执法事件不断发生的原因。

24日，在非洲裔男子布朗遭警察枪击身亡的事发地——北卡罗来纳州伊丽莎白市，抗议活动进入第四天，民众走上街头，要求警方公布执法记录仪视频。23日，布朗家人前往警察局要求查看事发时录像，但同样遭到警方拒绝。

消息二：

央视网消息：十三届全国政协第48次双周协商座谈会23日在京召开。中共中央政治局常委、全国政协主席汪洋主持会议。他强调，加强港澳青少年爱国主义教育，事关香港、澳门长治久安，是一项打基础、利长远的重要工作。要深入领会习近平总书记关于加强港澳青少年爱国主义教育的重要论述，全面准确贯彻"一国两制"方针，落实"爱国者治港""爱国者治澳"原则，突出问题导向，抓住关键因素，注重精准施策，保持战略定力，调动各方面力量关心、支持、帮助港澳青少年健康成长。

消息三：

央视网消息：根据世卫组织最新统计数据，全球累计新冠肺炎确诊病例141754944例，累计死亡病例3025835例。

截至北京时间今天（4月21日）16时，美国累计新冠肺炎确诊病例达到31793035例，死亡病例达到568470例。20日美国报告单日新增确诊病例54146例，单日新增死亡病例767例。

印度20日新冠肺炎单日新增确诊病例达到295041例，单日新增死亡病例为2023例，都为疫情暴发以来最高。同时印度单日新增病例已经连续第7天保持在20万以上。印度媒体20日报道称，如果美国不提供30多种关键原料，印度的新冠疫苗生产线将在几周内停止生产。印度最大疫苗生产商——印度血清研究所首席执行官普纳瓦拉近日也在社交媒体上呼吁美国解除对印度出口原材料的禁令。

日本政府消息人士今天说，政府将"很快"下令疫情持续扩大的东京都、大阪府和兵库县进入新一轮紧急状态。这将是去年疫情暴发以来日本政府第三次宣布紧急状态令。日本3月下旬全面解除实施两个多月的第二轮紧急状态，但大阪府等地近期疫情反弹严重，全国已有 10 个都府县的部分区域施行重点防疫举措。

消息四：

央视网消息：习近平总书记 19 日在清华大学考察时指出，党和国家事业发展对高等教育的需要，对科学知识和优秀人才的需要，比以往任何时候都更为迫切。我国高等教育要立足中华民族伟大复兴战略全局和世界百年未有之大变局，为服务国家富强、民族复兴、人民幸福贡献力量。广大青年要肩负历史使命，努力成为堪当民族复兴重任的时代新人。总书记的重要讲话在广大师生中引发热烈反响，大家表示，要坚持中国特色世界一流大学建设目标方向，为实现第二个百年奋斗目标、实现中华民族伟大复兴的中国梦作出新的更大的贡献。

实验三：应变思维

一、理论概述

1. 应变思维

应变思维是指能从客观实际出发，根据时间、地点、人物、事件的变化，通过正确判断、科学分析，及时巧妙地处置各种复杂变化情况的思维方法。从思维能力角度看，应变思维属于思维的爆发力，是思维运动中的一种喷薄状态。①

应变思维能力是当代人应当具有的基本能力之一。不同人的应变能力在某种程度上是有差异的，造成这种差异的原因，一方面是先天的因素，另一方面是后天的因素。通过有意识的自我培养和专业的训练，应变思维能力是可以在实践中逐步提高的。

主持人的应变思维能力指的是在节目主持中，主持人充分运用应变思维，应对节目中出现的各类突发情况。主持人应变思维主要体现为两类，一类是被动应变，一类是主动应变。

（1）被动应变

也就是我们所说的"临场应变"，是指在毫无准备或者缺乏准备的情况下，主持人面对突然发生的意外情况或困境，使用一些非常态的即兴语言从容反应，恰当处理，收到和谐、自然的艺术效果。

它对主持人素质的要求相当高，需要主持人在面对意外状态时作出迅速的反应，并以一种"力挽狂澜"的姿态圆场补台，使节目得以顺畅进行。

（2）主动应变

是指主持人在交流或个人言谈过程当中，及时捕捉到了新的信息，在思维活动高度兴奋的状态下，随之转变，迅速地调节整合②，也就是我们所说的"即兴发挥"。即兴发挥往往是一种经验、灵感加"小聪明"的产物。它存在一定的偶然性，但也有前提和一些客观因素作为引导。所以，我们应该结合主持人的知识面、敏感度以及思辨力来理解"即兴发挥"。

2. 提高主持人应变思维能力的必要性

主持人应变思维能力在节目主持中十分重要。主持人是整个节目的核心和灵魂，主持人的综合素质直接影响着节目的质量，应变思维能力是主持人综合能力的重要指标之一，它在很大程度上影响着节目的流畅和精彩程度。

具备良好的应变思维能力，能帮助主持人在遇到突发情况时，作出机智、得体的应对，既圆场补台，还能调动观众情绪，活跃场上气氛。反之，如果主持人的应变思维能力欠缺，即使节目构思再精妙，也可能陷入困境，导致"一着不慎，满盘皆输"的后果。

3. 如何衡量主持人的应变思维能力

（1）反应时

即反应时间，指人的反应潜伏期，即从刺激出现，到作出明显反应的时间间隔。应变思

---

①② 吴郁.主持人思维与语言能力训练路径[M].北京：中国广播电视出版社，2005：170.

维能力的强弱和反应时的长短成反比,即反应时越短,能力越强。

(2) 效果

一般来说,受众对主持人的角色期望是:有稿能"锦上添花";无稿能"出口成章";遇到意外状况能"化险为夷"。

4. 如何提高主持人的应变思维能力

(1) 思维上

综合训练发散思维、聚敛思维、类比思维等思维能力,冲破想象和思维的定势。良好的思维能力能够让人在最短的时间内抽调出最合适的应对方式。

(2) 知识上

综合吸收各学科知识,拓宽眼界。正所谓"巧妇难为无米之炊",只具备良好的思维能力,缺少各方面的知识基础,是不会碰撞出智慧的火花的。

(3) 语言上

熟练掌握主持人语言,提高对语言的掌控能力。语言对主持人来说,就像医术对于医生、技术对于工程师,重要性不言而喻,可以说是"业务上的保证"。

(4) 心理上

强化心理素质,保持稳定的情绪和心境。稳定的情绪和心境对于人们完成既定的计划和目标有很大的帮助。主持人所处的环境十分复杂,有时候,突发情况会出现在千钧一发之际,这时候主持人必须先稳住自己,才能进一步稳住局面。

(5) 经验上

多积累,多总结,多反馈,多学习。任何一项技能都有其独特的规律性,而掌握主持的规律,积累相应的主持经验,能使主持人的各种能力不断提升。在新的突发情况出现时,主持人可以从已有的经验库中迅速调用以往的经验,甚至注入新元素,更好地解决问题。

5. 几种现场应变的处理方法

(1) 将错就错

将错就错,这个"错"的发生有两种可能,一种是发生在主持人身上,还有一种是发生主持人以外的人身上,比如灯光、乐队、音响出现疏漏等。

(2) 调侃自嘲

调侃自嘲与将错就错有异曲同工之妙,通过机智的自我嘲讽扭转尴尬的局面。

(3) 幽默风趣

转移注意力,让观众的视线离开现场的突发状况,扭转局面,调节气氛,再通过幽默的语言把观众引回到节目中——曲线救国。

二、实验综述

主持人的应变思维能力可以通过相应的训练和实验得以提升,主要分为两大类:

第一类属于不可控训练。模拟生活中的真实情景,通过对各类生活场景的应对训练,可以提高自己非专业方面的素质,例如思维能力、生活常识以及心理素质等。

第二类属于可控实验。让主持人置身于一个真实的采访情景中,通过变换节目的内容和形式,不断对主持人的应变思维能力提出挑战。在不断训练的过程中,主持人逐渐将自己的主持技能融入主持场景中,才能充分发挥应变思维能力,对真实情景中遇到的问题作出适当的应对,从而达到驾轻就熟的程度。

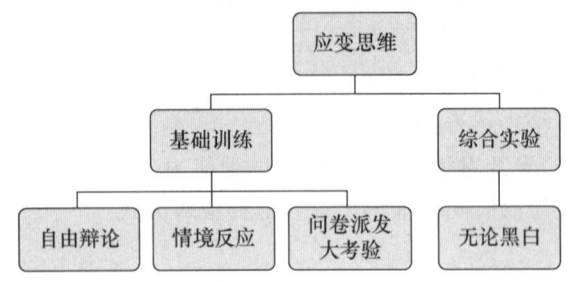

三、应变思维基础训练

1. 训练一:自由辩论

(1) 训练目的

通过观点的不断碰撞,增强学生的思辨能力,训练学生的反应速度;通过解析对方的观点,提高学生的分析能力;通过在时间有限的条件下表达自己的观点,提高学生的表达能力;通过你来我往的唇枪舌剑,扩展学生的视野,提升学生的综合能力。

(2) 训练要求

每五个人为一组,设置一个有争议性的社会热点话题,分两队作为正反方进行辩论。在20分钟内,小组成员轮流发表意见,针对上一位学生的观点,尝试从现象、理论和价值等多个层面进行反驳。要求学生做到反应迅速,措辞精确,论据典型,论证有力,过程简洁明快。

(3) 训练场地与器材

场地:教室;虚拟演播室(或演播厅)。

器材:(略)。

(4) 训练方法与步骤

① 学生分组,五人一组(人数可视场地等具体情况而定)(见图5-6)。

② 老师给每个小组一个有争议性的热点话题。

图5-6 小组辩论

③ 一名学生做主持人,另外四名学生分两队作为正反方进行辩论。

④ 看录像回放进行讨论交流评价。

（5）训练注意事项

① 注意辩论礼仪。

② 注意论点的明确性、表达的流畅性和论据的逻辑性。

③ 言论必须注意文明健康、积极向上。

④ 注意语言运用的规范和语音、语调、节奏等语言表达方面的问题。

（6）训练记录方式

以拾音设备进行声音记录，以摄像设备进行画面记录。

（7）训练讨论与评价

① 讨论各观点的落脚点和合理性。

② 排除重叠意见、相同的观点。

③ 学生语言表达方面的基础性问题。

④ 学生的参与度和积极性。

2. 训练二：情境反应

（1）训练目的

通过设定主持过程中的突发情境，训练学生面对突发情况的反应速度，提高其思维的敏捷性。学生通过分析情境，作出合理反应，锻炼应变思维；通过熟悉突发情境，增强心理素质。通过多次的交流学习，提高学生整合知识的能力，为以后的应对提供经验。

（2）训练要求

要求学生在30秒内对情境作出反应，解决问题。然后进行讨论交流。全面调动从分析到综合、从理论到事例、从想法到表达的能力，综合各学科知识。要求学生反应迅速、对策合理、连接自然、过程流畅。同时要求非语言符号的参与，以期收到更好的效果。

（3）训练场地与器材

场地：教室；虚拟演播室（或演播厅）。

器材：（略）

（4）训练方法与步骤

① 老师给出设置的具体情境。

② 准备时间为30秒。

③ 学生模拟主持人用各种方式处理情境中的问题。

④ 当场或看录像回放进行讨论交流评价。

（5）训练注意事项

① 处理情境中问题的方式应与节目有一定关联性。

② 注意调动现场因素的参与，做到自然顺畅。

③ 言论必须注意文明健康、积极向上。

④ 注意语言运用的规范和语音、语调、节奏等语言表达方面的问题。

⑤ 注意神情、姿态等肢体语言的配合。

（6）训练记录方式

以拾音设备进行声音记录，以摄像设备进行画面记录。

(7) 训练讨论与评价

① 学生反应的精彩之处或是失误之处。

② 讨论得出最理想的应变措施。

③ 针对每个学生在训练中出现的问题提出意见和建议。

④ 学生的参与度和积极性。

(8) 实例

颁奖晚会现场：

① 主持人手中提示卡掉落。

② 主持现场突然出现爆炸声或很大的噪声。

③ 主持现场突然停电。

④ 主持人或嘉宾在上台时不小心摔了一跤。

⑤ 主持人突然忘词。

⑥ 主持时话筒突然没声音。

回答示例：

① 接下来要跟大家介绍一件相当激动人心的事，瞧我都已经把持不住了……

② 看来大家的热情把现场的气氛都点燃了，请让我听到你们的欢呼声好吗？

③ 大家少安毋躁，让我们一起来等待，一片漆黑后会有什么神秘的惊喜呢？

3. 训练三：问卷派发大考验

(1) 训练目的

考查学生在单位时间内完成的问卷数量，训练学生与不同人沟通的变通能力、对场景的适应能力、面对陌生人的勇气、顺利打开话匣子的技巧、引导被调查者填写问卷的能力以及提高沟通效率等能力。

(2) 训练要求

每人一节课的时间（不多于1小时），外出邀请陌生人填写问卷。要求问卷填写完整，来自不同个体，收集的数据有效。

(3) 训练场地与器材

场地：户外，可以是学校里面，也可以是学校外面。

器材：一份15个问题左右的问卷。

(4) 训练方法与步骤

① 学生领取问卷。

② 1小时以内回到出发点。

③ 检查问卷有效性，清点数据。

④ 讨论交流评价。

(5) 训练注意事项

① 与陌生人交流时要注意礼貌、说话方式等问题。

② 保证陌生人完成问卷的独立性，不要刻意引导。

③ 不允许同一个人填写两份问卷。

④ 注意安全，保持与老师的联系。

(6) 训练记录方式

客观有效回收的问卷数量。

(7) 训练讨论与评价

① 学生谈外出派问卷的感受。

② 学生交流访问过程中遇到的问题。

③ 对提出的问题进行讨论。

四、应变思维综合实验——无论黑白

1. 实验目的

在观点的碰撞中完善自身知识结构;随着节目的进展训练自己对节目的调度能力;训练梳理复杂观点、提炼主旨的能力;训练开展互动式交流的能力、调动现场观众情绪的能力等。

2. 实验要求

每五人为一组,一个主持人,四位嘉宾分两队。由老师给定一个具有争议性的社会热点问题,学生模仿《一虎一席谈》的节目模式进行。要求学生先充分了解《一虎一席谈》的节目模式,并参考节目进行角色分配。要求分工明确、定位清晰。

3. 实验场地与器材

场地:虚拟演播室(或演播厅),非线编实验室。

器材:(略)

4. 实验方法与步骤

(1) 学生分组,每五人为一组,确定主持人、嘉宾角色。

(2) 老师提供具有争议性的话题。

(3) 给每个小组 20 分钟时间上网搜集材料,处理信息。

(4) 节目开始,时长 15 分钟左右(见图 5-7)。

(5) 看录像回放进行讨论交流评价。

图 5-7 节目录制

5. 实验注意事项

(1) 言论必须注意文明健康、积极向上。

(2) 嘉宾必须是交叉式讨论,两队嘉宾交替发表意见。

（3）主持人在总结现场的观点时必须基于双方嘉宾的观点。

（4）注意节目节奏的把握，要有高潮、有起伏。

（5）注意语言运用的规范和语音、语调、节奏等语言表达方面的问题。

（6）注意神情、姿态等肢体语言的配合。

（7）注意辩论礼仪。

6．实验记录方式

以拾音设备进行声音记录，以摄像设备进行画面记录。

7．实验讨论与评价

（1）讨论每位学生表现的精彩之处或是失误之处。

（2）讨论主持人的串联是否得当，评论、总结是否恰当。

（3）讨论两组嘉宾的配合度。

8．实验报告

格式参见本书附录6。

9．热点话题示例

（1）广东省尝试恢复"五一"长假遭反对——改革领头羊的尴尬

（2）"全球经济危机"有利于拉近贫富差距吗？

（3）国家为何提倡供给侧结构性改革？

（4）中国应如何应对中美两国间的贸易争端？

（5）知识重要还是技能重要？

（6）传统文化应该复兴还是重建？

（7）如何看待"艺人失德"现象？

（8）大学生从"天之骄子"沦落成"天之焦子"，谁之过？

（9）研究生扩招有何利与弊？

（10）当代大学生应该如何实现"健康发展"？

第六单元 节目主持能力训练与实验

实验四：新闻评论节目主持

一、理论概述

1. 关于新闻评论

对于现在的新闻媒体来说，消息性新闻已经很难显示它自身的个性，因而主观性强的新闻评论就成了媒体竞争的一种重要手段。不同的媒体和评论员对于同一个新闻事件会有不同的立场、观点、表述方式和语言风格。

新闻报道影响了人们想什么，而新闻评论影响了人们怎么想。新闻评论员对受众的影响很大，甚至可以左右其观点、立场。

首先，新闻评论是以新闻事件为依托的，这是新闻评论最重要和最根本的特征。新闻是先于评论而存在的，若评论不是围绕着新闻事件展开的，那也就不是新闻评论了。一个合格的新闻评论必须得紧扣中心，无论评论上升到了哪个高度，与哪些"旧闻"结合了，最终还是得回到中心来，自始至终都要紧贴主题。

其次，新闻评论是说理的、论证的，通过摆事实、讲道理来挖掘新闻事件内在的本质。这是在新闻报道的基础上的升华。虽然是议论，却不要求引经据典、长篇大论，重要的是能够以小见大、恰到好处、画龙点睛、一针见血。

新闻评论的方式大致有三种。一是多事一议。由于社会风气的影响，许多新闻事件呈现了惊人的一致性。抓住这些新闻事件的共同特点，更容易展示其中的本质。二是一事多议。一个新闻事件有时能够反映出多方面的社会现实，评论者围绕新闻事件展开联想和分析，能让观众更透彻地了解事件的实质。三是评点式。评点式并不进行深入分析，而是就事论事，点到为止。这种评论方式始终不脱离具体事件，不上升到抽象的高度，因此评论者必须掌握大量的新闻信息，用以分析评论，需要说到点子上，让观众恍然大悟。

新闻评论要想抓住观众，首先不能空泛。虽然新闻评论是以小见大，但讲得太大了，老是摆些大道理，观众肯定是排斥的。而老是板着面孔讲些不断重复的大话套话，也会让新闻评论落入俗套。其次，独特的新闻视角往往能让评论出奇制胜。最后，评论者是以观众为交流对象的，在评论时应该采用口语，使观众有亲切感。法国思想家拉罗什福科说："具有激情的最笨讷的人，也要比没有激情的最雄辩的人更能说服人。"让新闻评论摆脱沉闷的八股腔调，注入评论者自己的思想和激情，才有可能让新闻评论变得富有感染力和吸引力。

2. 主持人在新闻评论节目中的地位

新闻评论的一种常见模式是主持人在有嘉宾参与的新闻评论节目中担任穿针引线的角

色。有人将其称为"寥寥数语见真功",短短的承上启下和归纳点评可以体现主持人的综合能力。家常式的新闻评论视角比较平民化,关注的问题和采用的语言都比较随意,例如凤凰卫视的《锵锵三人行》,如何将爱跑题的嘉宾再引回讨论的主题而又不露痕迹可不是一件容易的事情。沙龙式的新闻评论比家常式的新闻评论正式一些,主持人对现场的嘉宾或观众进行组织和引导,让话题始终在讨论中心上,而且所有讨论者都能畅所欲言。

新闻评论主持人还有另外一种模式,就是主持人在播报新闻时边说边评,夹叙夹议。最早的有鲁豫的"说新闻",接着很多新闻节目模仿了这种形式,例如中央电视台新闻频道的《新闻周刊》。这种模式对主持人的要求更高,没有一定的阅历和知识沉淀,是不可能对一则新闻进行准确和深入的把握、分析的。主持人在评论的时候能够自然地过渡,轻松简洁却直击要害,这需要长期的积累和大量的训练、实践作为基础。

3. 对新闻评论节目主持人的要求

作为新闻节目主持人,第一个要求是在平时打好政治和理论的根基,主持人的文化素质和知识层面从某种程度上来说决定了一个节目的深度。然后是思维能力和驾驭语言的能力,即逻辑严密、口才出色。在有些节目中,主持人还必须和知识渊博、能说会道的评论员配合默契。最后是要对评论的新闻事件有足够深入的了解,并掌握大量的相关信息,所以每次播出前的准备工作也不可忽视。

4. 培养新闻评论节目主持人的重要性

新闻评论主持具有极强的锻炼价值。新闻评论节目主持人要有敏锐的新闻触觉,理论水平要高,能把复杂的新闻事件分析得深入浅出。所以,优秀的新闻评论节目主持人是不可多得的复合型人才。对于高校来说,新闻评论主持无疑是培养主持人最重要的一课。

● ● ● ● 二、实验综述 ● ● ● ●

新闻评论主持对主持人综合素质的要求很高,需要主持人具备多方面的能力。当然,这些能力是可以通过不断训练和实践来提高的。在接下来的实验中,我们将综合运用前面练习过的发散思维、聚敛思维和应变思维,全面提高新闻评论主持水平。

以下设计了四个综合实验:对新闻事件进行简短的评论、在串联新闻时进行评述、综述对某一新闻事件的各种评论、与评论员进行配合,让学生循序渐进地学习各种类型的新闻评论节目的评论方法。

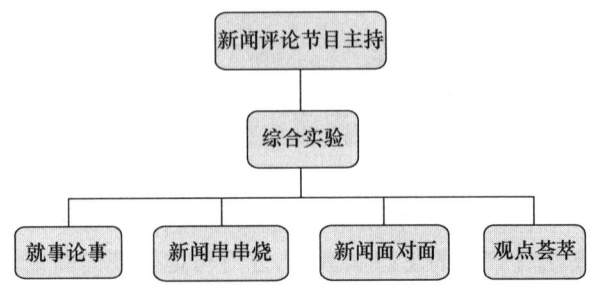

三、新闻评论主持综合实验

1. 实验一：就事论事

（1）实验目的

通过说新闻和对新闻事件进行简短评论，提高学生的反应能力及思辨能力，培养学生迅速对新闻事件进行理解和分析的能力。

（2）实验要求

两人一组，老师给每组学生布置一组新闻，包括政治新闻、财经新闻、体育新闻、社会新闻、娱乐新闻等。学生们先用30分钟左右的时间上网查找相关的资料，然后在虚拟演播室或演播厅里进行实验。学生A口播新闻，学生B随后对该条新闻进行评论，接着两位学生的角色互换。要求两位学生在播报新闻和评论新闻的过程中要衔接自然，表达流畅。

（3）实验场地与器材

场地：虚拟演播室（或演播厅）。

器材：（略）

（4）实验方法与步骤

① 分组，两人一组。

② 老师给定一组（六条左右）新闻作为实验题目，新闻尽量包含政治、财经、体育、社会、娱乐等各方面内容。

③ 每个学生有30分钟的时间上网查找给定新闻的相关资料，每人准备的内容应包括播报和简评两部分。

④ 学生在虚拟演播室或演播厅里进行实验。其中一个学生先口播一条新闻，尽量用自己的话讲，不要背稿，另一学生紧接着对此新闻进行简单评论，要求简短明了，一语中的（见图6-1）。

图6-1　新闻口播与评论

⑤ 完成评论的学生过渡到下一新闻的播报，之前播报新闻的学生接着对这则新闻进行简要评论。

⑥ 两人重复上面的步骤，不停轮流进行口播新闻和简要评论，直到全部新闻都播报、评论完毕。

⑦ 在第一组学生实验开始后，第二组学生可以开始上网查找资料，为实验做准备。

⑧ 每组实验的时间控制在15分钟左右。
⑨ 老师与学生一起看实验录像,进行点评以及学生互评。
（5）实验注意事项
① 播报新闻的学生应该尽量采用"说新闻"的方式,而不是背诵原稿。
小贴士:说新闻,是指新闻播报形式之一。本质追求是对新闻的解读,为方便和吸引受众的收听、收视,为优化传播效果需要一定的信息加工,如插入背景、勾连消息及适当点评;语言外部特征是亲切平易、口语化、重交流,多用于社会新闻、民生新闻、地域新闻。
② 严格遵守时间要求,不要有太长的停顿和过长的评论。
③ 在播报和评论新闻的过程中要有镜头感,同时要注意相互之间的眼神交流。
（6）实验记录方式
以摄像设备进行画面、声音记录。老师可以对学生的表现进行一些文字性的记录。
（7）实验讨论与评价
① 评论是否简单明了,一针见血。
② 从评论到新闻播报的过渡是否自然。
③ 对新闻的理解是否快速、全面。
④ 评论是否具有逻辑性和关联性。
⑤ 语言表达的各种问题,如语音的标准程度、表达的流畅程度等。
⑥ 衣着、妆容是否得体,表情、姿势是否自然恰当。
⑦ 是否有镜头感。
（8）实验报告
格式参见本书附录6。
（9）实例
学生A:（新闻事件一:"文××事件"）
各位观众,大家好,欢迎收看今天的"新闻日日读"。现在网络的力量是不可忽视的,区区一篇文章竟能激起千层浪。传记作家李辉近日在网上发表了一篇原创文章,文章里面说:近年频繁亮相各大媒体,以百岁老人、"反江青"英雄和国学大师自居的文××先生,据笔者本人的史实考证,发现文××的年龄、入狱原因、国学大师身份都很可疑。此文一出,网民蜂拥而上,从讨论慢慢演变到"恶言相向"。此时,文××的弟子、朋友便纷纷出面澄清。也有人支持打假者仗义执言,更有文章打趣说,当代国学大师,一夜之间,怎么就成了金庸笔下"裘千丈"呢?
学生B:
在"文××事件"中,从李辉发表质疑文章到文××的亲友作出回应,短短三天,网友把这位昔日的"国学大师"形容为无耻、欺世盗名的伪君子,甚至以"脱光文××"来泄"心头之恨"。直到后来有学者站出来为其澄清,网民掀起的轩然大波方才有平息之势,不少网友也开始静下心来思考此事的原委。
而我深感疑惑的是,一位国学大师的年龄是否属实,其师出何门,与其对文学知识的传播有何关键性的联系?大众消费的是文化,如果说文化上的"消费主义"是一阵龙卷风,那狂风吹过后,七倒八歪的我们真正获得的是什么?语言的快感?情感的宣泄?还是悲哀的感慨?所以,我们最终的目标不应该是"脱光文××"或者是打倒谁,我们应该深思的是当前我们的舆论氛围和文化环境。

学生B：（新闻事件二："兽首事件"）

同样在网上炒得热烘烘的还有"兽首事件"，2月26日，在佳士得的拍卖会上，中国商人蔡铭超以3000多万欧元拍得鼠首和兔首。但在竞拍成功后，他却破天荒地说："我不能付款。"他这一句"不付款"瞬时引起了一场轩然大波。事后他对媒体表示，他的"竞拍"和"不付款"的出发点都是为了"爱国"。

学生A：

蔡铭超这次耍了法国拍卖行一回，的确帮很多中国人一解心中郁闷之气，让不少人心中很痛快。法国拍卖行"违法"贩卖中国文物，且带上浓重的政治色彩，无疑是有错在先，而蔡铭超用非常规的手段，先拍得文物，再拒绝付钱，用"违约方式"去体现他宣称的所谓正义。在我看来，他用这种"违约"去对抗"违法"明显是不合适的。

我们暂且不谈法国的"流氓"做法，我们也不用质疑事件里部分中国人体现出来的民族主义情感和正义情绪，但蔡铭超的"爱国"背后却有过分炒作之嫌，其目的和初衷就变质了，这无疑是一种得人诟病同时也极其不妥的做法。

学生A：（新闻事件三：韩国艺人张紫妍自杀事件）

我想电视机前不少的观众都是韩剧的铁杆粉丝吧！韩剧里面男的俊女的靓，但在他们光鲜的外表背后，却总有韩国艺人自杀的新闻频频传来。而这股自杀风潮也蔓延到了人气韩剧《花样男子》中。3月8日，剧中的新人演员张紫妍，在家中上吊自杀身亡，年仅26岁。她自杀带来了一系列的连锁反应，韩国娱乐圈的"丑陋"面貌也慢慢浮出水面，经纪人公司强迫艺人陪酒等黑幕逐一被揭发。民众呼声强烈，而韩国国会也表示将推出"张紫妍法案"，以扫清韩国演艺界的潜规则，加强保障艺人合法权益的工作力度。

学生B：

在一个文明时代发生这样的事情显然是不幸的。当我们看到艺人张紫妍的遗像时，回想起她曾经的音容笑貌，凡是有良心的人都会感到异常气愤、震惊和悲哀！从表面上看，演艺圈一片安乐祥和，歌舞升平，可腐败的污泥浊水正在暗自滋生蔓延，直到有一天，任何东西都无法粉饰其丑陋的时候，我们才恍然大悟。大家一定不想在娱乐腐败的靡靡之乐和污泥浊水中一起不知不觉间沉沦下去，各级文化部门也应该像韩国一样下大力气下大决心铲除娱乐圈腐败的潜规则！

学生B：（新闻事件四：冬奥会工程建设已进入冲刺阶段）

接下来我们来看一则令人为之振奋的消息吧！2021年7月31日是北京申办冬奥会成功六周年之日，记者从北京冬奥组委会获悉，冬奥会工程建设已经进入冲刺阶段。北京2022年冬奥会和冬残奥会场馆建设始于2016年。经过五年多的建设，12个竞赛场馆永久性设施基本完工，并经过了一轮测试活动的检验。非竞赛场馆中，主运行中心、北京冬奥组委会总部办公区、技术运行中心、交通运行中心和注册与制服发放中心都已经完工并投入使用。

学生A：

从2008年的奥运会到2022年的冬奥会，北京将成为世界首个"双奥之城"，这不仅是北京的光荣，更是全中国、全世界华人共同的光荣。冬奥会的举办，不仅能够推动中国体育事业、群众体育运动的进一步发展，和"健康中国"目标的实现，也将进一步促进经济社会的发展,造福广大人民群众,同时还将推动中华文明和世界各国文明的交流互鉴,为国际奥林匹克运动的发展和人类的和平进步事业做出新的、更大的贡献。就让我们拭目以待吧!

学生 A:(新闻事件五:苏炳添在东京奥运会中表现突出)

接下来我们共同关注东京奥运会的中国飞人苏炳添,北京时间 8 月 1 日晚,中国选手苏炳添在 2020 年东京奥运会男子 100 米决赛中获得第六名,书写了中国田径乃至中国体育的崭新历史,同时也创造了亚洲体育的历史,成为中国第一飞人,亚洲第一飞人。苏炳添说,对他来说,通过这么多年来的努力,终于可以站在百米决赛的跑道上,他觉得完成了自己的梦想,也实现了中国田径前辈们的祝福。

在苏炳添决赛前,刘翔也通过自己的微博为苏炳添加油。赛后,苏炳添对刘翔表示了感谢,他说:"我和翔哥一直都有联系,他也不断地鼓励我、支持我……他不光是我的偶像,也是我的幸运之神……他是我们中国田径队的开路人。""我今天拿到了奥运会第六名,我希望也给予更年轻的运动员的体育生涯一个非常大的鼓励。"

学生 B:

真是令人热血沸腾!正如《人民日报》评论的那样,并不是夺得奖牌才值得庆贺,只要超越自我就能赢得尊崇!从第一次跑进 10 秒,到跑进奥运决赛,苏炳添一次次逆天改命,跑赢了时间。这是中国骄傲,也是亚洲荣耀。奔跑是一种状态,更是一种风采。致敬中国速度,致敬每位创造历史的英雄!除了飞人苏炳添,在此次奥运会中还涌现了一大波令我们感动、自豪、振奋的事迹,运动健儿们爱国敬业、坚忍不拔、永不放弃的精神永远值得我们学习。

学生 B:(新闻事件六:"躲猫猫事件")

我想大家在小时候都玩过"躲猫猫"的游戏吧,但网络上所说的"躲猫猫"却不能带给我们任何乐趣。它是腐败的代名词,是管理混乱的借口。在云南昆明的晋宁区,一位 24 岁的犯人李乔明脑部严重受伤,入院四天后死亡。当地警方给出的解释颇为滑稽,说这位犯人是在与狱友玩躲猫猫游戏时,遭到狱友踢打并不小心撞到墙壁,才导致脑部受伤。

死者家庭无法接受当地警方给出的死亡原因。同时,其父也对当地媒体说,他曾多次去看守所要求见儿子,但都遭到了拒绝。自李乔明去世之后,"躲猫猫"这个词语就传遍了中国网络,网民们也掀起了一阵"网民调查"之风,对很多线索提出了质疑。

学生 A:

"躲猫猫事件"让我们再一次看到网络舆论监督力量的强大,但是这种强大的监督力量似乎只适用于网络这个相对自由开放的虚拟空间,因为,当你从网络"海洋"中抽身出来变成一滴或几滴"小水珠"的时候,你很快就会蒸发干净。

另外,事件中折射出的严重的监狱管理腐败问题,只是众多腐败现象的"冰山一角"。政府真的应该加大司法体制的改革力度,不要让这些问题损害政府在老百姓心目中的形象了。

2. 实验二:新闻串串烧

(1) 实验目的

模拟凤凰卫视的《新闻早班车》,通过对主持人"说新闻"播报方式的模仿,对多条不同类型的新闻进行串联,提高学生的快速思考能力、语言组织能力、新闻串联能力、在较短的时间内对新闻事件进行分析重组的能力。

(2) 实验要求

设定一个"说新闻式"的新闻播报评论类节目,老师给出一组(六个以上)新闻事件,包括国内外政治、财经、社会、娱乐、体育等方面的内容。在15分钟内,学生对这些新闻事件进行重新排序并准备串联词,然后模拟新闻节目进行播报。要求两则新闻之间的过渡自然,语言流畅、精彩,有吸引力以及较强的个人风格。

(3) 实验场地与器材

场地:虚拟演播室(或演播厅)。

器材:(略)

(4) 实验方法与步骤

① 老师给每个学生提供六个以上新闻事件。

② 学生有15分钟的准备时间对这些新闻事件进行重新排序并准备串联词。

③ 学生进入虚拟演播室或演播厅进行实验,实验时间在10分钟以内(见图6-2)。

图 6-2　新闻串联

④ 老师与学生们一起看实验录像,进行点评以及学生互评。

(5) 实验注意事项

① 学生在进行实验时尽量脱稿。

② 串联内容应当实事求是,避免原则性错误。

③ 严格遵守时间要求,不要有太长的停顿和过长的评论。

(6) 实验记录方式

以摄像设备进行画面、声音记录。老师可以对学生的表现进行一些文字性的记录。

(7) 实验讨论与评价

先让学生之间进行互评,老师再给予点评。

① 串联是否具有逻辑性和关联性。

② 是否有原则性、常识性的错误。

③ 是否有自己的主持风格。

④ 语言表达的各种问题,如语音的标准程度、表达的流畅程度等。

⑤ 衣着、妆容是否得体,表情、姿势是否自然恰当。

⑥ 是否有镜头感。

(8) 实验报告

格式参见本书附录6。

(9) 实例

① 5月11日上午,国务院新闻办公室举行新闻发布会,介绍第七次全国人口普查主要数据结果。国务院第七次全国人口普查领导小组副组长、国家统计局局长宁吉喆介绍,全国人口共141178万人,与2010年第六次全国人口普查数据的133972万人相比,增加7206万人,增长5.38%,年平均增长率为0.53%,比2000年到2010年的年平均增长率0.57%下降0.04个百分点。数据表明,我国人口10年来继续保持低速增长态势。全国人口中,男性人口为723339956人,占51.24%;女性人口为688438768人,占48.76%。总人口性别比为105.07。

② 据《南方都市报》报道,近日,中纪委办公厅在答复全国人大代表关于公车治理的建议时,要求条件成熟的地区和部门,积极推行公务用车统一标识、GPS定位等制度。此外,在全国实行公务用车经费在财务上单独列项和单车定额核算制度。

③ 2020年11月14日晚,国务院总理李克强在人民大会堂出席第15届东亚峰会。会议以视频形式举行。东盟十国领导人以及俄、韩、日、美、澳大利亚、新西兰、印度等国家领导人或代表出席。李克强表示,当前国际地区形势加速演变。新冠肺炎疫情仍在全球肆虐,世界经济受到严重冲击,多边贸易体制受挫,全球治理难题日益凸显,各国面临许多共同挑战。同时,谋求和平发展、促进开放合作符合各国根本利益,仍是人心所向、大势所趋。我们应当保持团结,聚焦发展,扩大合作,携手战胜困难。

④ 新浪读书讯 北京时间10月10日19时,瑞典学院宣布2013年诺贝尔文学奖获得者为加拿大短篇小说作家爱丽丝·门罗。有专家认为:诺奖颁给短篇小说作家,其实是有一个导向意义的,这证明只要作家写得好,不管是长篇还是短篇,都能够得到诺贝尔文学奖的认可,这是对纯粹文学精神的鼓励,是对短篇小说艺术持久的精神鼓励。

⑤ 新浪体育讯 北京时间10月10日消息,总奖金额为6211445美金的ATP1000大师系列赛上海劳力士大师赛展开第三轮的争夺。5号种子、瑞士球王费德勒虽然在次盘先被破发的情况下顽强地把比赛拖入决胜盘,但他最终还是以4—6/7—6(5)/3—6不敌法国好手孟菲尔斯,无缘晋级八强,创造了在上海大师赛的最差战绩,全场费德勒有36个非受迫失误。

⑥ 2月24日,据"猫眼电影"专业版数据显示,截至0点0分,春节档热门催泪喜剧电影《你好,李焕英》的票房正式突破43亿,目前票房仍在持续上涨中。该电影已经远远超过了2021年同期上映的春节档作品,成为口碑与票房的双第一。在此之前,《你好,李焕英》票房已位列中国票房排行榜第4位,春节档结束后延续了强劲的走势,为我国的电影市场做出了巨大的贡献,贾玲也凭借这部作品成为中国票房最高的女导演,张小斐成为实至名归的"票房女王"。

回答示例:

播报顺序:③—②—①—⑥—④—⑤

开场:观众朋友们大家好!欢迎收看今天的《周末早班车》。首先我们来关注一下第15届东亚峰会。

(口播新闻③)

③—②:没错,各国应携手共克时艰,朝着构建人类命运共同体迈进。关注了世界共同面临的问题,也要重视国内自身的一些问题。这不,为了进一步加强公车治理,杜绝腐败问

题,中纪委又提出了更加切实有效的办法。

(口播新闻②)

②—①:东亚峰会营造良好的国际环境,规范公务用车有利于防止腐败。接下来说说与我们每个老百姓都息息相关的事情,前不久,相信绝大多数人都接受了穿着红色小马甲的人口普查员的调查,最近我国第七次人口普查主要数据结果正式出炉了,我们一起来看看。

(口播新闻①)

①—⑥:我国人口目前呈现低速增长的态势,而春节期间上映的一部电影,它的票房上涨速度可真是惊人。

(口播新闻⑥)

⑥—④:票房高固然可喜,这两天最高兴的还是加拿大短篇小说作家爱丽丝·门罗,为什么? 因为她获奖了!

(口播新闻④)

④—⑤:有人得意就有人失意。瑞士天王费德勒和他的球迷可就高兴不起来了,在正在进行的上海大师赛上,费天王发挥欠佳,连吃败仗。

(口播新闻⑤)

结束语:这期的《周末早班车》已经为您播报完毕,谢谢您的收看,祝您有一个愉快的周末。

3. 实验三:新闻面对面

(1)实验目的

通过对新闻评论节目主持的模拟实验,学会新闻评论节目的主持技巧,如对评论员进行提问、对评论员的评论进行归纳总结。这也是对主持人要求很高的一种节目形式,主持人各方面的能力都可以得到锻炼。学生们可以在实验中学会与评论员进行有效的沟通,培养对新闻事件的敏感。

(2)实验要求

两人一组,模拟凤凰卫视的《时事开讲》栏目,选择一个近期的重要新闻事件,分别扮演主持人和时事评论员的角色,对该新闻事件进行评论。接着选择另外一则新闻,两人进行角色互换。要求主持人的提问有深度,角度可以独特但不可以古怪,评论员的评论要深入浅出,富有条理,有说服力。

(3)实验场地与器材

场地:虚拟演播室(或演播厅)。

器材:(略)

(4)实验方法与步骤

① 分组,两人一组。

② 各组学生上网选择新闻事件,对提问和评论内容进行准备,准备时间在15分钟左右。

③ 进入虚拟演播室或演播厅进行实验。其中一人扮演主持人,另外一人扮演评论员。主持人简单说明一下接下来要评论的新闻,然后向评论员提出相关的问题,让观众能了解新闻的来龙去脉、发生的背景、原因及趋势等。扮演评论员的学生开始进行评论,两人互动,最后主持人进行归纳总结(见图6-3)。

图 6-3　新闻评论

④ 两名学生进行角色互换。

⑤ 实验时间在 20 分钟左右。

⑥ 按以上步骤,各组依次进行实验。

(5) 实验注意事项

① 同组的学生可在准备时进行一定的沟通,如评论的新闻事件、评论的角度等。

② 双方应尽量脱稿。

③ 双方的交流应尽量做到自然、默契。

④ 评论的内容应该实事求是,避免原则性错误。

(6) 实验记录方式

以摄像设备进行画面、声音记录。老师可以对学生的表现进行一些文字性的记录。

(7) 实验讨论与评价

学生与老师一起观看实验录像,学生对录像中主持人和评论员的表现进行评论。老师根据拍摄现场的记录进行点评。

对主持人的评价:

① 主持人提问角度是否独特或者切中要害。

② 问题是否具有逻辑性和关联性。

③ 是否有自己的主持风格。

④ 语言表达的各种问题,如语音的标准程度、表达的流畅程度等。

⑤ 衣着、妆容是否得体,表情、姿势是否自然恰当。

⑥ 是否有镜头感。

对评论员的评价:

① 评论内容应避免原则性和常识性的错误。

② 评论过程是否条理清晰、逻辑性强。

③ 语言的组织运用是否得当,应该尽量避免书面语和过多的口头禅。

④ 语言表达的各种问题,如语音的标准程度、表达的流畅程度等。

⑤ 衣着、妆容是否得体,表情、姿势是否自然恰当。

⑥ 是否有镜头感。

(8)实验报告

格式参见本书附录6。

4. 实验四：观点荟萃

(1)实验目的

通过模拟《有报天天读》这一类型的评论节目，培养学生阅读评论类文章的习惯，提高学生对信息的整合能力，让学生学习如何在阅读过程中吸收他人的观点精粹，提炼其要旨，从而内化成自身的观点。

(2)实验要求

以凤凰卫视中文台的《有报天天读》为模仿对象，设定一个评论类的节目。由学生担任该栏目的主持人，在不同媒体上选择五篇左右的评论文章，提炼其观点，用具有个人风格与特色的语言重新表达，可加入对所提炼观点的点评意见。

(3)实验场地与器材

场地：虚拟演播室（或演播厅）。

器材：（略）

(4)实验方法与步骤

① 学生随机编号。

② 学生上网收集政治、财经、社会、体育、娱乐等各方面的新闻评论文章五篇左右，并进行理解分析、观点提炼等准备工作，时间在15分钟左右。

③ 学生进入虚拟演播室进行实验。时间在5分钟左右。

④ 学生按编号顺序依次进行实验。

⑤ 老师与学生根据实验录像进行评价并提出改进意见。

(5)实验注意事项

① 学生在进行实验时尽量脱稿。

② 内容应当实事求是，避免原则性错误。

③ 严格遵守时间要求，不要有太长的停顿和过长的评论。

(6)实验记录方式

以摄像设备进行画面、声音记录。老师可以对学生的表现进行一些文字性的记录。

(7)实验讨论与评价

① 本实验对观点的整合和表达能力要求较高，老师在评价的过程中需注意学生对所摘取的观点提炼的精确程度、内化后重新表达的顺畅和完善程度，更应注重学生在表达过程中个人风格的体现，指导其如何避免出现冗长、沉闷等评论节目常见问题。

② 学生自身观点的独特性和新颖程度。

③ 评论是否具有逻辑性和合理性。

④ 语言表达的各种问题，如语音的标准程度、表达的流畅程度等。

⑤ 衣着、妆容是否得体，表情、姿势是否自然恰当。

⑥ 是否有镜头感。

(8)实验报告

格式参见本书附录6。

实验五：访谈节目主持

一、理论概述

1. 关于访谈节目

何谓"访谈节目"？《广播电视简明辞典》一书中给出如下解释："坚持平等待人、平易近人、亲切感人的说理态度；顺应听（观）众思路、针对听（观）众疑问展开论述；调动设问、比喻等手段启发听（观）众的联想，使说理过程带有类似日常交谈的思想和情感交流。"①

访谈节目，顾名思义就是以谈话为主的节目。从前面的定义可以看出，它强调的是"交流"二字，主持人与嘉宾的交流，主持人与观众的交流。可见，主持人是访谈节目的轴心，要兼顾的不仅仅是嘉宾、节目的播出，还有节目的受众——观众，不管是在现场还是不在现场。以往的访谈节目中，有的主持人不管嘉宾说些什么，一概只照着准备好的问题问下去，无思想的交流、语言的碰撞。资深电视播音员和节目主持人沈力曾说过："主持人与观众之间既然是朋友关系，朋友之间谈话总不能拿着稿子。稿子虽薄，但它却会在观众和主持人之间筑起一面墙。"与嘉宾之间的关系亦是同理，节目主持人要想收到"朋友聊天"式的、娓娓道来的播出效果，就不能依赖于事前准备的稿子，不能"照本宣科"。

电视访谈节目能否吸引观众，是否生动、深入，与主持人有效的穿针引线作用是密不可分的，要做到这一点，除了要靠主持人的个人魅力，还有一些基本的技巧和规律可循。

2. 节目前——充足的准备

采访是访谈节目的基础。访谈节目的时间较长，节目形式比较单一，所以，在访谈的过程当中，除了讲述事实，还应该有理性的分析讨论，也可以多个话题同时进行。如果无法让谈话内容闪光，访谈就无法吸引观众，节目也就不可能成功。这就要求主持人对访谈节目有充分的准备。节目所选择的嘉宾，一般来说是有故事或对某一方面有见解的人。主持人要在对嘉宾较全面的了解的基础上，围绕节目所要谈的主题、话题重点准备。对自己所要谈的话题多问几个为什么，对于可能出现的不同观点、看法事先分析、了解，自己想透了，掌握了足够的观点和材料，方能胸有成竹，从容交流。

在访谈开始前，主持人可以与嘉宾进行充分的交流。在这个过程中，更多的是让主持人了解嘉宾的性格、修养、观点主张，同时让嘉宾对主持人也有了一定的了解。在双方相互熟悉之后进行的访谈，能够更加自然、顺畅。值得注意的一点是，在这个交流过程中，不需要过多涉及访谈时的话题，以免嘉宾在正式访谈时出现无话可说的情况。在准备的过程中，要特别留意细节，甚至要去挖掘细节，在访谈时不经意间提出来，既可以丰富话题，也可以让嘉宾感受到你对他的重视。

在前期准备过程中，我们不可忘记另一对象——节目的受众。雪汉青在《访谈节目主持人的特质和技巧》一文中写道："主持人的听众意识是贯穿在整个访谈节目的前期准备、进

---

① 《广播电视简明辞典》编辑委员会.广播电视简明辞典[M].北京：中国广播电视出版社，1989：81—82.

行过程和后期服务之中的,但前期准备尤为重要。要求主持人是各行各业的专家,是不现实的,也是不真实的。但是,主持人至少应是听众专家,懂得听众的需求,掌握受众心理,理解其承受能力。这不但是应该的,而且是必须的。在访谈式节目中,听众意识首先体现在对访谈对象的选择上。主持人必须清楚什么样的人选是你的听众群感兴趣的,什么样的人选是可有可无的。如果一个访谈节目,长时期没有听众关注的人物出席,这个节目必然会失去听众。"①

准备充分之后,我们还要自己设想一下现场可能出现的各种情况以及应对方法,这是著名节目主持人崔永元在事先充分准备之余,每场《实话实说》节目录制开始前必做的一件事。因此,事前的充分准备是主持人做好访谈节目的第一步。

3. 节目中——全身心投入

主持,从字面上看,有"掌握和把握"的意思,"电视作为综合性最强的媒体,对于主持人素质的要求其实很高,大方的气度、机敏的应变能力、渊博的知识见闻和清晰深刻的理论分析能力越来越代替一些外在因素而成为了电视节目主持人魅力的真正含义,其中,语言的魅力及风格占有重要的地位"②。在访谈节目中,主持人应该发挥诱导启发嘉宾、活跃气氛、适时地转承、准确地总结、即兴挖掘话题、把握整体的作用,这就要求主持人具有较强的综合素质,尤其是现场驾驭能力。驾驭能力涉及很多方面,对话能力、理解能力、应变能力、归纳能力等,归结到一点,掌握节目的主动权。但要谨记一条,展示主持人的高素质不是节目的目的,主持人是为传播服务的。主持人一方面要巧妙驾驭节目,推进节目进程,另一方面,要让嘉宾、观众成为真正的"主角",在自然的氛围中展现真实的自我。

除此之外,善于倾听也是很重要的。美国著名节目主持人拉利·金在《因人因时因地的谈话术》一书中说过:"谈话的首要规则是听。如果想成为一个好的谈话者,你必须成为一个好的听者。"而著名主持人崔永元也说:"现场的嘉宾和观众通常是一对矛盾,任何一方对另一方的不感兴趣就会让气氛变换,这就要求主持人有所放任,又有所控制,注意节奏和场上态势的变化。我习惯于竖立起耳朵听嘉宾说,同时也在听观众反应。"③"听"好才能"说"好,才能引导好。

倾听不是被动的,是一种能力,一种"主动倾听的能力",这种能力是可以通过训练提高的。首先,我们要树立一个意识,那就是你要明白访谈对象要表达的很多事情其实你并不知道,这也是倾听的要诀。其次,要从访谈对象的话中搜寻重要的信息。比如,提前了解访谈对象并预设问题,少说话少打断对话,避免过早评断,寻找访谈对象的关键想法,等等。一个好的倾听者心里会有很多问题,一个不好的倾听者心里会有很多答案。最后,适时给予访谈对象反应和支持。比如,使用沉默或简短的话鼓舞访谈对象多说一些话,用自己的话重述访谈对象的观点从而对交谈信息进行交叉检视,点头或者微笑以示自己在认真倾听的态度,等等。总之,倾听不只是听见,而是一门需要长期修炼的艺术。

访谈节目本质上是一种沟通性节目,因此要让观众感到屏幕上人物间的沟通越自然越融洽越好。在节目中,主持人会频繁地使用"我""您""观众朋友"等一些有明显对象感的称呼,以此达到最接近于生活中"面对面"交流的效果。

---

① 雪汉青.访谈节目主持人的特质和技巧[J].中国广播电视学刊,1999(1):63.
②③ 孙剑锋.从《艺术人生》看访谈节目主持人的语言驾驭能力[J].视听纵横,2006(4):75—76.

二、实验综述

"实践出真知",唯有实践才能发现问题,解决问题。学生已通过前面各种各样的训练、实验,认识并掌握了在主持时如何运用发散思维、聚敛思维、应变思维的方法,而在具体的节目形态中,能否将这些能力融会贯通,以下的实验就是很好的"练兵"。在设计上,以下的实验根据前文提到的访谈节目的两个环节进行针对性的训练,以使学生对访谈这一节目形式有较深刻的了解与体会,并能够初步驾驭这一类型的节目。

实验分为"基础训练"和"综合实验"两部分。基础训练的内容是访谈节目的前期准备环节,针对性强,让学生在训练中熟悉这一环节。通过训练,提高学生把握访谈主题、拟定访谈提纲的能力,为综合实验的进行打下基础。综合实验的内容是访谈节目的进行时环节,为了让学生在真实的节目氛围中进行实验,对场地的要求比较高,最好在外界干扰较小、摄像设备较齐全的地方进行。"养兵千日,用在一朝",如何克服面对镜头时的紧张感,如何引导嘉宾进入状态等问题,都是学生在实验中所要面对和解决的。

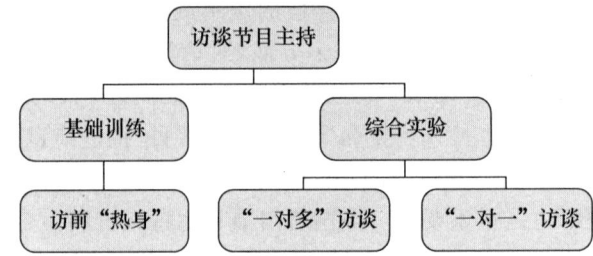

三、访谈节目主持基础训练——访前"热身"

1. 训练目的

通过训练,熟悉访谈节目的前期准备工作,提高对节目主题作甄选、提炼以及拟定访谈提纲与问题的能力,同时也锻炼"笔头"功夫。

2. 训练要求

学生围绕老师指定的采访对象进行采访前的准备,如确定采访主题,对采访对象的背景、相关事件进行资料收集,确定采访方向与内容,列出采访提纲,等等。

3. 训练场地与器材

场地:教室。

器材:可上网的设备。

4. 训练方法与步骤

(1) 老师指定一个采访对象,如体育明星、娱乐明星、政治首领或行业专家,最好是在网上能查到较多资料的人。

(2) 学生们通过上网查找资料,对采访对象进行了解。时间在20分钟以内。

(3) 列出采访提纲。

(4) 老师和学生对采访提纲进行讨论和评价。

(5) 学生对采访提纲进行修改,在修改中提高把握主题的能力。
5. 训练注意事项
(1) 采访主题应该明确;内容应该文明健康;语言应该简洁清晰。
(2) 老师应该充分了解学生的想法后再进行评价。
6. 训练记录方式
文字记录。
7. 训练讨论与评价
(1) 采访主题是否清晰、明确、可行。
(2) 问题是否与主题吻合。
(3) 内容上是否有关联性、逻辑性。
(4) 问题是否具有一定的创新性、巧妙性与独特性。
8. 实例
采访研究垃圾分类的大学教授关于垃圾分类与大学校园的相关问题。
采访提纲示例:
(1) 请问什么是垃圾分类?
(2) 为什么要推行垃圾分类?
(3) 为什么我们要在大学校园开展垃圾分类?
(4) 在大学校园开展垃圾分类,对于学校和学生而言,有什么积极意义?
(5) 请您谈谈垃圾分类与学校教育的关系。
(6) 学校在推动垃圾分类过程中应该发挥什么作用?
(7) 垃圾分类既要有硬件设施的配套,也需要参与者习惯的养成,那么在大学校园开展垃圾分类应该如何做?需要注意哪些问题?
(8) 很多人说垃圾分类应该"行胜于言",您自己在家执行垃圾分类吗?具体是怎么分类的呢?
(9) 目前有没有在垃圾分类方面做出成效的大学呢?

四、访谈节目主持综合实验

1. 实验一:"一对多"访谈
(1) 实验目的
多人对话中的引导和过渡能力是主持人一种不可或缺的素养。通过一人对多人的采访训练,培养主持人对现场的掌控能力,有效地锻炼主持人的思维能力、反应速度和组织能力。学生可参考"一对多"访谈节目《锵锵三人行》进行实验前的学习准备。
(2) 实验要求
根据既定的采访主题选择 2—4 个采访对象,对他们进行一个为时 20 分钟左右的采访,要求主题突出,能让大家对被采访人关于该主题的想法、做法有一个较清晰的了解。不要求统一时间进行实验,可各自与实验场地预约时间进行录制。
(3) 实验场地与器材
场地:教室;虚拟演播室(或演播厅)。

器材：(略)

(4) 实验方法与步骤

① 老师给每个人指定一个主题,学生对主题进行了解。

② 根据采访主题选择 2—4 个采访对象,可在采访前与采访对象进行沟通。

③ 把所有采访对象邀请到一起进行一个既定主题的采访,并全程进行录像(见图 6-4)。

图 6-4 "一对多"访谈

④ 老师可以当场进行各方面的点评,也可以看录像进行点评。

⑤ 在课堂上组织学生观看挑选出的实验录像,进行讨论并提出意见和建议。

⑥ 学生对自己在实验中的表现进行归纳总结。

(5) 实验注意事项

① 实验过程中,其他人包括老师尽量不要干预节目的进行。

② 评价应该围绕主持人的表现进行。

(6) 实验记录方式

以摄像设备进行画面、声音记录。老师可以对学生的表现进行一些文字性的记录。

(7) 实验讨论与评价

① 主持人把握主题的能力、对嘉宾的引导能力、对现场气氛的掌控能力等。

② 语言表达的各种问题,如语音的标准程度、表达的流畅程度等。

③ 衣着、妆容是否得体,表情、姿势是否自然恰当。

④ 是否有镜头感。

(8) 实验报告

格式参见本书附录 6。

2. 实验二："一对一"访谈

(1) 实验目的

要采访一个人,可以从很多方面入手。有时候,寥寥几个话题,就可以展现采访对象的很多信息。如何才能让节目不流于表面、肤浅,对访谈对象有一个全面的深入的访谈？需要学生在全面了解访谈对象的基础上,选择独到的"解读"嘉宾的角度。通过实验,培养学生对节目主动权的把握能力、对嘉宾的引导能力、即兴挖掘话题的能力等。学生可参考"一对一"访谈节目《鲁豫有约》进行实验前的学习准备。

(2) 实验要求

学生自行选择一个采访对象,在做好充分的采访准备的基础上,对访谈对象进行多主题、多角度的采访,当然也应该有重点。时间在 15 分钟左右。要求通过访谈让观众对嘉宾有一个比较全面、深入的了解,在观众心中形成一个生动的形象。

(3) 实验场地与器材

场地:教室;宿舍、家庭等私人场所;虚拟演播室(或演播厅)。

器材:(略)

(4) 实验方法与步骤

① 学生自行选择采访对象。

② 依照基础训练的方法进行采访前准备,如果是基础训练中已经准备过的采访对象,可以用以前的采访提纲,也可再列一份提纲。

③ 在虚拟演播室或嘉宾方便的场所对嘉宾进行为时 15 分钟左右的访谈,进行正式拍摄。

④ 老师在所有实验结束后,对实验进行点评。

⑤ 学生对自己在此次实验中的表现进行归纳总结。

(5) 实验注意事项

① 采访场地的选择上要以嘉宾方便为前提,迁就嘉宾,但要选择在安静的地方进行拍摄,避免被人打扰。

② 由于采访有可能要外拍,要保证摄像机、存储卡、电池等器材的到位,实验道具要提前准备好。

③ 在场的其他人包括老师尽量不要干预实验的进行。

(6) 实验记录方式

以摄像设备进行画面、声音记录。老师可以对学生的表现进行一些文字性的记录。

(7) 实验讨论与评价

① 主持人把握主题的能力、对嘉宾的引导能力、对现场气氛的掌控能力等。

② 语言表达的各种问题,如语音的标准程度、表达的流畅程度等。

③ 衣着、妆容是否得体,表情、姿势是否自然恰当。

④ 是否有镜头感。

(8) 实验报告

格式参见本书附录 6。

实验六：综艺节目主持

●●●● 一、理论概述 ●●●●

综艺节目是综合多种文艺形式，通过巧妙编排和串接，以板块的形态呈现给受众的一种节目形式，包括音乐、戏曲、曲艺、舞蹈、文学、游戏（游戏的设定要与文化艺术相关）等内容。有的节目只选其中的部分内容组成一台综艺节目。综艺节目主持人就是节目的穿针引线者，通过他的语言、形体、知识架构等串起整个节目。他是节目的灵魂，是节目构思的执行者，是节目效果的具体实践者。[1]

著名主持人马东在《浅论综艺节目主持人才的发现与培养》一文中认为："单就审美角度来说，如果新闻播音员要传达的是一种郑重和信任之美，访谈主持人要传达的是一种理性和平等之美，那么综艺节目主持人首先应该传达的是一种快乐之美，或者叫散发快乐感染力，这应该是评价一个综艺节目主持人的长线指标。受众的收视愉悦有表层和深层之分，综艺节目的诉求很显然更多针对于前者。相对于以前穿针引线式的报幕主持，今天更多的观众希望看到主持人本身在综艺节目中成为娱乐主体，至少是参与其间。"[2]

电视是最大众化的传播媒介，其发展到今天，已经由原来的"我播你看"走向"你看我播"，甚至演变为"共同参与"。越来越多的电视节目、栏目以及各种新媒体的出现，让受众有了更多的选择权。受众可以依据自己的喜好、兴趣来选择节目，此时主持人的作用不再仅仅是引导舆论、传播信息，更多的是要展现自我的魅力，来吸引受众的注意，以此提高节目的关注度。一个没有魅力的主持人是无法引起受众的关注，获得认可的。综艺节目的表现手法近年来已越来越趋向于多元化、娱乐化，它要求主持人在舞台上展示的是一个真实的"我"，而不是过多的、明显的"表演"。对于综艺节目主持人来说，他应该起到穿针引线的作用，将原本独立的节目板块串联起来，使节目完整化。那么如何在这个串联的过程中体现自己的魅力，则是需要我们去思考及努力的。魅力的展现需要的是经验的积累、知识的积淀和能力的综合运用。那综艺主持人到底需要哪些能力？怎样才能提高这些能力呢？

1. 表达能力

表达能力是主持人应具备的基本能力。一个受欢迎的综艺节目主持人，往往会有较强的表达能力和独特的语言风格，而这正是他们能够"左右"观众情绪的法宝之一。表达能力强的节目主持人常能"化腐朽为神奇"，在稀松平常中挖掘到闪光点，使节目化呆板为活泼，化平淡为生动，从而提高节目的吸引力。央视著名主持人撒贝宁的表达能力十分突出，他在《开讲啦》《出彩中国人》等综艺节目中展现出自己幽默风趣、才华横溢的主持风格，让节目更具魅力和吸引力。

---

[1] 钱锋.综艺节目主持人素质剖析[J].声屏世界，2000(6)：47.
[2] 马东.浅论综艺节目主持人才的发现与培养[J].电视研究，2007(4)：14.

2. 应变能力

综艺节目主持人与嘉宾、观众有着大量的互动。主持人要想做到"成竹在胸",能够"见招拆招",避免临场"语言空泛",就需要有很强的临场应变能力。湖南卫视著名主持人汪涵曾多次上演教科书式的救场,比如在《我是歌手》第三季总决赛直播时,孙楠突然发表言论,说要退赛,汪涵以强大的应变能力和高超的主持水平迅速控制住了局面,处理好了一场直播危机。

3. 联想能力

"即保持思维的灵活性。世间的任何事物都是互相联系着的,没有哪一种事物能够孤立地存在。它总是由多种层次、多个侧面交织在一起的。有的现象反映了事物的本质,有的现象却掩盖了事物的本质。联想的运用,有助于记者透过现象看本质。在主持中,横串纵联,进行'相关联想',易于打开思路,予人启示。"[①]湖南卫视著名主持人何炅在《快乐大本营》中频频展现出自己的联想能力,帮助嘉宾进入节目状态,呈现出更好的节目效果。

4. 表演能力

要想主持好综艺节目,主持人除了要着眼于"综"字之外,还要在"艺"字上做文章。综艺节目主持人责无旁贷地要在节目表演者和观众之间架起一座桥梁,引发互动效应,使演出现场的娱乐气氛更加浓郁。[②] 例如,著名主持人谢娜是表演专业毕业,在《百变大咖秀》《快乐大本营》等综艺节目中,她充分发挥出自己的表演优势,插入许多即兴表演,活跃节目气氛,为节目抖出一个个意想不到的笑料包袱。

5. 编导能力

主持人马东曾说:"不参与节目策划的主持人,是一个'没有灵魂'的主持人。"作为节目主持人,没有参与到节目的策划中,就无法深入地理解节目的主题和细节。对节目把握得不到位,也就无法主持好节目。主持人只有参与到节目的策划中,才可以根据自己的特点、特长来撰写文稿、安排细节,在主持节目时更加自然流畅,得心应手。央视的著名主持人董卿亲任制片人,自编自导文化类综艺节目《朗读者》,播出后好评如潮,开创了收视佳绩。

二、实验综述

综艺节目主持人需要的这五种能力,说起来简单,做起来却不容易,必然需要一番磨炼。以下实验就是通过针对性的训练,让学生掌握相应的主持技巧,同时全方位地了解综艺节目的运作。提高的不仅仅是学生主持的能力,还有团队合作的意识。

实验分为"基础训练"和"综合实验"两部分。基础训练的内容是针对综艺节目主持人的表达能力、联想能力、表演能力分别设计的。综合实验的内容是模仿国内著名综艺节目《王牌对王牌》,让学生也做一次综艺节目主持人,在真实的综艺环境中进行主持,活学活用基础训练学到的技巧、能力。综合实验环节,我们提供的只是一个操作模板,在实际操作中,老师完全可以要求学生自己策划、制作一台综艺节目,这也是编导能力的体现。

---

① 李艺.节目主持人的幽默及其思维方式[J].中国广播电视学刊,1997(11):46.
② 李小萍.电视综艺节目的主持技巧[J].视听纵横,2006(3):95.

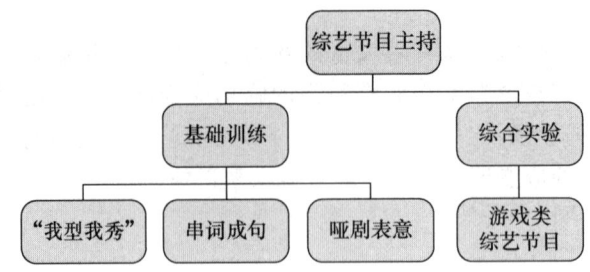

三、综艺节目主持基础训练

1. 训练一:"我型我秀"

(1) 训练目的

通过对节目串联词的撰写及模拟主持,锻炼学生的表达能力和文稿写作能力。

(2) 训练要求

老师给出节目单,学生根据节目单,了解节目主题,撰写节目串联词,并进行主持。要求主题鲜明,表达到位,感情充沛,衔接自然,彰显具有个性的主持风格。

(3) 训练场地与器材

场地:教室;宿舍、家庭等私人场所;虚拟演播室(或演播厅)。

器材:(略)

(4) 训练方法与步骤

集体训练:

① 老师给出节目单,学生两两自由组合,共同撰写串联词并主持。

② 给予学生 20 分钟的准备时间。

③ 训练开始,学生按自己撰写的串联词开始主持,节目之间间隔 5 秒作为停顿,即 5 秒后当作节目表演完毕,学生继续串联下一个节目,其余学生当观众。

④ 学生按顺序进行训练。

⑤ 老师当场或者实验后看录像进行评价,学生进行自我评价与改进。

个人训练:

学生在课余时间自行上网搜集节目单,按照前面的步骤自行训练并录像。最后上交录像,由老师进行评价,学生进行自我评价与改进。

(5) 训练注意事项

① 一份完整的节目单往往很长,老师可根据实际情况,截取节目单的某一个环节让学生进行训练。

② 在学生主持的时候,任何人包括老师尽量不打断,可适当给予回应。

(6) 训练记录方式

以摄像设备进行画面、声音记录。老师可以对学生的表现进行一些文字性的记录。

(7) 训练讨论与评价

① 串联词能否突出主题,是否有一定的文化内涵,内容是否有关联性、逻辑性。

② 串联词是否巧妙、独特,具有一定的创新性。语言表达是否简洁明了,是否展现出个

人风格。

③ 与搭档配合是否默契。

④ 衣着、妆容是否得体,表情、姿势是否自然恰当。

⑤ 语言表达的各种问题,如语音的标准程度、表达的流畅程度等。

2. 训练二:串词成句

(1) 训练目的

人都有听故事的喜好。看似毫无关联的事物,如何在最短的时间内串成一个故事,还要合理、不唐突,并不是一件容易的事。这个训练是要开拓学生的联想能力,同时也锻炼学生的语言组织能力。

(2) 训练要求

对老师给定的一组词语展开想象,用这些词语组合成一个故事,故事要尽量合理、生动,引人入胜。

(3) 训练场地与器材

场地:教室;宿舍、家庭等私人场所;虚拟演播室(或演播厅)。

器材:(略)

(4) 训练方法与步骤

集体训练:

① 学生分组,五人一组。

② 老师给每组学生五个词。

③ 第一位学生拿到老师给的词之后,开始讲故事,故事中要出现老师给的词,故事发展到一定阶段,停止,第二位学生接着讲,以此类推。

④ 老师当场或者实验后看录像进行评价,学生进行自我评价与改进。

个人训练:

学生自行随机准备一组词语,准备3分钟左右的时间即开始讲故事并录像。最后上交录像,由老师进行评价,学生进行自我评价与改进。

(5) 训练记录方式

以摄像设备进行画面、声音记录。老师可以对学生的表现进行一些文字性的记录。

(6) 训练讨论与评价

① 评价主要针对学生反应速度的快慢、语言组织的条理性、故事的合理性和精彩程度。

② 语言表达的各种问题,如语音的标准程度、表达的流畅程度等。

③ 衣着、妆容是否得体,表情、姿势是否自然恰当。

(7) 实例

① 馒头	电影票	误会	足球	老人
② 未接来电	老乡	排队	报纸	酒
③ 拐杖	情人节	山脚下	太阳镜	轮胎
④ 5G	扶贫	大山里	直播	扫码

3. 训练三：哑剧表意

（1）训练目的

在节目中，主持人的面部表情、情绪释放、肢体语言，也是一种传播。借由哑剧，训练学生用非语言符号表意的能力。

（2）训练要求

主持人只能用面部表情和肢体语言来演出给定的情景，表演应当传递明确的意义并且合情合理。

（3）训练场地与器材

场地：教室；宿舍、家庭等私人场所；虚拟演播室（或演播厅）。

器材：（略）

（4）训练方法与步骤

集体训练：

① 学生分组，三人一组。

② 老师给每组学生设定一个情景。

③ 给予学生3分钟的准备时间。

④ 开始表演，每个学生的表演时间在3分钟以内。

⑤ 老师当场或者实验后看录像进行评价，学生进行自我评价与改进。

个人训练：

学生在课余时间自行训练并录像，完成后上交录像，由老师进行评价，学生进行自我评价与改进。

（5）训练注意事项

学生训练的时候，任何人包括老师尽量不打断其表演过程。

（6）训练记录方式

以摄像设备进行画面、声音记录。老师可以对学生的表现进行一些文字性的记录。

（7）训练讨论与评价

表意是否清楚；表演是否到位；是否具有感染力。

（8）实例

① 情景：一个人在房间里。

② 情景：中了彩票，在去兑奖的路上。

四、综艺节目主持综合实验——游戏类综艺节目

1. 实验目的

游戏类综艺节目，看似只是带大家一起玩的"轻松活儿"，实际上对主持人综合能力的要求很高：与现场嘉宾和观众的配合、突发状况的应变、"现身说法"的表演、时间的把握、笑点的制造等，都不是容易的事。游戏类综艺节目实验，就是要训练学生的这些能力。

2. 实验要求

主持人要把整个节目控制在40分钟左右，除顺畅地衔接好各环节之外，还要把握好现

场——既要调动起嘉宾和观众的情绪,又不能失去节目的掌控权。除此之外,主持人可能面对事先无法预料的状况,要随机应变。

3．实验场地与器材

场地:演播厅。

器材:(略)

4．实验方法与步骤

(1)节目道具、设备、场地的准备。

(2)主持节目,拍摄。

(3)老师点评,学生自评、互评。

5．实验记录方式

以摄像设备进行画面、声音记录。

6．实验讨论与评价

(1)学生对现场气氛的掌控,对嘉宾的引导,对时间的把握,对节目的驾驭。

(2)语言表达的各种问题,如语音的标准程度、表达的流畅程度等。

(3)衣着、妆容是否得体,表情、姿势是否自然恰当。

7．实验报告

格式参见本书附录6。

8．实例

假设情景:一个名为《玩转星期四》的周播综艺娱乐节目,其中有"你演我猜""开口你就中"环节。两个主持人简单说完开场白后,介绍该期嘉宾,接着分成两组进入游戏环节。

节目流程:

(1)主持人陈述简单的开场白,介绍嘉宾。

(2)进入游戏1——"你演我猜"。

主持人介绍游戏规则,并组织嘉宾加入游戏。

游戏所需器材:

① 大屏幕(包括可以放映PPT的电脑)。

② 与人等高的硬纸板两块。

③ 凳子两张。

游戏所需工作人员:

① 扶纸板的学生两名。

② 计分人员一名。

游戏前准备:

① 不同词性的词语若干,并放进PPT内。

② 音效:关门声、10秒倒数的声音、猜对了的音效。

游戏规则:

① 把参赛者分成两组,每组四人,两人背对大屏幕坐下,两人面向大屏幕。

② 面向大屏幕的两人根据屏幕上显示的词语做动作,也可以用语言解释,但语句中不能出现屏幕上的字。背对屏幕的人根据动作猜,猜对得10分。如果遇到猜不出的题目,可以说"pass",跳到下一个词语。

③ 每组有1分钟的时间。前30秒，面向屏幕的两人可以自由做动作，后30秒开始，扶纸板的两名学生开始从两侧向中间靠近，并逐渐遮挡相对四人的视线，时间到的时候，两块纸板像门一样关上。

④ 最后统计两组得分。

词语示例：

第一组：可爱　马桶　舞娘　天真　企鹅　叛逆　校花　躲猫猫　演唱会　照相机　一枝独秀　麦克卢汉　纸上谈兵　如雷贯耳　功夫熊猫　奥特曼　臭氧　忍者　明亮　拜金　喜洋洋　小红帽　佳偶天成　变形金刚　气急败坏　蔷薇　燃烧　奶牛

第二组：善良　太阳　恶搞　达人　害羞　宝马　腐朽　小乔　正能量　打工人　锦鲤　守门人　麦克风　开元盛世　非诚勿扰　炯炯有神　新闻联播　汗如雨下　利物浦　双节棍　土豆发呆　彩虹　闪亮　卡丁车　花言巧语　希区柯克　一石二鸟　酱油　牛奶　哈比人　幸福

（3）进入游戏2——"开口你就中"。

主持人介绍游戏规则，并组织嘉宾加入游戏。

游戏器材：

① 气球若干。

② 纸条（每张纸条上都写有0—99中的一个整数）若干。

③ 贴纸若干。

游戏前准备：

① 裁判一名，游戏时在台后（幕后）负责宣布嘉宾是否猜中密码。

② 每个气球放一张纸条并吹足气，准备若干个。

③ 哪个气球里装的是哪个数字，裁判要记录好，做到心里有数。

④ 音效：过关（没说出密码）音效、终极密码被说出时（略带恐怖或搞怪的）音效。

游戏规则：

① 主持人随机抽取一个气球，气球里纸条上的数字（范围在0—99）为当轮游戏的终极密码（在游戏结束之前，没有嘉宾知道终极密码是多少）。

② 按前面嘉宾分的组，以组别分开面对面站成两排。

③ 第一个嘉宾走到两队人中间，说出0—99中的一个数字（必须是整数）。

④ 如果嘉宾说的数字刚好和终极密码相同，裁判则宣布该轮游戏结束（加上音效），说中的嘉宾要踩破气球，拿出其中纸条（验证终极密码）并接受惩罚；如果嘉宾说的数字和终极密码不同，则归队，游戏继续，包含终极密码的范围缩小（由裁判宣布新范围），轮到另一组第一个嘉宾到中间说出剩下范围内的一个数字（同样必须是整数）。

⑤ 以此类推，直到有人说中终极密码并接受惩罚，该嘉宾所在队伍扣5分。

惩罚：

说中密码的嘉宾必须允许其他嘉宾用贴纸贴在其脸上，并进行"五连拍"，即在镜头面前连续摆出五个可爱或搞怪的表情。

（4）节目尾声。

工作人员统计两组各自的分数，主持人宣布该期节目胜出队伍（分数高者），并送出大礼包，接着说出总结语，结束节目。

附录1 口部操练习

口部操以唇舌力量的练习为主。常做口部操,可以有效地加强唇部、舌部的肌肉力量,提高唇舌的灵活程度。

1. 唇的练习

(1) 喷:也称作双唇打响。双唇紧闭,将唇的力量集中于唇中央三分之一的部位,唇齿相依,不裹唇,阻住气流,然后突然连续喷气出声,发出 p、p、p 的音。合口呼、撮口呼撮唇不好的人可以多练。

(2) 咧:将双唇闭紧尽力向前撅起,然后将嘴角用力向两边伸展(咧嘴),反复进行。

(3) 撇:双唇闭紧向前撅起,然后向左歪、向右歪、向上抬、向下压。

(4) 绕:双唇闭紧向前撅起,然后向左或向右作360度的转圈运动。

2. 舌的练习

(1) 刮舌:舌尖抵下齿背,舌体贴住齿背,随着张嘴,用上门齿齿沿刮舌叶、舌面,使舌面能逐渐上挺隆起,然后,将舌面后移向上贴住硬腭前部,感觉舌面向头顶上部"百会"穴的位置立起来。这一练习对于打开后声腔和纠正"尖音"、增加舌面隆起的力量很有效。口腔开度不好的人、舌面音 j、q、x 发音有问题的人可以多练习。

(2) 顶舌:闭唇,用舌尖顶住左内颊、用力顶,似逗小孩儿嘴里有糖状,然后,用舌尖顶住右内颊,做同样练习。如此左右交替,反复练习。

(3) 伸舌:将舌伸出唇外,舌体集中,舌尖向前,向左右、上下尽力伸展。这一练习主要练习使舌体集中、舌尖能集中用力。

(4) 绕舌:闭唇,把舌尖伸到齿前唇后,先向顺时针方向环绕360度,然后向逆时针方向环绕360度,交替进行。

(5) 立舌:将舌尖向后贴住左侧槽牙齿背,然后将舌沿齿背推至门齿中缝,再使舌尖向右侧用力翻。然后作相反方向的练习。这一练习对于改进边音 l 的发音有益。

(6) 舌打响

① 舌尖顶住硬腭,用力持阻,然后突然弹开,发出类似 de 的响声。

② 舌尖顶住上齿龈,体会用力发 da 音时舌尖与上齿龈成阻、持阻、除阻时的动作。然后用舌尖抵住上齿龈阻住气流,再突然放开,爆发出 t、t 的声音。这一练习,对舌尖成阻无力的人改善舌尖成阻、持阻的力量有益。d、t、n、l 发不好的人可以多练。

③ 舌根抬起至软硬腭交界处,体会用力发 ga 音时,舌根与软硬腭交界处成阻、持阻、除阻的动作。然后像发 k 音时那样,舌根与软硬腭交界处不断地连续作"阻气—突然打开—阻气—突然打开……"的打响动作。这一练习可以改善舌根的力量及灵活性。g、k、h 发不好、u、e、o 发不好的人可以多练。

(7) 捣舌:将枣核样物体(枣核、橄榄核等)尖端对正口腔前后中纵线放在舌面上,用舌面挺起的动作使它翻转,反复练习。

附录2　合理选择与使用话筒

在实际工作中,话筒不是由播音员而是由技术人员选择和安排的,但是,一个播音员应该清楚地知道,了解相关设备的性能,能在一定程度上为你的播音创作工作增色,比如了解话筒拾音的灵敏度指标、方向性特性等。你还应该知道有些话筒对一定类型的声音有修饰作用,这对你在工作中将文稿有效转化为富有表现力的声音的能力有极大的影响。

话筒是拾音工具,它是一个将声能转换成电能的装置。话筒构件的重要部分是膜片,膜片响应声音而产生振动,这种膜片振动与声音响应方式同人耳鼓膜振动与声音响应方式是非常相像的。话筒将膜片的振动转换为电子信号,电子信号则可以被传输、处理或记录。

● **话筒的电声性能**

不同话筒的外形差异是比较显著的(见图·附-1)。话筒可依据其对声音的不同响应方式来分类。

图·附-1　形态各异的话筒

从话筒内部电子器件来看,广播电视制作中通常使用的是三种话筒:动圈式话筒、带式话筒和电容式话筒(见图·附-2)。

动圈式话筒被认为是广播电视行业中最基本、最通用的话筒,它大量使用于室外工作场合。

带式话筒是许多电台播音员喜欢使用的话筒,它可使声音变得温润、音质丰满,但在工作时它对气息过于灵敏,常会出现明显的爆破音。

电容式话筒具有出色的灵敏度,能够再现高质量的声音,多用于高保真音乐节目制作。

A. 动圈式话筒　　B. 带式话筒　　C. 电容式话筒

图·附-2　广播电视制作中常用的几种话筒

选择话筒要考虑的另外一个重要内容是话筒拾取声音的模式,这一点我们通常称为话筒拾音的方向性。从这一点考虑,有全向式话筒、"心形"话筒、高指向(锐向)话筒、"8字形"话筒等,它们表现了不同类型话筒的拾音区域特性(见图·附-3)。

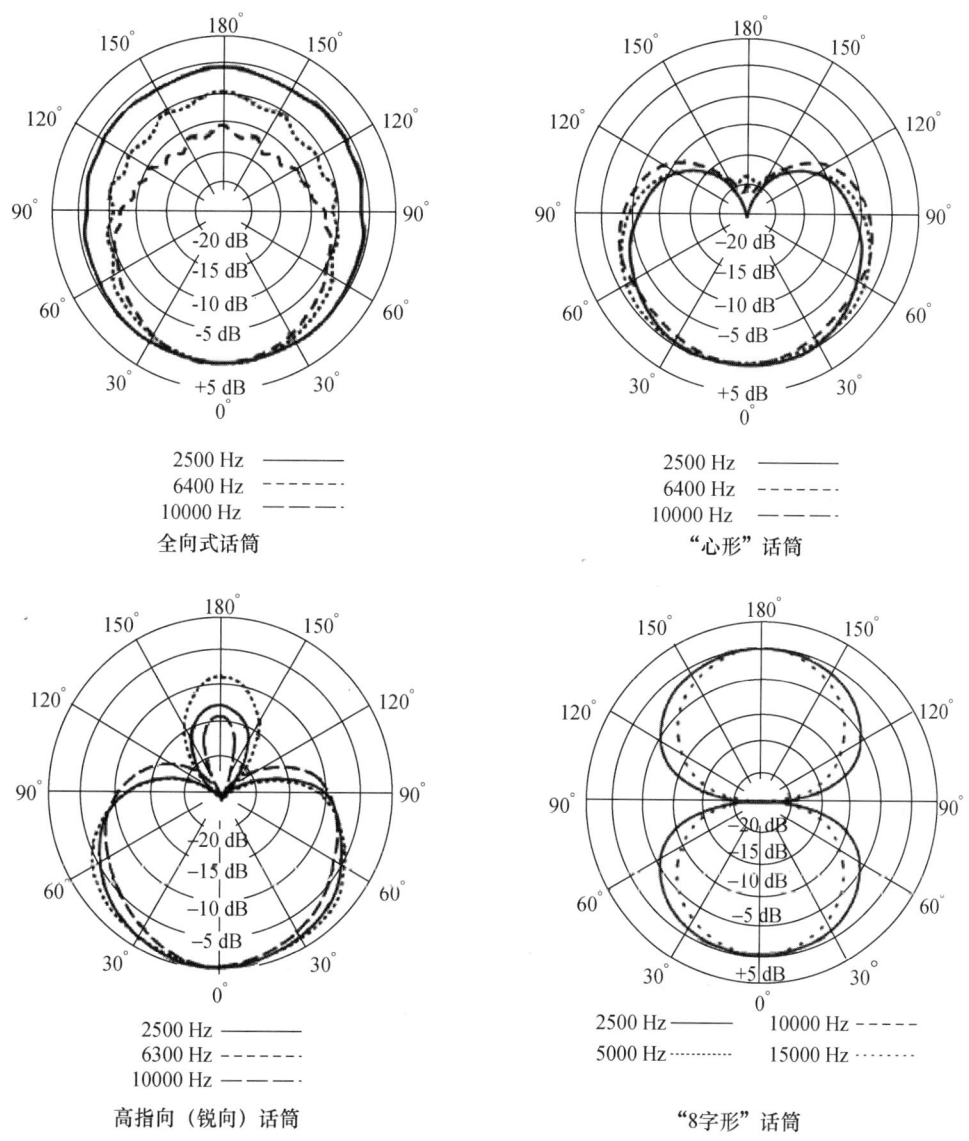

图·附-3 话筒拾音的方向性

话筒拾音的方向性也可解释为话筒对于不同方向来的声音的灵敏度不同,它是选择话筒的一项重要因素。

全向式话筒从各个方向拾取声音的性能一致。当说话者要来回走动时,采用此类话筒较为合适,但在环境噪声大的条件下不宜采用。

"心形"话筒的灵敏度在水平方向呈心脏形,正面灵敏度最大,侧面稍小,背面最小。这种话筒在多种扩音系统中都有优秀的表现。

高指向(锐向)话筒又称为超心形指向性话筒,它的指向性比心形话筒更尖锐,正面灵敏度极高,其他方向灵敏度急剧衰减,特别适用于高噪音的环境。

选择话筒要考虑的另一个主要内容是话筒的频率响应特性。频率响应是指能够被话筒的音频系统接收的声音频率的范围。正因为有了话筒频率响应特性上的差异,一定类型的话筒才能够加强一定音高的声音,而减弱一定音高的声音。如,心形话筒具有的一个明显的特性是"近距效应(近讲效应)",当声源接近话筒时,低频部分的声音效果会加强,会使人感到所谓"声音特别有磁性"。有些话筒具有可以切换多种频率响应模式的开关,可以在不同的声音环境中选择使用。

- **使用话筒时的一些小提示**

如果遇到爆破音明显的问题
——避免选择带式话筒,或调整声源与话筒的相对位置,不要正对话筒。

与话筒靠得比较近时
——由于声音低频部分被放大,会产生更加亲近的声音感觉。但要注意避免明显拾入噪声。

恰当使用防风罩
——用于阻挡强烈空气流动带来的"噗噗"声响,在室外尤其要注意选择防风罩。

与话筒的相对位置应保持不变
——一般而言,距离话筒约15—30厘米是合适的选择。距离的远近,带来的是播讲时亲切感的变化。

在有明显噪声的环境中拾音
——讲话时离话筒近些。

面对宣传性强的稿件
——播音时,稍稍远离话筒,以加强宣传的信息内涵。

工作时切记关闭无线通信工具
——其对录音工作造成影响可能是技术性的,也可能是心理性的。对于一些高灵敏度的话筒来说,录音时,还要记得摘下机械式腕表。

附录3 播音员、主持人如何保养嗓子

拥有好的嗓子对从事播音工作的人——播音员和主持人来说是至关重要的。如果没有正确的用嗓习惯、没有好的保养，嗓子的损伤将会影响我们的工作质量。也有的人由于发声方法不正确而造成发声器官生理构成的改变，如出现声带小结或声带息肉，这些问题甚至会影响播音员的职业发展。因此，正确练声、科学保养至关重要。

播音员、主持人日常如何保养嗓子，使声音保持干净、饱满、弹性好、表现力强的特点呢？

第一，要养成保护性训练的习惯。科学声音训练法，不是通过大喊来改变声音，而是通过调整肌肉的组合能力来改变声音。采取拼命喊叫的方式来训练声音的方法是不可取的，这样会造成声带的负担过重，咽腔的毛细血管容易损伤，造成出血现象。我们主张用长时间、小声发音的练声方法来达到训练的目的。

第二，适当忌食冷饮。冰冷食物对肌肉的舒展有束缚的作用，本来发声器官的肌肉松弛，状态非常好，可一旦摄入冷食，肌肉受到"冷"的刺激而产生自然收缩，肌肉弹性也随之降低，就会影响声音的产生和美化。

第三，注意保持湿润的口腔环境。播音员、主持人平时要多饮水，这不仅是维持身体正常机能的需要，更是播音员、主持人保养发声器官的重要措施。平常也应注意不要在干燥的环境里待得太久，应适当饮水补充机体所需水分，不要养成觉得非常口渴时才急忙大量喝水的习惯。

第四，保持口腔温度。饮水时注意选择饮用温水（尤其是节目开始前），同时演播工作环境也要尽量保持适宜温度。

第五，注意充分休息。播音员、主持人声音能正常表现出来的一个重要条件是身体不疲劳。如果工作时休息不好，身体疲惫的状况必将影响声音的发挥。所以应保持正常作息，以充沛的活力带来声音的多元变化。

第六，注意环境影响。刚刚主持完节目或进行过发声练习的人，口腔、咽腔内的毛细血管容易破裂（有时我们感觉不到身体的这些变化），如果这时我们外出，不小心吸入汽车尾气或有污染、刺激成分的气体，嗓子就很容易出现问题。所以建议大家在嗓子疲劳时要尽量待在空气清洁的环境中，否则很容易患上咽炎。

第七，避免药物依赖。日常喝水时有人喜欢放些菊花、胖大海等中药材，但要注意千万不要养成依赖药物的习惯，否则嗓子会经常出问题。

第八，在做节目前两个小时内是不能饮酒的，若饮酒，口腔、咽腔等重要发声器官的毛细血管会充血、肿胀，肌肉弹性受到限制，必将影响声音的产生。

附录4 电视新闻播音中无提示口播的抬头

无提示口播,即电视新闻播音员在口播时,低头看播音台上的稿件进行新闻播报,必要时抬头与观众进行交流的播音。一名电视播音员应该也必须具备无提示口播的能力。

为什么抬头?在什么地方抬头?主要应掌握哪些抬头的技能以利于播音员与观众的交流呢?

1. 抬头交流

指播音员无提示口播时在镜头前与观众交流的抬头动作,也包括所伴随的面部表情。

2. 抬头交流的内涵与位置

电视新闻口播在无提词器情况下抬头的目的与作用是:其一,与观众进行交流,作心灵沟通;其二,辅助有声语言表达,表现稿件的目的、重点与关系等。

在人际交往过程中,视觉的交流是非常重要的,"眼睛是心灵的窗户",这是我们每个人都理解的一句话。从眼睛中,我们看到热情、看到关注、看到真诚、看到善良,当然,有些时候我们也从一些人的眼睛中看到了胆怯、冷淡、漠然,看到了"高高在上",看到了"拒人于千里之外"。如果一个电视新闻播音员只顾低头读稿,从不与观众进行视觉上的交流,观众就会觉得被冷落,觉得你心中没有他,这当然会影响观众的收视心理。所以,电视新闻播音员在播读稿件时,必须适时、适度地与观众进行交流,增强新闻传播的效果,抬头、眼神、面部表情等都是辅助语言表达的传播符号,我们称之为副语言,传播学中也将之归为非语言符号的范畴。传播学研究认为,非语言符号在配合语言符号进行传播的过程中,能有效地提高传播的效果。

所以,我们必须明白,抬头不是简单的"亮相",不是刻意地向观众展示自己的妆容,也不能只有抬头的形式而没有抬头的内涵。第一,抬头最根本的目的是与观众有交心,有思想和心灵深处的交流,播音员也可以运用抬头表明自己的观点和态度;第二,抬头能表现新闻播出的目的;第三,利用抬头可以帮助表现一组新闻或是一条新闻中存在的某些关系,诸如区分、并列、呼应、转折、递进等,在这些关系位置处抬头,会有助于有声语言的信息传递,帮助观众了解清楚;第四,强调性抬头有助于有声语言突出重点,这些抬头的位置常安排在新闻的新鲜处,重要语句、词语、数字处,强化新闻信息对观众的刺激;第五,启发式抬头,放在稿件的提问、设问及总结性词语处,目的是产生导向,引发思考;第六,提示性抬头,安排在事情的进展处,帮助有声语言引起观众回忆或关注事态进展。

在具体实践中,抬头应注意以下几点:①抬头位置准确、合理;②抬头时机自然;③抬头位置要灵活掌握。

3. 抬头技巧

(1) 记忆技巧

指在电视新闻无提示口播时,利用瞬间记忆并结合长时记忆将抬头点后的词语背下,以取得抬头的主动与基础。

（2）时间技巧

指在电视新闻无提示口播时，抬头交流伴随着有声语言的表达，有同步与不同步、抬头时间长短不一的区别与结合。

同步，是指播音员的抬头动作与有声语言表达同时进行，即边播边抬头。它可以使有声语言表达的意思不断，显得有机和谐。不同步，是指播音员抬头即播音止，它一般存在于一个意思完了之处，或需引起人们思考之处。根据上下文关系紧密与否，又有停顿时间长短的差别。

附录 5　播音员的形象塑造

广播电视新闻播音员的形象不要求特别靓丽,但合适的着装、发型和化妆可以帮助有效提高传播的可信度(见图·附-4)。

图·附-4　播音员主持人的形象塑造

下面提一些建议供大家参考:

1. 着装

新闻记者的身份比较特殊,虽然一些新闻记者的公众地位和相对较高的收入为他们提供了较为富裕的生活,但在工作场合中新闻记者不应把观众的注意力引向他们的外貌和经济状况。在一般的采访活动中,线条简洁、朴素大方的服装是许多新闻记者的首选,对在室外采访的记者而言,一套简单而耐穿的服装足以应付许多采访新闻事件的场合。

对男士来说,应避免服装(尤其是上衣)上有细小条纹或格子图案,领带花式应相对简单。对女士而言,应当心古怪艳俗的花样和颜色,避免复杂的款式,如太多的皱褶或嵌有复杂的蕾丝花边,领口太低、过多暴露胸部也是不恰当的。女记者的发型也应相对保守,不应太招摇。需要配合动作播讲的播音员(如播报天气预报)应该确保服装不会限制身体自如地活动。服装质地不要过露、过透。一些绸缎类的布料在灯光下会产生形状不规则的、变化的反光,会影响画面的视觉效果。

应避免佩戴没有品质感的、夸张的饰品。作为新闻播音员,应避免佩戴那些塑料、木料等质地的,色彩鲜艳、造型夸张的项链、耳环、手链等饰品,不应把自己在旅游度假中购买的具有某些个人喜好或地方特点的纪念品当作播音工作时的饰品佩戴。一些造型夸张怪异的、金属质地的大串耳环不仅会产生噪声,也会分散观众的注意力。带有宗教色彩的佩饰也要慎用,以免引起误解。另外,还要注意佩戴的饰物、眼镜等在演播室灯光环境下不应产生强反光点。

作键控(抠像)处理时,如果服装颜色与技术设定的蓝色或绿色背景相似,可能被"技术性"地抠去相应的颜色部分,要注意避免(见图·附-5)。

图·附-5　虚拟演播室

2. 发型

为节目设计发型是必要的,发型不但改善外形,也可改善传播效果——增加权威感、可信感、健康活力感。

应在专业人士的建议下,选择一个合适的发型,使之既能展示自己最好的仪容,也符合广播电视新闻节目(栏目)的定位与风格要求。要注意改善头发的整洁程度。与娱乐类节目主持人不同,新闻播音员的发型不宜经常变动,不要今天直发明天卷发,这次短发下次长发。不断变换发型效果,也会影响新闻传播的效果。

为了维持发型,有时需要使用到发胶等帮助头发造型的产品,但注意不要过量,以免头发过分粘黏在一起,缺乏自然健康的生气和活力。

3. 化妆品与化妆

适当的化妆对新闻播音员来说是必要的,当然这种化妆应有别于舞台妆或戏剧性的化妆,其主要目的是修饰而非夸张地塑造角色。

(1) 实际工作的地点不同(室内灯光环境还是室外自然光环境),化妆时选择的光照环境也应是有区别的。

(2) 均匀地扑打粉底可遮盖面部的一些皮肤色斑,用一些颜色稍深的粉底可以帮助修饰脸型。适当使用粉底也能消除面部皮肤分泌油脂对形象的影响。

(3) 眉毛和眼睛是面貌中富有表现力的部分,眉笔及眉刷是必要的工具,它能帮助你整理和修饰眉毛,改善细、疏的眉毛。对女士来说,精致地画上眼线,会让你看起来更显精神。

(4) 小心选择腮红和唇彩的颜色,一般来说,鲜红和桃红的颜色是不适合的。稍加润饰,使脸色和唇色自然便可,不必过于夸张。

（5）对男性新闻播音员来说，出镜工作前需要刮胡子，以免面部显得比较"脏"。在外出工作需要住酒店时，应该带上自己平常习惯使用的剃须用具，不要为了图方便而使用客房免费提供的剃须刀具，因为稍不小心的话可能会划伤脸部皮肤，反而带来工作中的大麻烦。

（6）不要把自己当作名目繁多的护肤品的实验者，如果面部皮肤确实出现问题，应请教专业人士以取得帮助。

（7）在初期，可以尝试不同的化妆效果，了解什么样的化妆品最适合你。对于最终化妆效果的判断，不应以在镜子当中看到的为准，而应以在镜头（监视器）中所看到的为准。

附录6 实验报告格式

实验报告

实验名称：		
姓名：	学号：	班级：
实验地点：	实验日期：	评分：
同组其他成员：		指导老师：
实验内容：		
他人评价：		
自我评价：		
不足原因及解决办法：		
备注：要客观记录评价		

参 考 文 献

[1] 阿德勒,普罗科特.沟通的艺术[M].黄素菲,译.北京:世界图书出版公司,2010.
[2] 白龙.播音发声技巧[M].北京:中国广播电视出版社,2002.
[3] 陈竹.节目主持人实用口语训练教程[M].杭州:浙江大学出版社,2006.
[4] 豪斯曼等.美国播音技艺教程(第五版)[M].王毅敏,刘日宇,译.上海:复旦大学出版社,2007.
[5] 王璐,吴洁茹.新编播音员主持人语音发声手册[M].北京:中国国际广播出版社,2006.
[6] 王宇红.朗读技巧[M].北京:中国广播电视出版社,2002.
[7] 翁如.主持人思维训练教程[M].北京:中国传媒大学出版社,2007.
[8] 吴弘毅.实用播音教程:第一册.普通话语音和播音发声[M].北京:北京广播学院出版社,2002.
[9] 吴郁.节目主持能力训练路径[M].北京:中国广播电视出版社,2004.
[10] 吴郁.主持人思维与语言能力训练路径[M].北京:中国广播电视出版社,2005.
[11] 曾致.节目主持技能训练[M].银川:宁夏人民教育出版社,2004.
[12] 张颂.播音创作基础[M].北京:北京广播学院出版社,2004.
[13] 《广播电视简明辞典》编辑委员会.广播电视简明辞典[M].北京:中国广播电视出版社,1989.

后　　记

　　我们在编写这本教材之前已经上了好几年的播音与主持艺术课程。播音与主持艺术是一门实践性很强的课程，训练和实验是提高播音主持能力的最重要的途径，所以，我们每年都在改进实验教学的方法，逐步积累实验与实践教学经验。

　　在编写这本教材之前，我们查阅了很多相关的著述，也对其他院校的实验教学方法作了一些了解。我们希望这本教材可以为相关课程的教学设计提供一些可参考的资料，拓宽播音与主持艺术实验教学的思路，起到抛砖引玉的作用。同时我们也希望把这些经验跟更多的播音与主持艺术爱好者分享。当然，本教材中肯定还有需要进一步完善的地方，我们真诚地希望可以得到大家更多的意见和建议。

　　在教材编写的过程中得到了很多人的帮助。北京大学出版社给予了我们很大的支持和帮助。华南师范大学教育技术学院的领导和新闻传播系的同事们提供了很多宝贵意见。郑燕銮认真细心，为本教材做了很多工作。还有张雯馨、李敏、颜雅静、杨淑芬、朱景辉等人，他们为主持人部分的教材编写做出了贡献。在此，谨向他们致以诚挚的谢意。

睢凌　黄碧云

北京大学出版社
教育出版中心 精品图书

21世纪高校广播电视专业系列教材
电视节目策划教程（第二版）	项仲平
电视导播教程（第二版）	程晋
电视文艺创作教程	王建辉
广播剧创作教程	王国臣
电视导论	李欣
电视纪录片教程	卢炜
电视导演教程	袁立本
电视摄像教程	刘荃
电视节目制作教程	张晓锋
视听语言	宋杰
影视剪辑实务教程	李琳
影视摄制导论	朱怡
电影视听语言——视听元素与场面调度案例分析	李骏
影视照明技术	张兴
影视音乐	陈斌
影视剪辑创作与技巧	张拓
纪录片创作教程	潘志琪
影视拍摄实务	翟臣
播音与主持艺术（第三版）	睢凌 黄碧云

21世纪信息传播实验系列教材
（徐福荫 黄慕雄 主编）

网络新闻实务	罗昕
多媒体软件设计与开发	张新华
摄影基础（第二版）	张红 钟日辉 王首农

21世纪数字媒体专业系列教材
视听语言	赵慧英
数字影视剪辑艺术	曾祥民
数字摄像与表现	王以宁
数字摄影基础	王朋娇
数字媒体设计与创意	陈卫东
数字视频创意设计与实现（第二版）	王靖
大学摄影实用教程	朱小阳

21世纪教育技术学精品教材
（张景中 主编）

教育技术学导论（第二版）	李芒 金林
远程教育原理与技术	王继新 张屹
教学系统设计理论与实践	杨九民 梁林梅
信息技术教学论	雷体南 叶良明
信息技术与课程整合（第二版）	赵呈领 杨琳 刘清堂
教育技术学研究方法（第三版）	张屹 黄磊

21世纪高校网络与新媒体专业系列教材
文化产业概论	尹章池
网络文化教程	李文明
网络与新媒体评论	杨娟
新媒体概论	尹章池
新媒体视听节目制作（第二版）	周建青
融合新闻学导论（第二版）	石长顺
新媒体网页设计与制作	惠悲荷
网络新媒体实务	张合斌
突发新闻教程	李军
视听新媒体节目制作	邓秀军
视听评论	何志武
出镜记者案例分析	刘静 邓秀军
视听新媒体导论	郭小平
网络与新媒体广告	尚恒志 张合斌
网络与新媒体文学	唐东堰 雷奕
全媒体新闻采访写作教程	李军

大学之道丛书精装版
美国高等教育通史	[美] 亚瑟·科恩
知识社会中的大学	[英] 杰勒德·德兰迪
大学之用（第五版）	[美] 克拉克·克尔
营利性大学的崛起	[美] 理查德·鲁克
学术部落与学术领地：知识探索与学科文化	[英] 托尼·比彻 保罗·特罗勒尔
美国现代大学的崛起	[美] 劳伦斯·维赛
教育的终结——大学何以放弃了对人生意义的追求	[美] 安东尼·T.克龙曼
世界一流大学的管理之道——大学管理研究导论	程星

后现代大学来临？
　　　　　　　[英] 安东尼·史密斯 弗兰克·韦伯斯特

大学之道丛书

市场化的底限　　　　　　　　　　[美] 大卫·科伯
大学的理念　　　　　　　　　　　[英] 亨利·纽曼
哈佛：谁说了算　　　　　　　[美] 理查德·布瑞德利
麻省理工学院如何追求卓越　　　[美] 查尔斯·维斯特
大学与市场的悖论　　　　　　　[美] 罗杰·盖格
高等教育公司：营利性大学的崛起
　　　　　　　　　　　　　　　[美] 理查德·鲁克
公司文化中的大学：大学如何应对市场化压力
　　　　　　　　　　　　　　　[美] 埃里克·古尔德
美国高等教育质量认证与评估
　　　　　　　　　　　[美] 美国中部州高等教育委员会
现代大学及其图新　　[美] 谢尔顿·罗斯布莱特
美国文理学院的兴衰——凯尼恩学院纪实
　　　　　　　　　　　　　　　[美] P. F. 克鲁格
教育的终结：大学何以放弃了对人生意义的追求
　　　　　　　　　　　　　　　[美] 安东尼·T. 克龙曼
大学的逻辑（第三版）　　　　　　　张维迎
我的科大十年（续集）　　　　　　　孔宪铎
高等教育理念　　　　　　　　　[英] 罗纳德·巴尼特
美国现代大学的崛起　　　　　　[美] 劳伦斯·维赛
美国大学时代的学术自由　　　[美] 沃特·梅兹格
美国高等教育通史　　　　　　　[美] 亚瑟·科恩
美国高等教育史　　　　　　　　[美] 约翰·塞林
哈佛通识教育红皮书　　　　　　哈佛委员会
高等教育何以为"高"——牛津导师制教学反思
　　　　　　　　　　　　　　　[英] 大卫·帕尔菲曼
印度理工学院的精英们　　　[印度] 桑迪潘·德布
知识社会中的大学　　　　　　[英] 杰勒德·德兰迪
高等教育的未来：浮言、现实与市场风险
　　　　　　　　　　　　　　　[美] 弗兰克·纽曼等
后现代大学来临？　　　　　　[英] 安东尼·史密斯等
美国大学之魂　　　　　　　　[美] 乔治·M. 马斯登
大学理念重审：与纽曼对话　[美] 雅罗斯拉夫·帕利坎
学术部落及其领地——当代学术界生态揭秘（第二版）
　　　　　　　　　　　　　[英] 托尼·比彻 保罗·特罗勒尔
德国古典大学观及其对中国大学的影响（第二版）
　　　　　　　　　　　　　　　陈洪捷
转变中的大学：传统、议题与前景　　郭为藩
学术资本主义：政治、政策和创业型大学
　　　　　　　　　　　　　[美] 希拉·斯劳特 拉里·莱斯利
21世纪的大学　　　　　　　[美] 詹姆斯·杜德斯达
美国公立大学的未来

　　　　　　　[美] 詹姆斯·杜德斯达 弗瑞斯·沃马克
东西象牙塔　　　　　　　　　　　　孔宪铎
理性捍卫大学　　　　　　　　　　　眭依凡

学术规范与研究方法系列

社会科学研究方法 100 问　　　　[美] 萨尔金德
如何利用互联网做研究　　　　[爱尔兰] 杜恰泰
如何撰写与发表社会科学论文：国际刊物指南　蔡今忠
如何为学术刊物撰稿（第三版）　[英] 罗薇娜·莫瑞
如何查找文献（第二版）　　　　[英] 萨莉·拉姆齐
给研究生的学术建议（第二版）　[英] 玛丽安·彼得 等
社会科学研究的基本规则（第四版）
　　　　　　　　　　　　　　　[英] 朱迪斯·贝尔
做好社会研究的 10 个关键　　[英] 马丁·丹斯考姆
如何写好科研项目申请书
　　　　　　　　　　　　　[美] 安德鲁·弗里德兰德 等
教育研究方法（第六版）　　　　[美] 梅瑞迪斯·高尔 等
高等教育研究：进展与方法　　　[英] 马尔科姆·泰特
如何成为学术论文写作高手　　　[美] 华乐丝
参加国际学术会议必须要做的那些事　[美] 华乐丝
如何成为优秀的研究生　　　　　[美] 布卢姆
结构方程模型及其应用　　　　易丹辉 李静萍
学位论文写作与学术规范（第二版）
　　　　　　　　　　　　　　李　武　毛远逸　肖东发

21 世纪高校教师职业发展读本

如何成为卓越的大学教师　　　　　[美] 肯·贝恩
给大学新教员的建议　　　　　[美] 罗伯特·博伊斯
如何提高学生学习质量　　　[英] 迈克尔·普洛瑟等
学术界的生存智慧　　　　　　　[美] 约翰·达利 等
给研究生导师的建议（第 2 版）
　　　　　　　　　　　　　　[英] 萨拉·德拉蒙特 等

21 世纪教师教育系列教材

教育心理学（第二版）　　　　　　　李晓东
教育学基础　　　　　　　　　　　　庞守兴
教育学　　　　　　　　　　　　余文森　王　晞
教育研究方法　　　　　　　　　　　刘淑杰
教育心理学　　　　　　　　　　　　王晓明
心理学导论　　　　　　　　　　　　杨凤云
教育心理学概论　　　　　　　连　榕　罗丽芳
课程与教学论　　　　　　　　　　　李　允
教师专业发展导论　　　　　　　　　于胜刚
学校教育概论　　　　　　　　　　　李清雁
现代教育评价教程（第二版）　　　　吴　钢
教师礼仪实务　　　　　　　　　　　刘　霄

家庭教育新论	闫旭蕾 杨萍	系统心理学：绪论	［美］爱德华·铁钦纳
中学班级管理	张宝书	社会心理学导论	［美］威廉·麦独孤
教育职业道德	刘亭亭	思维与语言	［俄］列夫·维果茨基
教师心理健康	张怀春	人类的学习	［美］爱德华·桑代克
现代教育技术	冯玲玉	基础与应用心理学	［德］雨果·闵斯特伯格
青少年发展与教育心理学	张清	记忆	［德］赫尔曼·艾宾浩斯
课程与教学论	李允	实验心理学（上下册）	［美］伍德沃斯 施洛斯贝格
课堂与教学艺术（第二版）	孙菊如 陈春荣	格式塔心理学原理	［美］库尔特·考夫卡
教育学原理	靳淑梅 许红花		

21世纪教师教育系列教材·专业养成系列

（赵国栋 主编）

西方心理学名著译丛

儿童的人格形成及其培养	［奥地利］阿德勒	微课与慕课设计初级教程	
活出生命的意义	［奥地利］阿德勒	微课与慕课设计高级教程	
生活的科学	［奥地利］阿德勒	微课、翻转课堂和慕课设计实操教程	
理解人生	［奥地利］阿德勒	网络调查研究方法概论（第二版）	
荣格心理学七讲	［美］卡尔文·霍尔	PPT云课堂教学法	

博雅教学服务进校园

教辅申请说明

尊敬的老师:

您好!如果您需要北京大学出版社所出版教材的教辅课件资源,请抽出宝贵的时间完成下方信息表的填写。我们希望能通过这张小小的表格和您建立起联系,方便今后更多地开展交流。

教师姓名		学校名称		院系名称	
所属教研室		性别		职务		职称	
QQ				微信	
手机(必填)				E-mail(必填)	
目前主要教学专业、科研领域方向					
希望我社提供何种教材的课件					
书 号	书 名			教材用量(学期人数)	
978-7-301-					
您对北大社图书的意见和建议					

填表说明:

(1)填表信息直接关系课件申请,请您按实际情况**详尽、准确、字迹清晰**地填写。

(2)请您填好表格后,将表格内容拍照发到此邮箱:pupjfzx@163.com。咨询电话:010-62752864。咨询微信:北大社教服中心客服专号(微信号:pupjfzxkf,可直接扫描下方左侧二维码添加好友)。

(3)如您想了解更多北大版教材信息,可登录北京大学出版社网站:www.pup.cn,或关注北京大学出版社教学服务中心的官方微信公众号"北大博雅教研"(微信号:pupjfzx,可直接扫描下方右侧二维码关注公众号)。

北大社教服中心客服专号　　　　　　"北大博雅教研"微信公众号